史記戦国列伝の研究

藤田勝久著

汲古書院

はしがき

中国の戦国時代（前四五三、四〇三～前二二一）は、社会経済の発展、諸子百家の出現とともに、最初に統一した秦漢帝国の制度が形成されており、古代文明の成立を考えるうえで重要な時代である。楊寛『戦国史』（一九五五年初版、増訂本、上海人民出版社、一九九八年）では、戦国史料の問題を述べたあと、農業・手工業などの発展、諸国の変法と政治制度、戦国七国の形勢から秦の統一までを叙述している。しかし戦国時代を記した『戦国策』と諸子の書物には、事件の年代が少なく、説話とエピソードの信頼性が問題となっている。また基本史料となる『史記』は、歴史事件を編年しているが、その成立と性格について不明な点がある。

司馬遷は、漢の武帝（前一四一～八七在位）とほぼ同時代の人物である。かれは、父の司馬談が封禅の儀礼に参加できず憤死したとき、著述を委託された。元封三年（前一〇八）に、父のあとを受け継いで太史令となり、著述を志した。しかし天漢二年（前九九）に、李陵を弁護して死罪を命じられた。それを宮刑（腐刑）に変えて生き残り、中書令となって完成させたのが『史記』（当初の書名は《太史公書》）百三十篇である。そのため『史記』は、「天道、是か非か」という悲痛な思いとともに、その人物描写が広く知られている。また『史記』の文学的な叙述は、司馬遷の旅行による取材や、語り物を利用したという説がある。この『史記』の成立について、どこまでが司馬遷の創作で、どこまでが史実であるかという著述の過程は、まだ十分には解明されていない。

こうした一般的な理解に対して、『史記』の構成に即して、その成立を明らかにしようとした研究は少ない。佐藤武敏『司馬遷の研究』（汲古書院、一九九七年）は、中国と日本の先行研究をふまえて、司馬遷の家系や、司馬談と歴史、司馬遷の生年・旅行・官歴、李陵の禍について考察したものである。第七章「『史記』の編纂過程」では、司馬談の作成した篇につづいて、李陵の禍より以前の篇、以後の篇に分けて、作成の順序と特徴を述べている。また附篇第二章「『史記』の内容上の特色」では、有名な「天人の際を究め、古今の変に通じ、一家の言を成す」というキー・ワードのうち、「古今の変に通ず」に重点があり、国家の興亡、個人の成敗を明らかにしようとする意図を基本的な見解とした。これは『史記』研究の基礎となるものである。

これとは別に、拙著『史記戦国史料の研究』（東京大学出版会、一九九七年）は、中国の出土資料（簡牘、帛書）と比較して『史記』の構造を明らかにしようとしたものである。第一編では、出土書籍や『戦国策』などの戦国史資料を説明し、第二編では、古代史の骨格となる『史記』秦本紀と六国世家の特徴を考察した。本書は、これにつづいて『史記』戦国列伝の史料研究をテーマとしている。ここでは出土資料と比較する基礎となった初期の論文をふくめて、現在までの戦国史研究を位置づけようとしている。これに関連する『史記』の篇目は、以下のようになる。

巻六二管・晏列伝、巻六三老子・韓非列伝（荘子、申不害）、巻六四司馬穰苴列伝、巻六五孫子（孫武、孫臏）・呉起列伝、巻六六伍子胥列伝、巻六七仲尼弟子列伝

巻六八商君列伝、巻六九蘇秦列伝、巻七〇張儀列伝、巻七一樗里子・甘茂列伝、巻七二穰侯列伝、巻七三白起・王翦列伝、巻七四孟子・荀卿列伝、巻七五孟嘗君列伝、巻七六平原君・虞卿列伝、巻七七魏公子列伝（信陵君）、巻七八春申君列伝、巻七九范雎・蔡沢列伝、巻八〇楽毅列伝、巻八一廉頗・藺相如列伝、巻八二田単列伝、巻八三魯仲連・鄒陽列伝、巻八四屈原・賈生列伝、巻八六刺客列伝

巻一〇五扁鵲倉公列伝、巻一一九循吏列伝、巻一二六滑稽列伝、巻一二九貨殖列伝

このうち主な対象とするのは、（一）に著述を残した人物の列伝で、これを諸子列伝と呼ぶことにする。（二）は秦国の人物で、とくに穰侯列伝が代表である。（三）は、諸国で活躍した人物で、遊説家といわれる蘇秦と張儀の列伝である。（四）は諸国の封君で、戦国四君（斉の孟嘗君、趙の平原君、魏の信陵君、楚の春申君）の列伝である。このほか『史記』には、将軍の列伝や、刺客列伝、貨殖列伝のような篇があるが、『史記』の取材と編集については、本書の考察で一定の手法を知ることができると考えている。その構成は、つぎの通りである。

序章「戦国、秦代出土史料と『史記』」は、司馬遷が利用した系統と、利用しなかった系統の出土資料をふまえて、その編集と歴史観を整理している。これは司馬遷が『史記』を著述した立場を、よく示していると考えている。

第一章「『史記』諸子列伝の素材と人物像」は、『史記』に諸子の伝記を記載するにもかかわらず、なぜ信頼されていないのかという原因を、出土資料と比較して、その素材と編集から考察したものである。これは春秋時代から戦国中期までの人物が多い。

第二章「『史記』穰侯列伝の編集方法」は、年代が明らかな秦国の人物を考察している。穰侯列伝では、睡虎地秦簡『編年記』と共通する秦紀年と、馬王堆帛書『戦国縦横家書』と共通する戦国故事を取捨選択して、独自の歴史観から編集したことを指摘した。これは『史記』史料研究の出発点となった論文「『史記』穰侯列伝の一考察」（『東方学』七一輯、一九八六年）を改稿したものであり、穰侯と白起の事績を考察している。

第三章「『史記』蘇秦・張儀列伝と史実」は、遊説家といわれる二人の伝記を、馬王堆帛書『戦国縦横家書』と比較しながら検討し、秦と燕、趙、斉の諸国に関する戦国中期の合従と連衡について論じている。

第四章「『史記』戦国四君列伝の史実」は、戦国封君の列伝が六国世家とよく似た構成をもち、活躍した年代も比較的に明らかであることから、その特徴を考察したものである。ここでは戦国時代の斉と趙、魏、楚の国家と封君の関係を位置づけている。
終章「『史記』の歴史叙述と戦国史」は、先行研究と本書の考察によって、戦国時代の展望を述べたものである。ここでは『史記』戦国史料の作成について、その素材と編集パターンを提示した。それは『史記』を文献テキストとするのではなく、竹簡や木簡、帛書の素材を編集した原形として『史記』の構造を理解する視点である。そして『老子』や『孫子』のテキストを出土資料と比較するように、『史記』についても素材となる出土資料や、秦漢時代の文字資料のなかで、その成立過程を分析した。その結果、戦国時代では文字資料を基本としており、司馬遷が創作した部分は少ないと推測している。また司馬遷の取材と、素材の信頼性を探るために、フィールド調査と出土資料研究の意義を述べ、歴史叙述と歴史研究について整理している。
このように本書は、戦国時代の諸子や、秦国の人物、遊説家、諸国の封君を中心とした『史記』列伝の研究であるが、一方で、『史記』の成立と、戦国諸国の地域社会史につながる考察となっている。ここでは前著『史記戦国史料の研究』とあわせて、戦国時代の特色を総括したいと考えている。
なお戦国時代の理解には、時代区分と戦国年表が必要である。本書では、『史記』史料の変化と政治的な事件によって、つぎのように区分しておきたい。巻末には、参考として「戦国略年表」を付けている。
戦国前期（前四五三、四〇三～前三五〇）秦の咸陽遷都と商鞅変法まで
戦国中期（前三五〇～前二八四）合従連衡の時代から、斉臨淄の陥落まで
戦国後期（前二八四～前二二一）秦の東方進出から、天下統一まで
また本書では、煩雑をさけるため、本文では『史記』の篇名だけを記して巻数を省き、前後の関係が明らかなときは書名も省略した。全体は、『史記』篇目を参照していただきたい。

目　次

史記戦国列伝の研究

序章　戦国、秦代出土史料と『史記』

はじめに

中国古代史を研究する基本史料は、司馬遷が著した『史記』（《太史公書》）である。『史記』は、経書や『春秋左氏伝』などの形式をこえて、伝説の帝王から漢代までの歴史を描いた中国最初の古代通史となっている。このような歴史書としての『史記』は、どこまでが史実（非虚構）で、どこまでが創作（虚構）や伝承なのだろうか。これは中国古代史に対して、古を信じる信古と、古を疑う疑古の問題となる。

『史記』を著述した背景について、太史公自序では、漢王朝になって「百年の間、天下の遺文・古事、畢《ことごと》く太史公に集まらざるはなし」と総括し、司馬遷は太史令となって「史の記、石室・金匱《きんき》の書」を見ることができたという。また編集に当たっては「天下の放失せる旧聞を罔羅」し、「略を序《の》べ、以て遺を拾い芸（六芸）を補い、一家の言を成す。その六経の異伝を協《かな》え、百家の雑語を整斉す」と述べている。これによれば『史記』は、基本的に漢王朝に収集された先行資料を編集した著述ということになる。

また『漢書』司馬遷伝の論賛で、班固は「故に司馬遷は左氏・国語に拠り、世本・戦国策を采り、楚漢春秋を述べ、其の後事を接いで、天漢に訖《おわ》る。其の言は秦漢に詳らかなり」と述べている。しかし戦国時代でいえば、『世本』は佚文が伝わるだけであり、『戦国策』は前漢末に劉向が編纂した書物であることから、武帝期の司馬遷が利用したかどうかは明らかにできない。さらに『史記』には、先行資料による史実のほかに、疑わしい歴史叙述や伝説をふくんでいる。そのため『史記』の成立に関連して、古伝説を疑う批判や、発憤による著書を重視する説、語り物の利用を強調する説がある。(1) このような事情から、『史記』を中国古代史の史料として扱うには、司馬遷がどのような素材をもとづいて著述したかを明らかにする必要がある。

『史記』の構成については、これまで中国と日本ともに、注釈と版本の研究、伝来の典籍との比較による考証がある。(2) しかし従来の研究では、典籍の成立と伝来に不明な点があり、『史記』の成立と構造を説明するには限界があった。このような文献研究に対して、出土史料との比較による新しい方法が提示されている。早い時期には、王国維「殷卜辞中所見先公先王考」（一九一七年）があり、ここでは甲骨文に『史記』殷本紀と同じ王名が見られることを指摘した。その後、一九二八年〜一九三七年の殷墟の発掘によって、殷王朝の実在が証明されている。王国維は「最近二三十年中中国新発見之学問」（一九二五年）で、こうした新発見が新しい学問領域を開くことを指摘し、『古史新証』（一九三五年）では、紙上の材料（文献史料）と地下の新材料（出土資料）を合わせて考察する二重証拠法を提唱した。(3) これは『史記』と出土史料との関係を考えるうえで有効な方法である。

中国では、一九七〇年代以降に出土史料の数量が増加し、二十一世紀には古墓や井戸、遺跡の簡牘・帛書が豊富になっている。(4) これは表1のように、漢代西北の資料と、長江流域の出土資料を主体として、文献と関連する文書や記録・書籍などがある。このうち『史記』の成立と関係するのは、とくに漢武帝期より以前の古墓と井戸から出土した資料である。これらの出土史料との比較によって、王国維が示した方法を推し進め、『史記』の信頼性を明らかにすることができよう。

『史記』と出土史料については、すでに拙著『史記戦国史料の研究』（一九九七年、中文訳、上海古籍出版社、二〇〇八年）で論じたことがある。(5) ここでは、その後の新資料をふくめて、『史記』の特徴を再検討する方法を考えてみたいと思う。なお「戦国、秦代出土史料」には、二つの意味がある。一は、戦国、秦代の墓から出土した資料で、先秦の内容をふくむものである。二は、漢代の出土史料のなかに、春秋戦国、秦代の内容をふくむものである。これには馬王堆帛書『春秋事語』『戦国縦横家書』や、銀雀山竹簡『孫子』などがある。ここでは一を中心として、二の資料を補うことにしたい。

「史料」と「資料」については、つぎのように規定しておきたい。ここでは文献や出土資料で歴史学の素材となる文書や書籍を「史料」とする。これに対して「資料」は、文書と記録や、書籍の形態、情報処理の機能をもつ簡牘、考古文物をふくめて、広く出土資料の全体を示すことにする。ただし出土史料とは、とくに『史記』と共通する歴史史料を表しており、一般的には出土資料と記している。また『史記』『戦国策』の引用は、その構成を示すことが目的であり、一般には原文とする。版本による字句の異同などは、必要に応じて注記するが、『史記』の編集を考察するときに大きな影響はみられない。(6)

一　司馬遷が利用した紀年・系譜

『史記』の素材と出土史料が比較できるのは、まず暦と紀年・系譜である。暦は、『史記』十二諸侯年表にみえるように、周の共和元年（前八四一）が最初であるが、暦に事件を記すと紀年資料となる。『史記』以前では、『春秋』『春秋左氏伝』（『左伝』）や、『竹書紀年』佚文の紀年資料がある。『史記』戦国、秦代では、秦本紀と秦始皇本紀、六国年表、戦国世家で紀年資料を骨格としている。司馬遷は『史記』六国年表の序文で、その基準として「秦記」を利用したと述べている。

秦既得意、燒天下詩書、諸侯史記尤甚、爲其有所刺譏也。詩書所以復見者、多藏人家、而史記獨藏周室、以故滅。惜哉惜哉。獨有秦記、又不載日月、其文略不具。然戰國之權變亦有可頗采者、何必上古。……余於是因秦記、踵春秋之後、起周元王、表六國時事、訖二世、凡二百七十年、著諸所聞興壞之端。後有君子、以覽觀焉。

「秦記」の特徴は、日月を載せず、記事が簡略ということであり、これは六国年表の形式に近い。この秦紀年の利用は、つぎの出土史料によって証明できる。

1睡虎地秦簡『編年記』：これは竹簡五三枚の上下二段に記述する形式で、秦暦に秦の戦役や個人の記録を書いた紀年資料である[7]。上段には昭王元年～五十三年、下段には昭王五十四年～今王（始皇帝）三十年までの紀年と記事を記している。

（昭王）廿九年。攻安陸。……卅四年。攻華陽。……卅七年。攻長平。十一月。敢産。……〔五十年〕攻邯鄲。
五十六年。後九月。昭死。正月。遬産。
孝文王元年。立即死。莊王元年。莊王二年。莊王三年。莊王死。
今元年。喜傅。……十七年。攻韓。十八年。攻趙。正月。恢生。……廿二年。攻魏梁。廿三年。興。攻荊□□守陽□死。四月。昌文君死。……〔廿八〕年。今過安陸。

このうち昭王時代では、記載がない年、記載が不鮮明な年、個人の事績とおもわれる記事を除いて三九例の記載がある。この『編年記』の内容は戦役を中心としており、「秦記」をもとにしたという『史記』秦紀年のように、国内の大事や外交、天文記事などを記していない。したがって『編年記』は、司馬遷が素材とした秦紀年とは直接的には結びつかない。しかし多くの研究者が指摘しているように、『編年記』が基準とした秦王の在位は『史記』と一致し

ており、戦役には『史記』の記述を修正・補足する記事がある。(8)

表2は、『編年記』の記事と、『史記』秦本紀、六国年表を比較したものである。これによると、①基本的に一致する記事が二一例、②前後の記事、あるいは『史記』の概略と関連する記事が一四例ある。残りは『史記』にみえない記事である。関連する記事は、一見すると『史記』との相違を示すようであるが、二年に及ぶ戦役や、陥落と返還などを別に記しているための重複もみられる。したがって『編年記』は、秦紀年の利用と、『史記』秦紀年の正しさを基本的に証明する資料である。

2周家台三〇号秦墓の「暦譜」：秦暦の朔日を記した資料と、秦暦に官吏の公事と私事を書いた日記のような資料がある。(9)これらは秦代の秦暦が、十月を歳首とすることを示しており、閏月を後九月としている。たとえば秦始皇帝三十四年（前二一三）の竹簡「暦譜」（一～六四簡）は、つぎのような形式である。

〔十月戊戌〕　〔十二月丁酉〕　二月丙申　四月乙未　六月甲午　八月癸巳　一簡
十一月丁卯　正月〔丙寅〕　三月乙丑　五月甲子　七月癸亥　九月癸亥　二九簡
後九月大、癸巳　五九、六〇簡

この暦譜は、官吏の日記のような内容で、勤務や出張の記録を記している。(10)ここには十二月辛酉（二十五日）に「嘉平」とあり、これは『史記』秦始皇本紀の三十一年条に「十二月、更名臘曰嘉平」という変更に対応している。また官吏の出張の記録は、統一秦の南郡の情勢を知るうえで貴重な資料である。ただし暦譜の付記には、官吏の個人的な記述のなかに『史記』の秦紀年と一致する記事はみえず、直接的に内容を証明する資料ではない。このほか始皇帝三十六年（六九～八〇簡背）と、三十七年（八〇簡正～九一簡）の暦譜がある。

また木牘「暦譜」の正面は、「十月乙亥小」から「九月己亥大」までの暦を記しており、秦二世元年（前二〇九）の

表2　『編年記』と『史記』秦紀年

昭王	編年記	秦本紀	六国秦表（他国表）	関連
元年		昭襄王元年	秦昭王元年。／秦撃皮氏、未抜而解。（元年、魏）	
2年	攻皮氏。			△
4年	攻封陵。	四年、取蒲阪。	秦抜我蒲坂・晉陽・封陵。（魏）	○
5年	帰蒲反。	五年……復與魏蒲阪。	復我蒲坂。（魏）	○
6年	攻新城。	六年……庶長奐伐楚。	與秦撃楚。（魏）	△
7年	新城陥。	七年、抜新城。		○
8年	新城帰。	八年、使将軍芈戎攻楚、取新市。	秦取我八城。（楚）	△
9年	攻析。	九年……奐攻楚、取八城。	秦取我十六城。（楚）	△
13年	攻伊闕。	十三年……左更白起攻新城。	與秦戦。（魏）	△
14年	伊闕。	十四年、左更白起攻韓・魏於伊闕。	白起撃伊闕。	○
15年	攻魏。	十五年、大良造白起攻魏、取垣、復予之。攻楚、取宛。		○
16年	攻宛。	十六年、左更錯取軹及鄧。	秦抜我宛城。（韓）	○
17年	攻垣枳。	十七年……秦以垣為蒲阪・皮氏。	魏入河東四百里。	○
18年	攻蒲反。	十八年、錯攻垣河雍、決橋取之。	客卿錯撃魏、至軹、取城大小六十一。	△
20年	攻安邑。		秦抜我新垣・曲陽之城。（魏）	△
21年	攻夏山。	二十一年、錯攻魏河内。魏獻安邑。	秦敗我兵夏山。（韓）	○
24年	攻林。	二十四年……秦取魏安城。	秦抜我安城。（魏）	△
25年	攻茲氏。	二十五年、抜趙二城。	秦抜我兩城。（趙）	△
26年	攻離石。		秦抜我石城。（趙）	○
27年	攻鄧。	二十七年、錯攻楚。	秦撃我、與秦漢北及上庸地。（楚）	△
28年	攻□。	二十八年、大良造白起攻楚、取鄢鄧。	秦抜鄢・西陵。（楚）	—
29年	攻安陸。	二十九年、大良造白起攻楚、取郢為南郡。	秦抜我郢、燒夷陵。（楚）	△
30年	攻□山。	三十年、蜀守若伐楚。	秦抜我巫・黔中。（楚）	—
32年	攻啓封。	三十二年、相穰侯攻魏、至大梁、破暴鳶。	暴鳶救魏、為秦所敗、走開封。（韓）	△
33年	攻蔡中陽。	三十三年、客卿胡傷攻魏巻・蔡陽・長社、取之。	秦抜我四城。（魏）	△
34年	攻華陽。	三十四年	白起撃魏華陽軍、芒卯走。	○
37年	□寇剛。		秦・楚撃我剛壽。（斉）	○
38年	閼輿。	三十八年、中更胡傷攻趙閼與不能取。	秦撃我閼與城、不抜。（37年、韓）	○
39年	攻懐。		秦抜我懐城。（魏）	○
41年	攻邢丘。	四十一年夏、攻魏、取邢丘・懐。	秦抜我廩丘。（魏）	○
42年	攻少曲。	四十二年		未見
44年	攻大行。□攻。	四十四年、攻韓南郡、取之。	秦撃我太行。（韓）	○
45年	攻大壄王。	四十五年、五大夫賁攻韓、取十城。	攻韓、取十城。	△
46年	攻□亭。			—
47年	攻長平。	四十七年……秦使武安君白起撃、大破趙於長平。	白起破趙長平、殺卒四十五萬。	○
48年	攻武安。	四十八年十月……王齕将伐趙武安・皮牢、抜之。		○
50年	攻邯鄲。	五十年…十二月…齕攻邯鄲、不抜去、還奔汾軍。	秦圍我邯鄲。（趙）	○
51年	攻陽城。	五十一年、將軍摎攻韓、取陽城負黍。	秦撃我陽城。（韓）	○
52年	王稽・張祿死。	五十二年	五十二……王稽棄市。	○
56年	後九月、昭死。	五十六年秋、昭襄王卒。		○

○一致　△前後の記事と関連

朔日と考証されている。

十月乙亥小、十一月甲辰大、十二月甲戌小、端月癸卯大、二月癸酉小、三月壬寅大、四月壬申小
五月辛丑大、六月辛未小、七月庚子大、八月庚午小、九月己亥大

この木牘の背面には、十二月の干支と「嘉平」「廷賦所、一籍蔑廿」などの記載があるが、これも『史記』の秦紀年と一致する記事はみえない。しかし周家台秦墓の暦譜は、秦暦の原理を示しており、『史記』にみえる秦暦を復元できる資料である。

3里耶秦簡の紀年資料：これは湖南省龍山県里耶鎮で、里耶古城の一号井戸から出土した資料である。内容は、木牘の形態が多く、秦王政（始皇帝）二十五年（前二二二）から二世皇帝二年（前二〇八）までの連続する紀年をふくむといわれている。全体は、約三六〇〇〇点といわれ、一〇〇点に満たないサンプル資料が公表されているにすぎないが、地方行政の実態を示す資料群である。これによって秦代の秦暦が復元されており、周家台秦墓の暦譜と同じように、十月を歳首として閏月を後九月としている(11)。

このように出土した秦暦や秦紀年をみると、『史記』秦紀年と直接的に一致する構文はなく、司馬遷が利用した素材そのものではない。しかし秦暦の原理と、記事の一部は基本的に一致しており、当時の記録をほぼ正しく伝えていることがわかる。ここから『史記』の戦国史料は、少なくとも秦紀年を基準として考察することができる。

そのとき注意されるのは、『史記』六国年表と素材との関係である。これは表2でも明らかなように、『編年記』と六国年表の各国表が一致する記事は、秦との戦役に関する記事である。これは拙著で指摘したように、『史記』六国年表が、秦紀年にみえる秦と各国との関連記事を、各国の表に分散した特徴をもつことを示している(12)。すなわち六国年表は、周表、秦表をのぞいて、魏、韓、趙、楚、燕、斉の順に配列されている。このうち秦昭王元

年から荘王三年まで、各国の記事はつぎの数となる。また六国年表の開始から荘王三年までは、（　）内の数字のようになる。

魏表：二七（八九）、韓表：二〇（五二）、趙表：一八（五六）

楚表：二六（四七）、燕表：　三（一〇）、斉表：一二（五一）

秦昭王より以降では、魏国の記事がもっとも多く、楚、韓、趙、斉、燕がつづいている。ただし六国年表の全体では、魏がもっとも多く、つぎに趙、韓、斉、楚、燕の順になっている。その配列は、記事が関係する頻度か、あるいは秦国との距離の順序に近くなっている。これに関連して、『史記』戦国史料の情報は、秦の咸陽（漢の長安）に近いほど多く、遠方になるほど少ないという傾向がある。したがって六国年表は、秦紀年が歴史研究の基礎となるというだけではなく、各国の記事も基本的に秦紀年を分散した資料であることがわかる。これは六国年表の序文で、司馬遷が「秦記」を利用したという特徴と一致している。

ただし『史記』では、戦国紀年に関していくつかの注意点がある(13)。まず『史記』秦本紀と六国年表には若干の相違がある。この点は、簡略ではあるが各国別に配列した六国年表のほうに錯簡が少なく、文章としての秦本紀のほうに誤写が多い可能性を指摘した。また『史記』では秦本紀、秦始皇本紀と六国年表の相違のほかに、戦国世家と列伝の年代との相違がある。さらに秦本紀や穣侯列伝にみえるように、後世の「七」「十」の誤写や、紀年資料とあわせて編集するときの編年ミスに注意する必要がある。これらは従来の研究でも、戦国紀年の復元として問題となっているところである。

さらに秦暦との関係では、周家台秦墓の簡牘や里耶秦簡による復元が試みられているが、出土史料と『史記』の記述の関係には不明な点がある。たとえば『史記』秦始皇本紀では、始皇帝が亡くなったのは三十七年七月丙寅と記している。しかし復元された秦暦では、三十七年七月は丙子朔で、七月のなかに丙寅の日はみえない。これは一例であるが、今後とも『史記』と出土史料との比較検討が必要である。

つぎに『史記』の素材を示すのは、各国の系譜である。『史記』には、秦本紀と秦始皇本紀のほかに、六国年表と戦国世家の各国系譜がある。また『史記』には、後世の補記として、秦始皇本紀の末尾に「秦国の系譜」を収録している。これまで古代の系譜には『世本』の佚文が伝えられており、班固のように『世本』を素材としたという説もある。しかし『史記』の系譜については、不明な点が多い。

これについて湖北省の戦国楚簡には、『史記』楚世家の系譜と同じ先祖の名がみえている。(14) 包山楚墓の墓主は、戦国中期の楚懐王の時代に、左尹の役職にあった王族である。ここに遺策とともに、墓主の健康を占った卜筮祭禱簡、司法に関する文書簡を副葬している。この包山楚簡に、楚の先祖や楚王の名を記した簡がある。また望山一号墓と新蔡楚墓の卜筮祭禱簡にも、同じように楚の先祖を記している。この先祖の名と系譜は、すでに李学勤、李家浩、郭永秉氏などの考証がある。(15)

表3は、祭祀の先祖と先王を一覧したものである。包山楚簡では、楚の先祖として老僮・祝融・鬻熊や、熊麗（あるいは熊繹）から武王という名がみえる。また楚の先王も祀っている。新蔡楚簡には、このほか荊王、文王、平王、昭王、恵王、簡王、声王がある。この系譜は『史記』楚世家に記す系譜と一致している。これは、どのような素材を反映しているのだろうか。これについて注目されるのは、卜筮祭禱簡の構成と、担当者との関係である。その一例は、以下のような形式である。

A東周之客許呈歸胙於蒧郢之歲、夏月之月乙丑之日。苛嘉以長莿為左尹㸓貞。

B出入侍王、自夏月之月以就集歲之夏月之月、盡集歲、躳身尚毋有咎。

C占之、恆貞吉。少有憂於躬身、且外有不順、以其故敓（説）之。
D與禱楚先老僮、祝融、鬻熊。各一牂、思攻解於不殆（辜）。
E苛嘉占之曰、吉。
（卜筮祭禱簡二一六、二一七簡）

AとB、Cでは最初に年月を記して墓主の健康を占い、「恒貞吉。やや健康に難有り。且つ外に不順有り」と出た。そこでDでは、災いを払い祭禱するために、楚の祖先である老僮・祝融・鬻熊の祭祀をしたあと、Eに再び占って吉を得ている。とすれば、この卜筮祭禱の過程に三種類の人びとがうかがえる。すなわち一は、楚の暦を作成する人であり、楚では独自の大事にもとづく紀年と楚月名をもつ暦がある。二は、楚の祭祀を担当する人である。三は、楚暦や楚の祭祀とあわせて、王族な

表3　戦国楚墓の紀年と先祖名

戦国楚墓	楚の先祖、楚王
包山楚墓	大司馬昭陽敗晉師於襄陵之歳 斉客陳豫賀王之歳 魯陽公以楚師後城鄭之歳 周客監�楚之歳 宋客盛公鵬聘於楚之歳 東周之客許緹歸胙於蔵郢之歳 大司馬悼滑救郙之歳 楚先老僮・祝融・鬻熊　（卜筮217、237簡） 荊王、自熊麗以就武王　（卜筮246簡） 「卲王（昭王）」　（卜筮200、214、240簡など） 「宣王之宅州人」「宣王之…客」　（受期58簡） 「愄王〔威王〕宅臧嘉」　（所詎166簡）
望山1号墓（卜筮祭禱）	斉客張果問〔王〕於蔵郢之歳 郙客困芻問王於蔵郢之歳 「聖王（声王）、悼王既賽禱」　（88簡など） ▨先老童・祝▨　（120簡など）
新蔡楚墓（卜筮祭禱）	王徙於鄩郢之歳 王自肥還郢徙於鄩郢之歳 □公城鄩之歳 大城茲方之歳 句郑公鄭余穀大城茲方之歳 斉客陳異致福於王之歳 褰䔩受女於楚之歳 大莫囂䵼為〔戦〕於長城之歳 ……至師於陳之歳 王復於藍郢之歳 老僮・祝融・穴熊芳屯一……　（甲三、35） 老僮・祝融・穴熊　（乙一、22） 祝融・穴熊各一牂　（乙一、24） □融・穴□・昭王・献　（甲三、83）

どの卜筮を担当していた貞人である。そして楚の系譜は、一連の行動のなかで、祭祀と占いを担当する人が伝えていた可能性がある。つまり楚の先祖は、たとえ実在の人物ではないとしても、戦国時代の祭祀の対象として記録されており、その系譜が漢代によく伝えられていたことになる。司馬遷が『史記』で利用した楚の系譜と、戦国楚簡の部分的な系譜が一致するのは、このような事情によると推測される。

さらに興味深いのは、司馬遷の役職と系譜との関係である。漢王朝の中央官制には、礼儀祭祀を司る奉常（太常）の官庁があった。その属官に星暦を司る太史と、祭祀を司る太祝、占いを司る太卜の官がある。いま包山楚簡の卜筮祭禱簡をみると、一連の役割が漢代の太史、太祝、太卜の職務とよく似ている。この三者について、張家山漢簡「史律」四七四簡では、ともに史官となる規定を設けている[16]。

史、卜子年十七歳学。史、卜、祝学童学三歳、学佴将詣大史、大卜、大祝。郡史学童詣其守。皆会八月朔日試之。

史と卜の子は年十七歳で学びはじめる。史と卜、祝の学童は三歳ほど学ぶと、学佴が太史、大卜、大祝のところに連れて行く。郡史の学童は其の郡守のところに連れて行く。皆な八月朔日を期日としてかれらを試験せよ。

したがって漢王朝では、太常に所属する太史、太祝、太卜は史官であり、その祭祀に関連して、古来の各国系譜を伝えていた可能性がある。そして漢代でも、系譜の一部に戦国楚簡にみえる楚の先祖名をよく伝えていたことになる。司馬遷は、こうした諸国の系譜を利用したのではないだろうか[17]。ただし注意すべきことは、それが実在の人物かどうかではなく、少なくとも戦国楚で祭祀の対象となる先祖であったということである。

それでは『史記』の系譜は、各国別の系譜だろうか、それとも各国を一覧した系譜を利用したのだろうか。これについては、阜陽双古堆漢簡の「年表」が参考になる。この年表は、胡平生氏によれば、漢文帝十五年（前一六五）ころに埋葬された資料で、甲種と乙種に分けられるという[18]。甲種は、春秋・戦国の区分にあたり、それぞれ断簡であるが、一本の竹簡に横線で分割して、各国の諸侯名と在位年・記事を記している。乙種は、君主の謚号と在位年数を記している。この年表の断片からは、『史記』の系譜との関係は明らかにできないが、少なくとも漢代までに各国を一覧する系譜が存在したことが確認できる。したがって司馬遷が利用した系譜は、各国別の系譜のほかに、各国を一覧した形式の資料を利用することが可能である。

以上のように、出土した秦暦や秦紀年は『史記』の秦紀年と原理が一致しており、たしかに漢代までに文字資料として伝えられている。このうち秦紀年と楚国の系譜の一部は、出土史料と比べて『史記』で利用したことが証明され、古代史を考察する基準とすることができる。ただし『史記』では、出土史料による素材の検討とともに、秦本紀、秦始皇本紀と六国年表の年代の差異や、後世の数字の誤写、編集ミスなどの誤りに注意する必要がある。このように『史記』の戦国紀年と系譜は、なお細部の考証が必要であるが、おおむね変化が少ない記録にもとづく部分があることを証明できる。この紀年資料と系譜は、王国維の二重証拠法が応用できるものである。

二　司馬遷が利用しなかった出土資料

これまで『史記』の素材と信頼性を考えるために、内容が共通する暦と紀年資料、系譜の出土史料と比較してきた。これと同じ方法で、素材と関連する出土史料と比べれば、さらに『史記』の編集が明らかになるはずである。しかし近年の出土史料はますます豊富になりつつあるが、それらは『史記』に収録されていない系統の資料が多くなっている。これらは当時に存在した第一次資料である。したがって『史記』と異なる出土資料は、司馬遷が利用できなかった資料か、あるいは採用しなかった資料ということになる。

そこで司馬遷の編集状況を考えるために、共通する資料だけではなく、『史記』に収録されていない系統の資料をふくめて、社会全体の文字資料のあり方を考える必要がある。このような検討によって、当時の情報のなかで司馬遷が素材とした系統と、取捨選択した文字資料の特徴を知ることができるはずである。この司馬遷が利用しなかった系統の出土史料には、①楚暦、②秦の法令、③秦の行政文書、④秦の財務資料、⑤秦と楚の司法関係の記録がある。[19]

まず楚暦には、1戦国楚簡の大事紀年（以事紀年）がある。[20]先にみた表2の戦国楚簡には、大事紀年の一部がみえており、包山楚簡には七ヶ年にわたる紀年がある。そのうち「大司馬昭陽敗晉師於襄陵之歳」は、『史記』楚世家では懐王六年（前三二三）の事件であり、ここからこの事件を記した年は、その翌年の前三二二年とみなされている。しかし他の大事紀年は、『史記』にはみえない記事である。ここから『史記』では、戦国楚簡の大事紀年にみえる記事、あるいは楚の紀年資料を利用していないことがわかる。

楚の暦と紀年資料に関連して、2睡虎地秦簡『日書』には秦暦と楚暦を読みかえた資料がある。[21]そこでは秦暦と楚暦の月名が異なり、両者の月に三ヶ月のズレがあることが指摘され、楚暦の考察も進んでいる。これは秦国以外の暦を知る資料の一部である。その他の国では、3睡虎地秦簡「為吏之道」に魏律二条（魏戸律、魏奔命律）を引用している。ここには魏の安釐王二十五年（前二五二）の暦といわれる「廿五年閏再十二月丙午朔辛亥」の紀年を記しており、魏では閏月を十二月に置いている。しかし『史記』六国年表では、睡虎地秦簡『日書』や魏律のような楚暦や魏暦の相違は反映されていない。これは「秦記」の利用を裏づけるものである。

ただし『史記』をみると、趙世家の趙紀年は例外で、六国年表の秦紀年とは異なる暦にもとづく可能性がある。[22]たとえば『史記』趙世家には、邯鄲に遷都した敬侯元年（前三八六）より以降に、ほぼ毎年の紀年資料がある。この趙紀年と六国趙表では、その事件の年代が相違する場合がある。年代の相違は、おおむね一年以内で、趙世家のほうが前年となっている傾向がある。その一例は、秦と斉が帝号を称する記事である。『史記』趙世家では、この事件を恵文王十年（前二八九）に作り、六国秦表では翌年（前二八八）の記事となっている。しかし六国秦表をみると、これは十月の事件であり、十二月に諸国の反対によって帝号を取りやめている。したがってこの例から、趙世家の紀年と秦紀年との誤差は、月を記す場合には、十月から十二月の記事であることがわかる。そこで秦暦を想起すると、秦国では十月から十二月の事件は年頭の記事となる。しかし趙紀年が、もし正月を歳首とする暦とすれば、この帝号をめぐる事件は前年度の年末の記事となる。ここに秦紀年と趙紀年で一年の誤差が生じることになる。これは秦暦と趙紀年にかかわる重要な特徴である。この趙世家の紀年と記事は、独自の記録にもとづく可能性が高い。

秦紀年にもとづく『史記』の記述と、趙世家にみえる趙紀年の差異は、これまで十分に注意されてこなかった。しかし秦暦より以外の諸国の暦がわかるようになると、『史記』戦国史料には秦紀年と趙紀年の二種類の暦をふくんでいるが、その他の国の暦や紀年を利用していないことが再認識できるのである。

つぎに『史記』と異なる系統の出土史料は、秦の法令と行政文書、財務資料である。『史記』には、つぎのような記述があり、これらの資料が存在していることがわかる。

臣請史官非秦記皆燒之。非博士官所職、天下敢有藏詩・書・百家語者、悉詣守・尉雜燒之。有敢偶語詩・書者弃市。以古非今者族。吏見知不擧者與同罪。令下三十日不燒、黥爲城旦。所不去者、醫藥・卜筮・種樹之書。若欲有學法令、以吏爲師。（『史記』秦始皇本紀、三十四年（前二一三）〔焚書〕）

及高祖起爲沛公、何常爲丞督事。沛公至咸陽、諸將皆爭走金帛財物之府分之。何獨先入收秦丞相御史律令圖書藏之。沛公爲漢王、以何爲丞相。項王與諸侯屠燒咸陽而去。漢王所以具知天下阸塞、戸口多少、彊弱之處、民所疾苦者、以何具得秦圖書也。（『史記』蕭相国世家、秦末〔律令、図書〕）

張丞相蒼者、陽武人也。好書律曆。秦時爲御史、主柱下方書。有罪亡歸。……遷爲計相。一月、更以列侯爲主計四歳。是時蕭何爲相國、而張蒼乃自秦時爲柱下史、明習天下圖書計籍。蒼又善用算律曆、故令蒼以列侯居相府、領主郡國上計者。

（『史記』張丞相列伝、秦代〔上計〕）

秦始皇本紀の例は、有名な焚書の記載である。ここでは史官が所蔵する「秦記」と、博士の官にある蔵書、焚書の対象となった「詩、書、百家の語」のほかに、焚書の対象以外の「医薬、卜筮、種樹の書」、官吏の法令がある。蕭相国世家では、秦の咸陽城に「秦丞相・御史の律令、図書」が収蔵されている。張丞相列伝では、秦代に張蒼が柱下の史となり、「天下の図書、計籍」に熟知して、郡国の上計を扱ったという。

このような資料の存在は、出土史料からも証明することができる。秦の法令には、1青川県木牘がある。四川省青川県の戦国墓から出土した木牘は、武王二年（前三〇九）に命令した紀年をもつ資料で、その内容は田律（あるいは為田律）である。[23] さらに田律の規定は、前半に地割りと道路の幅などを記し、後半に八月以降の道路・橋などの維持補修に関する記載がある。

二年十一月己酉朔朔日、王命丞相戊（茂）・内史匽民〔顚〕更脩爲田律。……以秋八月脩封捋（埒）、正彊（疆）畔、及發千百（發阡陌）之大草。九月、大除道及阪險。十月、爲橋、脩波（陂）隄、利津梁、鮮草离。非除道之時、而有陷敗不可行、輒爲之。

これは『史記』秦本紀の武王二年条に、「初置丞相。樗里疾・甘茂為左右丞相」とある記事に対応するといわれている。したがって青川県木牘は、『史記』の秦紀年を裏づける資料であるが、法令の内容は別系統の資料に属している。

たとえば『史記』秦本紀の戦国時代の部分は、基本的に秦の紀年資料で構成されている。その他の記事資料はきわめて少なく、わずかに孝公元年条に、国中に令を下すときの記事をふくむ程度である[24]。これは先にみたように、『史記』戦国史料の部分が、基本的に「秦記」によることを示している。そこで青川県木牘は、武王二年に丞相を置いたことを証明する記事であるが、本文にあたる田律のような法令は、『史記』秦本紀には利用されていない。

このほか秦の法令には、2睡虎地秦簡、3龍崗秦簡の律令がある[25]。睡虎地秦簡には、『秦律十八種』二〇二枚と『秦律雑抄』四二枚、『效律』六一枚、『法律答問』二一〇枚があり、すでに多くの研究がある。また龍崗秦簡の律令は、竹簡二九三枚と残片で、その内容は禁苑、馳道、馬牛羊、田、その他に分類されている。

さらに秦代では、4岳麓書院所蔵秦簡の律令雑抄がある[26]。律令雑抄は、これまでの整理によると、秦律に田律、倉律、金布律、関市律、賊律、徭律、置吏律、行書律、雜律、内史雑律、尉卒律、戍律、獄校律、奉敬律、興律、具律など十余種がある。秦令には、内史郡二千石官共令、内史官共令、内史倉曹令、内史戸曹令、内史旁金布令、四謁者令、四司空共令、四司空卒令、安□居室居室共令、□□□又它祠令、辞式令、尉郡卒令、郡卒令、廷卒令、卒令、県官田令、食官共令、給共令、贖令、遷吏令、捕盗賊令、挟兵令、稗官令などの令名二十余種がみえるという。

以上のような秦の法令は、『史記』にみえる孝公時代の商鞅変法より以降に、郡県制と法制統治の進展を証明するものであり、法制史の資料として注目されている。しかし『史記』の素材という点からみれば、このような法令は、司馬遷が利用しなかった系統の資料であることが注意される。つまり戦国時代には、木牘や竹簡で中央から伝えられた秦の法令が存在しながら、『史記』秦本紀と秦始皇本紀の素材となっていないのである。

『史記』に収録されていない秦の行政文書では、1睡虎地秦簡「語書」と、2里耶秦簡が代表的な資料である。睡虎地秦簡「語書」は、秦王政二十年（前二二七）四月二日に南郡守の騰が、県と道の嗇夫に邪悪な習俗をやめて秦の法令を遵守するように通達している。後半は別に編集され、前半部分の付記ではないかといわれる[27]。これは上級の郡から下級の県に伝達した命令文を、竹簡の冊書としたものである。

> 廿年四月丙戌朔丁亥、南郡守騰謂縣道嗇夫。……今且令人案行之、擧劾不從令者・致以律、論及令・丞。有（又）且課縣官、獨多犯令而令・丞弗得者、以令・丞聞。以次傳。別書江陵布、以郵行。

これとよく似た形式は、里耶秦簡の木牘（⑯5、6正面）にみえている。[28]

> 廿七年二月丙子朔庚寅、洞庭守禮謂縣嗇夫・卒史嘉・叚（假）卒史穀・屬尉。令曰、傳送委輸、必先悉行城旦舂・隷臣妾・居貲贖債。急事不可留、乃興繇。今洞庭兵輸内史及巴・南郡・蒼梧、輸甲兵當傳者多。節傳之、必先悉行乘城卒・隷臣妾・城旦舂・鬼薪白粲・居貲贖債・司寇・隱官・踐更縣者。田時也、不欲興黔首。……縣亟以律令具論。當坐者言名史泰守府。嘉・穀・尉在所縣上書。嘉・穀・尉令人日夜端行、它如律令。

里耶秦簡は、秦代の洞庭郡に所属する遷陵県で処理された行政文書である。ここでは始皇帝二十七年（前二二〇）二月十五日に、洞庭守の礼が、県嗇夫と卒史、仮卒史、属に告げた文面を記している。これは上級の郡から県に送られた公文書である。木牘の背面には、それぞれ異なる日に命令を遷陵県が受け取った記録と、県の下部と隣県への発信を記している。したがってこの木牘は、郡から伝達された文書の内容を伝えており、転送した文書からみれば、それは文書の処理をした控えの記録ということになる。この正面の文書は、睡虎地秦簡「語書」とよく似ており、戦国、秦代の文書行政を示している。

このほか里耶秦簡には、倉庫の物品を出し入れするときに使用した符券や、城壕から戸籍の簡牘が報告されており、今後の公表によって文書と簿籍の追加が予想される。これらは『史記』にみえていた財務系統の資料である。しかしこれまで公表された行政文書と簿籍や、実務の資料は、『史記』秦始皇本紀の素材となっていない。

司法裁判では、秦と楚の資料がある。楚の司法関係の資料は、先にみた包山楚簡である。[29] 包山楚簡には、卜筮祭禱

表1　中国古代の出土資料

時代	文　献	出土書籍など	文書・記録など	青銅器、画像
殷代 西周	史記、書、詩 礼記、儀礼 周礼、世本	穆天子伝（伝） 竹書紀年（伝）	甲骨文（殷墟） 周原甲骨文	青銅器 三星堆、金沙遺跡 青銅器（金文）
春秋	史記、国語 春秋左氏伝 論語、越絶書	春秋事語（帛書） 阜陽漢簡「年表」	侯馬盟書 温県盟書	青銅器 器物銘文
戦国	史記 戦国策 老子 孟子、荀子 孫子、管子 韓非子 楚辞など	信陽楚墓の竹書 戦国縦横家書 郭店楚簡 上海博物館蔵楚簡 清華大学蔵戦国簡 天水放馬灘秦簡 雲夢睡虎地秦簡	曾侯乙墓の遣策 戦国楚簡（望山など） 戦国楚帛書 包山楚簡 新蔡楚簡 四川青川墓木牘 『日書』など	青銅器、器物銘文 武器・貨幣 中山王墓の青銅器 鄂君啓節 木板地図
秦代	史記 呂氏春秋	雲夢龍崗秦簡 周家台秦簡など 岳麓書院所蔵秦簡 北京大学蔵秦漢簡	石刻資料 （秦始皇帝の石刻） 里耶秦簡	器物銘文 始皇陵園、封泥 秦始皇陵兵馬俑
前漢 （新）	史記 漢書、漢記 韓詩外伝 新書 淮南子 孔子家語 塩鉄論 説苑、新序 列女伝	江陵張家山漢簡 馬王堆漢墓帛書 阜陽双古堆漢簡 銀雀山竹簡 睡虎地漢墓簡牘 大通漢簡 定県八角廊竹簡	江陵鳳凰山漢墓木牘 湖南沅陵虎溪山漢簡 紀南松柏漢墓簡牘 長沙走馬楼漢代簡牘 南越国木簡 尹湾漢墓簡牘 居延漢簡、敦煌漢簡 懸泉漢簡 懸泉置月令詔條	印章、封泥 器物銘文 漢兵馬俑 帛画、帛書地図 漢墓画像石
後漢	後漢書 後漢紀 論衡 四民月令	武威漢簡	居延漢簡、敦煌漢簡 懸泉漢簡 後漢父老弾石券 長沙後漢簡牘 長沙東牌楼後漢簡牘	石刻資料 碑文、磚文 漢墓画像石
三国 以降	三国志	晋代三国志写本	長沙三国呉簡 郴州三国呉簡	

＊時代は、必ずしも成立年代ではなく、内容との関連を示す。

のほかに文書簡一九六枚がある。ここには訴訟の処理を記録した受期、所䛠、疋獄の資料と、具体的な案件などを記す集箸、集箸言、その他の文書がある。これは戦国楚の左尹の官府で、周辺地域との裁判に関する案件と処理を記した貴重な資料である。しかし『史記』楚世家などでは、このような楚に関する司法・裁判の資料は、まったく収録していない。これに関連して秦の司法裁判には、1睡虎地秦簡『封診式』、2岳麓書院所蔵秦簡の奏讞書がある。(30) 睡虎地秦簡『封診式』は、全部で二五節あり、それぞれに小見出しが付いている。その内容は、具体的な治獄案例で、また爰書の文例集になっているといわれる。ここには蜀に遷される「遷子」や、某亭の求盗と令史が調査した殺人を記した「賊死」などの案件がある。岳麓書院所蔵の奏讞書は、以下の資料を紹介している。これは張家山漢簡『奏讞書』と形式が同じである。

廿二年八月癸卯朔辛亥、胡陽丞唐敢讞之。四月乙丑、丞　1647＋1649
矰曰、君子子癸詣、私　2168
書矰所、自謂馮將軍毋擇子、與舍人來田南陽。毋擇　0473
鞫之、學撟自以爲五大夫將軍馮毋擇子、以名爲僞私書詣矰、以欲　1044
盜去、邦亡、未得、得審□、敢讞之。●吏議、耐學隸臣、或令贖耐。　1650

睡虎地秦簡『封診式』は、人名の代わりに「甲・乙」のような一般化をしているが、県領域で起こった事件をもとに案件を作成している。また岳麓書院所蔵の奏讞書は、一部の紹介にとどまるが、紀年を記した具体的な案件である。したがって戦国、秦代の郡県では、このような裁判の手続きを経ており、中央の裁可を仰ぐ案件は、司法を担当する廷尉にも保存されたはずである。しかし『史記』秦始皇本紀では、このような裁判の案件に関連する記事は、まったく収録していない。

このように戦国、秦代史をめぐって、司馬遷が利用しなかった出土史料をみてきたが、これを『史記』に共通する資料と比較すると、二つの特徴が明らかになる。その一は、司馬遷が利用したのは、竹簡に書写される保存の形態をもつ資料ということである。これは後世でいえば、紙に書写された書物にあたる。二は、紀年資料を基本としながら、記事資料では中央の議論と、祭祀儀礼、人物評価に関する内容が多いということである。

一に、司馬遷が利用した素材は、出土史料では竹簡に書写される保存の形態をもつ資料である。それは睡虎地秦簡『編年記』や、暦譜、楚簡の卜筮祭禱簡と共通する資料がある。これに対して『史記』に採用されていない資料は、竹簡に記した法令、裁判の案件と、青川県木牘や里耶秦簡のように実務の処理をする木牘である。これらは地方官府で実際に使用した法律や行政文書、裁判に関する資料の形態を示している。したがって『史記』にみえない資料は、地方出土の資料であり、司馬遷が入手できる中央の保存資料とは異なるものである。しかし秦の法令と、廷尉の裁可は中央で作成したものである。また地方の行政・裁判の記録も中央に報告されるものであり、その概略に関する資料は中央にも存在したはずである。そこで司馬遷が、もし秦の暦や紀年資料、各国の系譜を利用できるなら、同じように中央にある法律や行政文書、裁判の案件に関する資料も入手できる可能性がある。しかしこれらの系統の資料を利用していないのは、中央と地方の資料や、保存と実務の資料による違いだけではないと推測される。それは司馬遷が入手できなかったか、あるいは入手できたとしても採用しなかった事情を示している。

二に、司馬遷が利用した資料と、利用しなかった資料は、その内容の系統が違っている。これを『史記』の構成と出土史料との関係について整理すれば、つぎのようになる。

『史記』秦本紀と六国年表は、基本的に「秦記」にもとづくと思われる秦紀年を利用している。秦本紀では、孝公元年の記事を引用しているが、出土史料にみえる秦国の法令や、地方行政に関する文書・記録、裁判の案件に関する記述はふくまれていない。

『史記』秦始皇本紀は、二十六年の統一以前とそれ以降の後半、二世皇帝の部分で、資料の内容と位置づけが少し変化している。始皇帝の部分は、以下のような構成である。(31)

前半：系譜（即位まで）、秦紀年、記事（統一時の議論）、伝承（秦王の評価）

後半：秦紀年、巡行・祭祀・石刻、詔令・議論、記事資料、伝承（予言、評価）

『史記』秦始皇本紀の前半では、最初に秦王の系譜と、即位して呂不韋が大臣となる記述がある。その後は秦紀年を基本として、その間に記事資料と伝承を入れている。記事資料は、嫪毐の乱をめぐる記事や、統一時に天下を滅ぼした大義名分、皇帝の称号を決める議論、統一の儀礼と制度、郡県制の施行、咸陽の宮殿、度量衡・車軌・文字の統一に関する内容である。伝承には、嫪毐の乱以降の対応と、尉繚による秦王の評価がある。ここには天下を三十六郡とし、民を黔首と呼ぶことのほかに、地方行政に関する記述はみられない。

後半では、やはり秦紀年を基本とするが、始皇帝の巡行と祭祀の記事が多い。ここには各地の石刻を収録している。始皇帝と二世皇帝の巡狩にともなう刻石は、司馬遷の旅行ルートとも重なっているが、『漢書』芸文志の図書に「奏事二十篇。秦時大臣奏事、及刻石名山文也」とあり、漢王朝に所蔵している資料の可能性がある。詔令と議論は、焚書・坑儒に関する記事、始皇帝陵と阿房宮の造営に関する内容である。他の記事と伝承には、三十六年に始皇帝の死を予言する話や、徐福の伝説、始皇帝の死をめぐる陰謀などがある。ここで中心となるのは、始皇帝の事績と人物評価である。また始皇帝が各地を巡行するとき、泗水で鼎の引き上げに失敗した記事や、舜の二人の妻を祀る湘山で怒って樹木を伐った話、徐福の伝説などをのぞいて、地方の官府や吏民に関する記載はみえない。

このように秦始皇本紀をみると、司馬遷が利用した資料の特徴がよくわかる。つまり司馬遷は、系譜・紀年資料の

表4　漢王朝の官府と『史記』の素材

官府	部署と資料	出土史料
太常 （祭祀） （諸陵）	太史：紀年資料 　　　暦譜、天文記事 太祝：祭祀の資料 　　　各国の系譜 太卜：占いの資料 太医：医学の資料 都水：水利、算数書	睡虎地秦簡『編年記』 周家台秦墓簡牘 秦刻石 包山楚簡など 戦国楚簡の卜筮祭禱簡 張家山漢簡など 里耶秦簡、張家山漢簡
（学問）	博士：六芸の書物 　　　諸子の書物 　　　兵書 　　　説話、戦国故事	郭店楚簡など 上海博物館蔵楚簡など 銀雀山竹簡など 馬王堆帛書など
丞相 （行政） 御史 （文書）	皇帝の詔書、命令など 律令などの法律文書 中央と地方の行政文書	秦器物銘文 睡虎地秦簡、龍崗秦簡 岳麓書院所蔵秦簡 睡虎地漢墓簡牘 里耶秦簡
大司農 （穀貨）	賦税、財務の資料	里耶秦簡 岳麓書院所蔵秦簡
廷尉 （刑獄）	司法・裁判の案件	包山楚簡の文書簡 秦簡『法律答問』 秦漢時代の『奏讞書』

ほかに、中央の議論や祭祀儀礼の記事、予言や人物評価に関する記事を多く利用している。これは漢王朝の中央官制でいえば、太常に属する系統の資料と共通している。秦王朝を継承した漢の奉常（景帝以降に太常）は、宗廟や祭祀儀礼を司り、皇帝の諸陵も管轄している。その属官には、太史（暦、天文、紀年）、太祝（祭祀）、太卜（占い）、太医、博士の官がいる。したがって『史記』秦始皇本紀の素材は、これらの属官に関する系譜、紀年資料と、祭祀儀礼や陵墓に関する情報を得ることができる。したがって司馬遷が利用した資料は、太常と儀礼に関する系統が多いということができる(32)（表4）。

反対に、『史記』秦始皇本紀に収録していないのは、秦の律令や、里耶秦簡のような行政文書、財務の資料と、岳麓書院所蔵秦簡の律令雑抄と奏讞書、包山楚簡の司法関係の文書のように、行政と司法系統の資料である。これは漢王朝でいえば、丞相と御史大夫や、治粟内史（のち大農、大司農）、廷尉の史料に属している。たとえば丞相は、天子を補佐し、行政の統括をする。御史大夫は、丞相を補佐し、あわせて詔令や法律、行政文書を担当している。また治粟内史は、賦税などの財物を管轄する。廷尉は、裁判・司法を司り、獄訟の管理をする役割がある。これらの官府に関する資料は、すでに出土史料でみたように、『史記』秦始皇本紀にほとんど収録されていない。

したがって司馬遷が利用した資料（暦、紀年資料、系譜、祭祀儀礼、石刻など）は、太常の職務に関連している。『史記』に収録していない資料は、丞相と御史大夫、治粟内史、廷尉に関係する行政・法令、財務、裁判の系統に属するという特徴がある。秦始皇本紀にみえる中央の詔令や議論も、具体的な地方行政と民に関する内容ではなく、郡県制と統一政策の全体的な規定や、祭祀と宮殿、陵墓に関する内容である。このような資料の利用は、太史公自序で、父が太史令となったときに「太史公既掌天官、不治民」というように、「民を治める」方面よりも、天官の職務を重視する立場と共通している。

以上のように、出土史料によって戦国、秦代の全体的な文字資料のあり方が判明すると、司馬遷がどのような資料を利用したかというだけではなく、取捨選択した資料の特徴を知ることができ、それは『史記』の歴史観や著述意図を明らかにすることに結びつくと考えている。

三　『史記』の記事資料と説話

これまで紀年資料と系譜や、司馬遷が利用しなかった法令と行政文書、司法文書を中心として、『史記』の素材と出土史料との関係を考察してきた。このような傾向は、『史記』戦国世家と封君列伝でもほぼ同じである。これらの諸篇は、基本的に「系譜、紀年資料＋記事資料」で構成されている。(33) しかし他の『史記』戦国列伝では、さらに紀年資料と系譜が少なくなり、記事資料が増えるという特徴がある。また諸子を記した列伝などでは、紀年資料や系譜がなく、ほぼ全体が記事資料で構成されている篇もある。そこで問題となるのは、このような『史記』の記事は、どのような系統の資料にあたるかということである。これまでの出土史料では、『史記』列伝に共通する資料と、収録されていない系統の資料とが両方ともみえている。この点を出土史料に即して検討し、『史記』の信古と疑古の問題を考えてみよう。

（1）『史記』と共通しない資料（異聞）

戦国時代の出土史料にみえる先秦時代の伝えには、上海博物館蔵楚簡の「容成氏」がある。「容成氏」の残簡は五三枚であるが、李零氏の説明では、内容からみて第一簡や最後の部分に脱簡があるといわれる(34)。五三枚目の背面を「訟成氏」と読んで、これを『荘子』胠篋篇にみえる上古帝王の「容成氏」とみなし、内容を七部分に分けている。

第一部分：容成氏など最古の帝王（二一人）　第五部分：夏の禹
第二部分：帝堯より以前の古帝王　第六部分：殷の湯王
第三部分：帝堯　第七部分：周の文王と武王
第四部分：帝舜

これは『史記』五帝本紀と夏本紀、殷本紀、周本紀、河渠書にかかわる内容である。注目されるのは、司馬遷が『史記』五帝本紀の論賛で述べている素材とのかかわりである。「太史公曰」では、『尚書』にみえる堯より以前に、雅訓ではないとしても百家の語に黄帝のことを記しており、それは「五帝徳」「帝繫姓」などにみえるという。また司馬遷の旅行の印象として、黄帝と堯・舜ゆかりの地に風教の違いを感じたと述べている。さらに『史記』殷本紀の論賛では、契から成湯（湯王）以来のことを『書』『詩』から採ったと述べている。そして『史記』本紀に対して、今日に伝えられる『書』『詩』や、『大戴礼』の「五帝徳」「帝繫」篇には『史記』の記事に対応する関連が認められる。

しかし「容成氏」の伝えは、明らかに『史記』の構文とは異なってなり、素材が違うことを示している。また第五部分とされた禹の伝説では、『尚書』禹貢篇、『周礼』職方氏、『爾雅』釈地とも違う「九州」を記しており、これは異なる禹の治水伝説を示している。これらは『史記』夏本紀や河渠書に対して、異なる系統の伝えである(35)。上海博物館蔵楚簡の年代は不明であるが、少なくとも戦国楚の時代には「容成氏」にみえる伝承が文字資料となっていたことがわかる。換言すれば、戦国楚簡「容成氏」に書写された帝王の伝説は、直接的に『史記』の素材ではなくとも、諸子百家の書物と同じように、秦漢時代より以前に経書と異なる系統の資料が存在したことを示している。

そこで明らかなことは、漢代以前にいくつかの系統の古伝説が存在したが、司馬遷は漢代に伝えられた『書』『詩』や『大戴礼』の「五帝徳」「帝繫」篇の系統の資料を利用したということである。それは帝王の時代から、すでに伝承の変遷と整理をへた伝えであり、しかも複数ある伝承のなかの一部であったことが証明できる。

つぎに戦国、秦漢時代の出土史料では、春秋時代の伍子胥の伝説がある。『史記』伍子胥列伝は、前半は楚王に対する復讐と、後半は呉越の興亡のなかで自殺する最期を描いた一篇である。その内容は、『史記』楚世家、呉世家、越王句践世家、刺客列伝（専諸伝）と関連している。歴代の注釈や考証では、その素材が『春秋左氏伝』の紀年資料や『国語』『呂氏春秋』と関連し、後世に編纂された『越絶書』『呉越春秋』『戦国策』『新序』『説苑』の異聞とも関連すると指摘されている(36)。しかしこれらは伝世の文献であり、どこまで司馬遷が利用した漢代のテキストと共通するかを明らかにすることは困難である。ところが近年の出土史料には、この伍子胥に関する資料がみえている。

1戦国時代の郭店楚墓竹簡は、包山楚墓に近い年代といわれる。この「窮達以時」に『説苑』『韓詩外伝』と類似する説話があり、そのなかに「子胥前多功、後戮死、非其智衰也」という伍子胥の伝えがある。(37) これは楚の地で出土しながら、楚国の例だけをあげるのではなく、堯と舜、斉桓公と管子、秦繆公と百里傒、楚荘王と孫叔敖の対比をしたあとで、伍子胥の運命を論評している。この部分は、『史記』伍子胥列伝でいえば、前半の楚を破る事績と、後半の呉王との関係を示しているが、この死をめぐる論評は『史記』にはみえない。

2湖南省慈利県石板村三六号墓の戦国楚簡には、伍子胥の死をふくむ記事がある。(38) 何有祖氏は、『国語』呉語との関連で楚簡の配列を考証しているが、その一部にはつぎのような記事がある。これも楚の地で出土しながら、『史記』の後半にみえる呉国に関連する内容である。

……〔盛〕者（諸）鴟夷（鵜）、而投者（諸）江。呉〔王〕……（135―36）

……吾道路悠遠、吾無會而……（24―1）……出朋勢、以返高位重畜女……（52―11）……我、著者（諸）侯止（之）秉（柄）、以……（94―14）

……卑周室既……（114―13）……君命長弟許諾、呉〔王〕……（121―14）

……〔乃闔〕左闔、實止（之）土、側席〔而坐〕……（2―8）

3漢代初期の出土史料では、張家山漢簡に『蓋廬』という書物がある。(39) これは呉王闔廬と伍子胥の対話の形式で、兵陰陽の思想をもつ兵書といわれている。ここでは統治の心得（治民之道）を述べており、「天之時」「軍之道」「戦之道」「政之道」「攻軍之道」「救民道」「救乱之道」を議論の対象としているが、このような呉王に対する伍子胥の人物像は『史記』列伝の記事と共通していない。

4睡虎地七七号漢墓は、前漢の文帝末年から景帝期の資料と推定されており、その竹簡は、①質日、②日書、③書籍、④算術、⑤法律などに分類している。その書籍のなかに伍子胥の伝承があり、劉楽賢氏は伍子胥が父の仇をうっ

た後に呉に帰るときのエピソードとして解読している。(40)

……其疾求之勿失、市政（正）受令求五（伍）子胥

……起曰、昔者楚平王殺臣父而非其罪也、君

……子胥、子胥勇且智、君必内之。昭公乃令人告五（伍）子胥曰、昔者吾

……有智。今子率衆而報我亦甚矣、然而寡

……丘虚宗廟社稷虖。吾請與子中分國矣

……貴爲名、〔名〕成則昌、必入之矣。五（伍）子胥報於使者

これは紹介されている説話の一部であるが、伍子胥の伝承が書写された例である。したがって漢代の出土史料では、『史記』伍子胥列伝の直接的な素材ではないが、伍子胥に関連する異聞が存在したことがわかる。

以上のように、近年に増加した伍子胥の伝承では、一部に文献との関連がみえるが、戦国時代の出土史料は、ほとんど『史記』伍子胥列伝と共通するものではない。これらは『史記』の素材とは異なる資料であり、司馬遷が利用していない系統に属している。これは馬王堆帛書『春秋事語』の説話も同じである。(41)

（2）『史記』と共通する系統の資料

『史記』春秋戦国列伝と共通する記事では、銀雀山竹簡『孫子』と馬王堆漢墓帛書『戦国縦横家書』の故事が代表的な例である。

1山東省銀雀山漢墓の竹簡は、前漢武帝期の資料といわれる。(42)この竹簡『孫子』に、書後の付録のような形で、孫武が呉王闔廬の前で女官を訓練する説話がある。このエピソードは、少し簡略化されて、ほぼそのまま『史記』孫子

列伝に利用されている。孫子列伝は、このエピソードだけで孫武の伝記を構成している。これは『史記』列伝に、先行する文字資料としての説話を利用したことが証明できる例である。

2馬王堆帛書『戦国縦横家書』が出土した馬王堆三号漢墓は、長沙国の丞相であった利蒼（二号墓）とその妻（一号墓）と合わせた家族墓である。(43) この三号墓には「十二年二月乙巳朔戊辰」の紀年を記す遣策が副葬されており、墓主は文帝十二年（前一六八）に亡くなった息子とみなされている。これは司馬遷が太史令となった元封三年（前一〇八）を基準としても六〇年以上も早い。『戦国縦横家書』は二七篇で構成され、少なくとも三種のグループに分けられる。その編集は、第三類の内容より後に、戦国末から秦代、楚漢の時期をへて、漢代初期までに一書の形態となっている。このうち八篇が『史記』、一〇篇が『戦国策』と共通している。したがって馬王堆漢墓の墓主が、司馬遷の創作を入手して所有することは不可能であり、武帝期の司馬遷が帛書と共通する故事を利用したことを明らかに示している。また『戦国策』は、前漢末に劉向が編纂した書物であるが、その一部は先行する戦国故事を収録したことが証明できる。このように出土史料と共通する説話を一部に組み込む点では、同じく劉向が編纂した『説苑』『新序』も同じである。これは『説苑』『新序』の一部が『史記』と共通する場合は、同じように司馬遷が編纂に先行する説話を利用した可能性が生じることになる。(44)

『史記』が馬王堆帛書『戦国縦横家書』の故事と共通するのは、魏世家と趙世家、韓世家、田敬仲完世家、穰侯列伝である。(45) また一部に蘇秦列伝と共通する故事は、第一類の未知の資料にみえる「臣秦」の書信とあわせて、戦国中期の合従連衡における蘇秦の事績を復元することができる。(46) したがって馬王堆帛書『戦国縦横家書』の故事は、多くの点で『史記』の素材と共通している。

以上のような出土史料と『史記』の関係を整理してみると、つぎのような特徴がある。『史記』と共通する銀雀山竹簡『孫子』の説話や、馬王堆帛書『戦国縦横家書』の故事は、漢代に書写された書籍に属している。しかし『史記』と共通しない出土史料は、上海博物館蔵楚簡「容成氏」や伍子胥に関する伝承のように、戦国時代から漢代にかけての資料である。したがって司馬遷が利用したのは、漢代までに一定の編集をへて伝えられた書物の形態をもっており、反対に戦国時代の出土史料のように遡るほど『史記』との共通点が少なくなる。このことは司馬遷が、春秋戦国時代の説話や故事を利用するとしても、それは同時代の出土史料を利用したのではなく、漢代に伝えられた文字資料であることを示唆している。

ここから『史記』の信古と疑古、出土資料による釈古の問題がみえてくる。つまり司馬遷が利用した資料は、漢代までの伝承と変遷をへており、『漢書』芸文志にみえる漢王朝の図書と関係する資料である。(47) これは比較的に変化が少ない紀年資料や系譜とは性格が異なっており、その時代と内容が隔たるほど伝承の異聞は多くなる。したがって伝承が近い秦漢時代の歴史は、当時の実情を知る手がかりとなるが、夏殷周の時代や春秋戦国時代のように、古い時代ほど信頼性には注意が必要である。そのとき伍子胥の伝承でいえば、『春秋左氏伝』にみえる呉が楚の都を滅ぼした年や、越が呉の都を滅ぼした年は、故事の時代背景を知る基準となるであろう。また楚漢戦争の時期でいえば、陳渉や劉邦などのエピソードは、たとえ個人的には虚構であったとしても、出土史料からみれば当時の実情を反映していることがわかる。(48) これらは『史記』の古代史を復元することに役立つものである。

なお『史記』の取材では、語り物や旅行で得た地方の口碑を強調する説がある。宮崎市定氏は、司馬遷が漢王朝と政府が収蔵保存する典籍や記録を引用して、その典籍の中には今日みえる経書と諸子百家がふくまれていると指摘している。(49) また漢王朝の成立以後の部分は、政府保有の記録に拠ったであろうといわれる。しかしこうした文字資料のほかに、『史記』では口承伝説の類を多く利用したことを強調されている。これは司馬遷の時代には記録された史料

が少ないとみなし、そのため市で上演された語り物や、旅行した先々で民間の口碑を求めたと推測されたのであろう。(50)

中国の戦国、秦代では、すでにみたように紀年資料・系譜や、多くの記事資料が文字資料となっていた。したがって司馬遷の時代には、先秦の伝承もいくつかの異聞として文字資料になっていたのである。また漢代の人びとによる伝承は、顧頡剛、李長之、佐藤武敏、李開元氏が考察しているが、交際があった人びとによる伝承はそれほど多くはない。(51) ここに口語の表現がみえている。さらに『史記』には黄河流域の情報が多く、とくに戦国時代の情報は秦の本拠地（漢の長安）を中心として、趙、魏など西方の地域に集中するという傾向がある。この情報量と旅行との関連について、私は司馬遷のほぼ全旅行ルートを踏査して、見聞を記すのは「太史公曰」の論賛の部分だけであり、長江流域の南方と斉・燕などの見聞を記した部分はきわめて少ないことを論証した。(52) これは『史記』が記す情報の分布と、司馬遷の旅行による取材が一致しないことを示している。

宮崎市定氏の特徴は、素材としての紀年資料にあまり注目されていないことである。また睡虎地秦簡『編年記』や、銀雀山竹簡と馬王堆帛書『戦国縦横家書』の記事資料にもふれていない。しかし『史記』の取材と編集は、こうした視点を継承して出土史料と比較すれば、さらに詳細に分析できるのである。

おわりに

ここでは戦国・秦代の出土史料を分析して、司馬遷が利用した系統と、利用しなかった系統の資料を全体的に理解しようとした。そのなかで『史記』と共通する資料の傾向をみれば、司馬遷の取捨選択と編集の一端がうかがえ、同時に『史記』にみえる信古と疑古の問題を考えることができよう。その要点は、次のようになる。

一、司馬遷が利用した紀年資料は、睡虎地秦簡『編年記』や周家台秦墓の暦譜、里耶秦簡の秦紀年との比較によって、『史記』六国年表で「秦記」にもとづくという記述を確かめることができる。系譜では、戦国楚簡の包山楚簡、望山一号墓、新蔡楚墓の卜筮祭禱簡に楚の系譜の一部がみえている。これは一部ではあるが、『史記』で各国系譜を利用したことを示している。また阜陽双古堆の「年表」は、各国を一覧した系譜の存在を証明している。このような紀年資料と系譜は、比較的に変化が少ない記録であり、司馬遷が利用した漢代の伝えにも、当初の記録を温存していたと推測される。

二、これに対して、司馬遷が利用しなかった系統の出土史料は、楚暦、秦の法令、秦の行政文書、財務資料、秦と楚の司法関係の記録である。秦国と異なる系統の暦は、包山楚簡の楚暦や、睡虎地秦簡『日書』、睡虎地秦簡「為吏之道」の魏律にみえている。秦の法令は、青川県木牘と睡虎地秦簡の秦律、龍崗秦簡の律令、岳麓書院所蔵秦簡の律令雑抄などがある。秦の行政文書と財務資料には、睡虎地秦簡「語書」と里耶秦簡がある。司法裁判の資料には、包山楚簡の文書簡や、睡虎地秦簡『封診式』、岳麓書院所蔵秦簡の奏讞書がある。これらは太史令とは別に、それぞれの官府に属する記録である。しかしこのような多くの文書が存在したにもかかわらず、『史記』秦本紀や秦始皇本紀、戦国世家には、秦国と趙国以外の暦や、秦をふくむ諸国の行政文書、司法裁判の系統の資料がふくまれていない。これは司馬遷が利用できなかったか、あるいは採用しなかった資料ということを示している。

三、『史記』に共通する資料と、ふくまれていない系統の資料を比較してみると、2つの特徴がみえてくる。1に、司馬遷が利用した資料は、漢代までに一定の編集をへた書籍の形態をもつと思われることである。これは出土史料では、竹簡・帛書に書かれた保存を意識する文書・書籍と共通するものが多いことからも推定できる(53)。利用していない系統の資料は、書籍の形態をもつ異聞と、里耶秦簡の木牘に書かれた記録のように、実務の処理をする資料が多い。

ただし、これは中央と地方の資料による違いではないと考える。2に、司馬遷が利用した系統は、太史令が所属する太常の資料を基本としており、それは祭祀儀礼、暦、紀年資料、系譜などの資料という特徴がある。これに対して『史記』と共通しない系統の資料は、丞相と御史大夫に関する律令と行政文書や、治粟内史に関する財務資料、廷尉に関する司法裁判の案件などである。これらは、まだ書籍の形態となっていない。ここに『史記』が、漢王朝の実務とは異なる系統の書籍を重視するという性格がうかがえる。これは記事資料も同じ傾向を示している。また前漢末に漢王朝の図書を整理したとき、『漢書』芸文志にみえる担当者と分類に近いことがわかる。

光禄大夫の劉向：経伝、諸子、詩賦。歩兵校尉の任宏：兵書。太史令の尹咸：数術。侍医の李柱国：方技。

四、したがって『史記』の信古と疑古の問題は、司馬遷が取捨選択した『史記』の素材と編集に即して考えることができる。つまり秦の紀年資料と系譜の一部のように、変化が少ない記録にもとづく資料は、歴史研究の基準とすることができる。ただし『史記』では、秦本紀と秦始皇本紀、六国年表、戦国世家の年代に差異がある点や、後世の数字の誤写、編集ミスなどの誤りに注意する必要がある。これに対して史実が疑わしい資料は、伝承の変遷を受けた記事資料に多い。これは司馬遷が、漢代に伝えられた資料を利用したことが原因と推測される。出土史料との比較でいえば、実際の年代に近い戦国楚簡、秦簡には異聞が多く、漢代の資料と共通するケースがあることも、このような傾向を証明している。そして『史記』では、個人の事績として疑わしい虚構であっても、その歴史背景としては当時の実情を反映している場合がある。これは史実と物語の復元につながっている。このように『史記』には、史実と説話の両方をふくんでおり、これも出土史料との比較によって王国維の二重証拠法が応用できるものである。

以上のように司馬遷が『史記』を編纂したのは、けっして偶然ではない。漢武帝の時代は、国内の政治と財政の安定をうけ、対外的にも領域を拡大した時期である。このような時代に、古からの天命と儀礼の歴史を総括し、その由来と変遷を説明することが重要な課題であった。したがって父と司馬遷が、太常の資料を中心として、歴史書にあたる著述をしたのは、この時代の要請と関連しているとおもわれる(54)。

『史記』の研究では、以上のような素材と編集をふまえて、司馬遷の歴史観を考える必要がある。とくに秦代までの歴史では、『史記』が唯一の通史となっており、『尚書』『春秋左氏伝』『国語』『呂氏春秋』『戦国策』『説苑』『新序』や諸子などの文献と比べるほかに、出土資料をふくめた理解が求められる。その結果、司馬遷が太史公自序で述べたように、武帝期の漢王朝に文書や書籍が集まり、経書や他の記事資料・諸子の書物を整理して、著述に編集したというのは、その実情をよく表していたことになる。これは『史記』に創作の部分が少なく、文字資料を基本とすることを示している。また『史記』三代世表、十二諸侯年表、六国年表には、系譜と紀年資料による年代学をみることができる。司馬遷は、このような年代学と、すでに書写されていた文字資料を組み合わせて歴史を編集し、独自の観点から国の興亡と、人物の顕彰・盛衰を位置づけている。その一つとして、拙著『史記戦国史料の研究』では、司馬遷が紀年資料と系譜、記事資料を基本として、王朝の興亡を示す君主の徳に注目し、天命と運命、盛衰の原理を明らかにしようとする意図をもつことを述べた。これは『漢書』司馬遷伝の「任少卿に報ずるの書」に「天人の際を究め、古今の変に通じ、一家の言を成す」という目的や、太史公自序にみえる本紀、八書、世家、列伝の意図に通じるものである(55)。

『史記』の漢代史料では、同じように素材となる文献や、『漢書』の編集との違いが問題となる。また司馬遷が著述をした時代は、漢王朝の成立から約一〇〇年が経過しており、漢代の人びとによる伝承と、出土資料との比較、フィールド調査をあわせた考察が可能となる。私たちは、こうした『史記』の性格を理解したうえで、出土資料や考古文物をあわせて史実を復元し、歴史研究を進めることができると考えている。

注

（1）顧頡剛『古史弁』第一冊、自序（一九二六年）、顧頡剛著・平岡武夫訳『ある歴史家の生い立ち』（岩波書店、一九八七年）、宮崎市定「身振りと文学——史記成立の一試論」（一九六五年、『宮崎市定全集五』史記、岩波書店、一九九一年）など。『史記』研究の概略には、池田四郎次郎・池田英雄『史記研究書目解題稿本』（明徳出版社、一九七八年）、池田英雄『史記学五〇年——日・中「史記」研究の動向』（明徳出版社、一九九五年）、青木五郎、中村嘉弘編著『史記の事典』（大修館書店、二〇〇二年）がある。

（2）注釈と版本の研究には、梁玉縄『史記志疑』（清乾隆、中華書局、一九八一年）、瀧川亀太郎『史記会注考証』（東方文化学院東京研究所、一九三二～三四年）、水澤利忠『史記会注考証校補』（史記会注考証校補刊行会、一九五七～七〇年）、瀧川資言考証・水澤利忠校補『史記会注考証附校補』（上海古籍出版社、一九八六年）などがある。『史記』の出典は、金徳建『司馬遷所見書考』（上海人民出版社、一九六三年）、張大可「論史記取材」（『史記研究』甘粛人民出版社、一九八五年）、原富男『補史記芸文志』（春秋社、一九八〇年）の考察がある。その特徴は、拙稿「日本対《史記》的伝承与研究」（『史記研究集成』第一三巻、史記研究史及史記研究家　華文出版社、二〇〇五年）、同「簡帛発現与『史記』研究」（李学勤、謝桂華主編『簡帛研究二〇〇二、二〇〇三』、広西師範大学出版社、二〇〇五年）、同「『史記』の素材と出土資料」（『愛媛大学法文学部論集』人文学科編二〇、二〇〇六年）で述べている。戦国時代の史料は、楊寛『戦国史』（初版一九五五年、第二版一九八〇年、増訂本、上海人民出版社、一九九八年）、同『戦国史料編年輯証』（上海人民出版社、二〇〇一年）がある。

（3）王国維「殷卜辞中所見先公先王考」（『観堂集林』巻九）、同「最近二三十年中中国新発見之学問」（『王国維遺書』第五冊、静安文集続編、上海古籍書店、一九八三年）、同『古史新証』（影印本、一九三五年、清華大学出版社、一九九四年）。

（4）駢宇騫・段書安編著『二十世紀出土簡帛概述』（文物出版社、二〇〇六年）、李均明『秦漢簡牘文書分類輯解』（文物出版社、二〇〇九年）、胡平生・李天虹『長江流域出土簡牘与研究』（湖北教育出版社、二〇〇四年）、拙著『中国古代国家と社会システム——長江流域出土資料の研究』第三章「戦国秦の南郡統治と地方社会」（汲古書院、二〇〇九年）など。このほか北京大学が購入した簡牘には、秦代の簡牘（竹簡七六三枚、木簡二一枚、木牘六枚、竹牘四枚など）に質日、為吏之道、交通里程書、算数書、数術方技、制衣書、文学類佚書があり、漢代竹書の約三三〇〇枚に、老子や蒼頡篇、趙正（政）書、周訓、小説「妄稽」、古医書、日書などがあるといわれる。

（5）拙著『史記戦国史料の研究』第一編第一章「『史記』と中国出土書籍」（東京大学出版会、一九九七年）、同『《史記》戦国史料研究』（曹峰、廣瀬薫雄訳、上海古籍出版社、二〇〇八年）、拙稿前掲「『史記』の素材と出土資料」、同「司馬遷与漢太史令――『史記』的素材与出土史料」（陝西省司馬遷研究会編『司馬遷与史記論集』七輯、陝西人民出版社、二〇〇六年）。

（6）『史記』のテキストは中華書局本をもとにして、宋慶元黄善夫刊本（百衲本）、水澤利忠・尾崎康・小沢賢二解題『国立歴史民俗博物館所蔵黄善夫本・国宝史記』（古典研究会叢書・漢籍之部二五、汲古書院、一九九六～九八年）で補正する。また前掲『史記会注考証』などの校訂を参照する。『戦国策』のテキストと分類は、黄丕烈刊行の姚宏本を底本とする上海古籍出版社の版本を使用し、『四部叢刊』影印の鮑注呉校本を参照した。また近藤光男『戦国策上』（全釈漢文大系、集英社、一九七五年）の注釈を参照する。

（7）拙著『史記戦国史料の研究』第一編第三章「『史記』戦国紀年の再検討」。

（8）睡虎地秦墓竹簡整理小組編『睡虎地秦墓竹簡』（文物出版社、一九九〇年）、馬雍「読雲夢秦簡《編年記》書後」（『雲夢秦簡研究』中華書局、一九八一年、『西域史地文物叢考』文物出版社、一九九〇年）、韓連其「睡虎地秦簡《編年記》考証」（一九八一年、『先秦両漢史論叢』斉魯書社、一九八六年）、馬非百「雲夢秦簡大事記集伝」（『中国歴史文献研究集刊』湖南人民出版社、一九八一年）など。

（9）彭錦華「周家台三〇号秦墓竹簡〝秦始皇三四年暦譜〟釈文与考釈」（『文物』一九九九年六期）、張培瑜、彭錦華「周家台三〇号秦墓暦譜竹簡与秦・漢初的暦法」（『関沮秦漢墓簡牘』中華書局、二〇〇一年）、吉村昌之「出土簡牘資料にみられる暦譜の集成」（冨谷至編『辺境出土木簡の研究』朋友書店、二〇〇三年）。

（10）高村武幸「秦漢代地方官吏の『日記』について」（二〇〇二年、『漢代の地方官吏と地域社会』汲古書院、二〇〇八年）、拙稿前掲「戦国秦の南郡統治と地方社会」。

（11）李学勤「初読里耶秦簡」（『文物』二〇〇三年一期）、張培瑜・張春龍「秦代暦法和顓頊暦」（湖南省文物考古研究所編『里耶発掘報告』岳麓書社、二〇〇七年）。

(12) 拙稿前掲「『史記』戦国紀年の再検討」、拙著『史記戦国史料の研究』第二編第一章「『史記』秦本紀の史料的考察」。

(13) 戦国紀年の考証には、陳夢家『六国紀年』（学習生活出版社、一九五五年）、范祥雍編『古本竹書紀年輯校訂補』（新知識出版社、一九五六年）、楊寛『戦国史』戦国大事年表、戦国大事年表中有関年代的考訂（一九五五年、増訂本、上海人民出版社、一九八八年）、斉藤国治・小沢賢二『中国古代の天文記録の検証』第Ⅲ章、『史記』（戦国時代）の中の天文記録（雄山閣、一九九二年）、平勢隆郎編著『新編史記東周年表——中国古代紀年の研究序章』（東京大学出版会、一九九五年）などがある。

(14) 湖北省荊沙鉄路考古隊『包山楚墓』、同『包山楚簡』（文物出版社、一九九一年）、陳偉『包山楚簡初探』（武漢大学出版社、一九九六年）。陳偉等『楚地出土戦国簡冊〔十四種〕』（経済科学出版社、二〇〇九年）は、包山二号墓、郭店一号墓、望山一号・二号墓、九店五六号墓、曾侯乙墓などの簡冊について最新の釈文と注釈である。本書では、この釈文に従って楚系文字を通用の字体に改めている。なお（　）では読替の一部を残しており、〔　〕は補足された文字である。

(15) 李学勤「論包山簡中一楚祖先名」（『文物』一九八八年八期）、李家浩「包山竹簡所記楚祖先名及其相関問題」（『文史』四二輯、一九九七年）、郭永秉『帝系新研』第三章「出土文献中所見的楚先祖世系伝説及其相関問題」（北京大学出版社、二〇〇八年）、工藤元男「包山楚簡『卜筮祭禱簡』の構造とシステム」（『東洋史研究』五九—四、二〇〇一年）、拙著『中国古代国家と社会システム』第二章「包山楚簡と楚国の情報伝達」、拙稿「戦国楚簡与楚国的情報伝達——紀年与社会系統」（『簡帛研究二〇〇四』江西師範大学出版社、二〇〇六年）。なお陳偉等『楚地出土戦国簡冊〔十四種〕』では、先祖の「熊繹」を「熊鹿（麗）」とし、「自……以庚（……から~まで）」を「自……以就」と読んでいる。このほか清華大学所蔵戦国簡には、『竹書紀年』のように紀年を記した「繋年」と、楚の系譜を記した「楚居」があり、今後の考証が注目される。李学勤「清華簡九篇綜述」（『文物』二〇一〇年五期）、清華大学出土文献研究与保護中心編、李学勤主編『清華大学蔵戦国竹簡（壹）』（中西書局、二〇一〇年）など。

(16) 張家山二四七号漢墓竹簡整理小組『張家山漢墓竹簡〔二四七号墓〕』（文物出版社、二〇〇一年）、『張家山漢墓竹簡〔二四七号墓〕』釈文修訂本（文物出版社、二〇〇六年）、彭浩・陳偉・工藤元男主編『二年律令與奏讞書』（上海古籍出版社、二〇〇

〇七年）。この条文は、廣瀬薫雄『秦漢律令研究』第三部第三章「張家山漢簡『二年律令』史律研究」（汲古書院、二〇一〇年）に訳注と考察がある。

(17) このように考えると、殷代の甲骨文と『史記』殷本紀の系譜が一致する理由も推測できる。すなわち殷代の甲骨卜辞では、暦と占い、祭祀の系譜を記しており、そのうち先祖の系譜が後世の文献に伝えられている。したがって司馬遷は、第一次資料としての甲骨文を分析したのではなく、『史記』五帝本紀や三代世表の論賛で述べるように、漢代に伝えられた『大戴礼』五帝徳、帝繫篇のような系譜を利用した。そして司馬遷が利用した系譜と、甲骨文にみえる祭祀の王名が、結果として一致したことになる。ただし『史記』殷本紀の先祖と、実在の王をどのように区別するかは、系譜の伝承とは別の問題である。

(18) 胡平生・田中幸一訳「阜陽漢簡『年表』整理札記」（『史泉』七〇、一九八九年）、胡平生「阜陽漢簡《年表》整理札記」（『胡平生簡牘文物論集』蘭台出版社、二〇〇〇年）。

(19) 里耶秦簡を中心とする出土資料の文書と記録は、拙著『中国古代国家と社会システム』第四章〜第七章で考察している。

(20) 拙稿前掲「包山楚簡と楚国の情報伝達」。

(21) 工藤元男『睡虎地秦簡よりみた秦代の国家と社会』終章「睡虎地秦簡よりみた戦国秦の法と習俗」（創文社、一九八八年）。

(22) 拙稿前掲「『史記』戦国紀年の再検討」、拙著『史記戦国史料の研究』第二編第二章「『史記』趙世家の史料的考察」。

(23) 于豪亮「釈青川秦墓木牘」、李昭和「青川出土木牘文字簡考」（以上、『文物』一九八二年一期）、胡平生・李天虹『長江流域出土簡牘与研究』二一九頁、拙著『中国古代国家と郡県社会』（汲古書院、二〇〇五年）第一編第一章「中国古代の関中開発」など。

(24) 拙稿前掲「『史記』秦本紀の史料的考察」。

(25) 睡虎地秦墓竹簡整理小組編『睡虎地秦墓竹簡』（文物出版社、一九九〇年）、中国文物研究所、湖北省文物考古研究所編『龍崗秦簡』（中華書局、二〇〇一年）。

(26) 陳松長「岳麓書院所蔵秦簡綜述」（『文物』二〇〇九年三期）。なお陳偉「岳麓書院秦簡考校」（『文物』二〇〇九年一〇期）では、「奉敬律」を「奔敬（警）律」としている。

（27）拙稿前掲「『史記』戦国紀年の再検討」。

（28）前掲『里耶発掘報告』、胡平生「読里耶秦簡札記」（『簡牘学研究』第四輯、二〇〇四年）、拙著『中国古代国家と社会システム』第四章～第七章、拙稿「里耶秦簡与秦帝国的情報伝達」（中国社会科学院考古研究所、中国社会科学院歴史研究所、湖南省文物考古研究所編『里耶古城・秦簡与秦文化研究――中国里耶古城・秦簡与秦文化国際学術研討会論文集』科学出版社、二〇〇九年）、同「里耶秦簡的文書形態与信息伝逓」（『簡帛研究二〇〇六』広西師範大学出版社、二〇〇八年）、同「里耶秦簡的文書与信息系統」（『簡帛』第三輯、武漢大学簡帛研究中心、二〇〇八年）など。

（29）陳偉『包山楚簡初探』第二章「文書制度」、第五章「司法制度」、拙稿前掲「包山楚簡と楚国の情報伝達」。

（30）陳松長前掲「岳麓書院所蔵秦簡綜述」。陳偉「岳麓書院秦簡一六五〇号的解読問題」（武漢大学簡帛研究中心簡帛網二〇一〇年九月）では「鞫之：學撟自以爲五大夫将軍馮毋擇子、以名爲僞私書詣熷、以欲1044盗去邦亡。未得、得、審、毄（繫）、敢讞之。●史議：耐學隷臣、或令贖耐。1650」と読んでいる。また張家山漢簡『奏讞書』にも秦代の案件がある。

（31）鶴間和幸「司馬遷の時代と始皇帝――秦始皇本紀編纂の歴史的背景」（『東洋学報』七七―一・二、一九九五年）、拙稿「始皇帝と秦王朝の興亡――『史記』秦始皇本紀の歴史観」（『愛媛大学人文学会創立二十周年記念論集』一九九六年）、同「秦始皇与秦王朝的興亡」（『秦文化論叢』六輯、西北大学出版社、一九九八年）。

（32）『史記』礼書の論賛に、大行の礼官に行き、三代の変遷を観たと言っている。

太史公曰、洋洋美徳乎。宰制萬物、役使羣衆、豈人力也哉。余至大行禮官、観三代損益、乃知縁人情而制禮、依人性而作儀、其所由來尚矣。

（33）拙著『史記戦国史料の研究』第二編「戦国七国の史料学的研究」の諸篇、本書の第四章「『史記』戦国四君列伝の史実」。

（34）馬承源主編『上海博物館蔵戦国楚竹書（二）』（上海古籍出版社、二〇〇二年）、邱徳修『上博楚簡容成氏注釈考証』（台湾古籍出版、二〇〇三年）など。

（35）陳偉「禹之九州与武王伐商的路線」（『報告集Ⅱ二〇〇三年度』早稲田大学二十一世紀ＣＯＥプログラム：アジア地域文化エンハンシング研究センター、二〇〇四年）、同『新出楚簡研読』第四章第五節「《容成氏》所見的九州」（武漢大学出版社、二〇一〇年）。また浅野裕一「『容成氏』における禅譲と放伐」（浅野裕一編『竹簡が語る古代中国思想』汲古書院、二〇〇五年）など関連する論文も多い。

（36）鎌田正『左伝の成立と其の展開』（大修館書店、一九六三年）、下見隆雄「怨恨と復讐の構図――『伍子胥列伝』研究ノートより」（『福岡女子短大紀要』一一、一九七六年）など。

（37）荊門市博物館『郭店楚墓竹簡』（文物出版社、一九九八年）。

（38）湖南省文物考古研究所・慈利県文物保護管理研究所「湖南慈利県石板村戦国墓」（『考古学報』一九九五年二期）、張春龍「慈利楚簡概述」（北京大学・達慕斯大学・中国社会科学院主辦『新出簡帛研究――新出簡帛国際学術研討会論文集』（文物出版社、二〇〇四年）、何有祖「慈利竹書与今本〈呉語〉試勘」（武漢大学簡帛研究中心簡帛網、二〇〇五年一二月）。

（39）張家山二四七号漢墓竹簡整理小組『張家山漢墓竹簡』、『張家山漢墓竹簡』釈文修訂本、邵鴻『張家山漢簡《蓋廬》研究』（文物出版社、二〇〇七年）。

（40）湖北省文物考古研究所・雲夢県博物館「湖北雲夢睡虎地M七七発掘簡報」（『江漢考古』二〇〇八年四期）、熊北生「雲夢睡虎地七七号西漢墓出土簡牘的清理与編聯」、劉楽賢「睡虎地七七号漢墓出土的伍子胥故事残簡」（以上、『出土文献研究』九、中華書局、二〇一〇年）、曹方向「雲夢睡虎地漢簡〝伍子胥故事残簡〟簡序問題小議」（武漢大学簡帛研究中心簡帛網二〇一〇年二月）の考察がある。本書の第一章「『史記』諸子列伝の素材と人物像」を参照。

（41）馬王堆漢墓帛書整理小組編『馬王堆漢墓帛書〔参〕』（文物出版社、一九八三年）、野間文史『春秋事語』（馬王堆出土文献訳注叢書、東方書店、二〇〇七年）。ここには晉、燕、魯、秦、鄭、斉、衛、呉、宋に関する一六章の説話がある。

（42）常弘「読臨沂漢簡中《孫武伝》」（『考古』一九七五年四期）、拙稿前掲「『史記』と中国出土書籍」、本書の第一章「『史記』諸子列伝の素材と人物像」。

（43）湖南省博物館・湖南省文物考古研究所編『長沙馬王堆二・三号漢墓』第二章「三号漢墓」（文物出版社、二〇〇四年）、馬王堆漢墓帛書整理小組編『馬王堆漢墓帛書〔参〕』（文物出版社、一九八三年）、拙著『史記戦国史料の研究』第一編第五章「馬王堆帛書『戦国縦横家書』の構成と性格」。

(44) たとえば阜陽双古堆一号漢墓の書籍簡牘には、『新序』『説苑』と同じ題目がある。また出土史料には、一部に『新序』『説苑』と同じ内容の故事をふくんでいる。これは帛書『戦国縦横家書』と『戦国策』のように、司馬遷より以前の時代に先秦の説話があり、それを劉向が収録したことを示している。したがって『新序』『説苑』の一部は、司馬遷が利用することが可能である。本書の第一章「『史記』諸子列伝の素材と人物像」。

(45) 拙著『史記戦国史料の研究』第二編「戦国七国の史料学的研究」の諸篇。

(46) 本書の第二章「『史記』穰侯列伝の編集方法」、第三章「『史記』蘇秦・張儀列伝と史実」。

(47) 書誌学については、興膳宏・川合康三『隋書経籍志詳攷』（汲古書院、一九九五年）の考証が参考となる。

(48) 拙稿「『史記』秦漢史像の復元――陳渉、劉邦、項羽のエピソード」（『日本秦漢史学会会報』五、二〇〇四年）、同「秦漢帝国成立之際的秦始皇陵与兵馬俑研究的意義」（『秦文化論叢』一二輯、三秦出版社、二〇〇五年）など。

(49) 宮崎市定『宮崎市定全集五』自跋、三九八～三九九頁。

(50) 宮崎市定「身振りと文学」（『宮崎市定全集五』二二三～二二四頁）で、つぎのように述べている。

司馬遷の時代には、まだ記録された史料というものは甚だ少なかったのであろう。しかも彼は漢以前の悠久な歴史を書こうとしたので、勢いその材料を民間に伝わる口碑に求めざるを得なかった。そしてかかる口碑には地域性があり、それぞれの土地によって語られる題目が異なっていた。そこで彼はよく、こまめに旅行した。旅行した先々で民間の口碑を求めては、その中に出てくる遺跡を探った。……ところが班固の時代になると、記録された史料は急に多くなり、殊に宮廷史家たる班固は内府の史料を自由に閲覧できる立場にあり、その書こうとする対象も、漢代に止まったから、彼の仕事は専ら書斎の仕事、机上の歴史学で間にあわせることができた。

(51) 顧頡剛「司馬談作史」（一九五一年、『史林雑識初編』中華書局、一九六三年）、李長之『司馬遷之人格与風格』（上海開明書店、一九四八年）、佐藤武敏「司馬談と歴史」（『司馬遷の研究』汲古書院、一九九七年）、李開元「論『史記』叙事中的口述伝承――司馬遷与樊他広和楊敞」（『周秦漢唐文化研究』第四輯、三秦出版社、二〇〇六年）など。宮崎前掲「身振りと文学」では、荊軻の伝記や鴻門の会を強調して、それを市で語られた物語とする。しかし漢代の伝承とすれば、そこに口語がみられることに一致する。顧頡剛氏などは、荊軻の記述は父の司馬談が、医者の夏無且と交際のあった人物から聞いた話とし、李開元氏は、鴻門の会の記述を、司馬遷が樊他広から聞いた伝えとしている。ただし景帝のとき庶人となった樊他広と交際があったのは、司馬談とする説がある。

（52）王国維「太史公行年考」（一九一七年、『観堂集林』巻一一）、佐藤武敏「司馬遷の旅行」（一九七七年、『司馬遷の研究』）、拙稿「司馬遷の旅行と取材」（『愛媛大学法文学部論集』人文学科編八、二〇〇〇年）、同「司馬遷的取材与秦国人物」（秦始皇兵馬俑博物館編『秦俑秦文化研究――第五届秦俑学術討論会論文集』陝西人民出版社、二〇〇〇年）、同「司馬遷的取材与《史記・西南夷列伝》」（中国秦漢史研究会編『秦漢史論叢』八輯、雲南大学出版社、二〇〇一年）、同「司馬遷的生年与二十南游」（陝西省司馬遷研究会編『司馬遷与史記論集』五輯、陝西人民出版社、二〇〇二年）、拙著『司馬遷の旅』（中央公論新社、二〇〇三年）など。

（53）『史記』にみえる書名と出土資料の形態からは、漢代までの書籍について興味深い特徴がわかる。それは司馬遷が利用できた書籍は、大きく三つに分かれることである。一は、『史記』に引用されている書物で、すでに書名が付けられた形態をもつ。これには『詩』『書』『易』『礼』『春秋』『国語』『左氏春秋』『晏子春秋』『呉起兵法』、司馬兵法などがある。二は、書名と篇名を記す書物で、篇ごとに普及していた可能性がある。これには「五帝徳」「帝繫姓」や、孫子十三篇、『管子』の牧民・山高・乗馬・軽重・九府篇、『楚辞』の離騒・天問・招魂・哀郢篇などがある。三は、まだ書名や篇名をもたない書物の形態である。これには馬王堆帛書『戦国縦横家書』の戦国故事などが例となろう。これらは漢代までの書籍の形態と、普及の事情を示すものであろう。

（54）岡崎文夫『司馬遷』（一九四七年、研文社、二〇〇六年）、拙著『司馬遷とその時代』（東京大学出版会、二〇〇一年）。

（55）『漢書』巻六二司馬遷伝の「任少卿に報ずるの書」に、「僕竊不遜、近自託於無能之辭、網羅天下放失舊聞、考之行事、稽其成敗興壞之理、凡百三十篇、亦欲以究天人之際、通古今之變、成一家之言」とある。太史公自序のコメントには、以下のようにみえる。

罔羅天下放失舊聞、王迹所興、原始察終、見盛觀衰、論考之行事、略推三代、録秦漢、上記軒轅、下至于茲、著十二本紀、既科條之矣。並時異世、年差不明、作十表。禮樂損益、律曆改易、兵權山川鬼神、天人之際、承敝通變、作八書。二十八宿環北辰、三十輻共一轂、運行無窮、輔拂股肱之臣配焉、忠信行道、以奉主上、作三十世家。扶義俶儻、不令己失時、立功名於天下、作七十列傳。凡百三十篇、五十二萬六千五百字、爲太史公書。序略、以拾遺補藝、成一家之言、厥協六經異傳、整齊百家雜語、藏之名山、副在京師、俟後世聖人君子。第七十。

第一章　『史記』諸子列伝の素材と人物像

はじめに

中国の春秋戦国時代は、諸国の制度と社会経済が発展し、諸子百家が出現した時代である。このとき諸国を遊説した諸子や遊説家の伝記は、諸子の書物と『戦国策』にみえているが、もっとも総合的な記述は『史記』の列伝である。このように著述を残した人物の列伝を、『史記』諸子列伝ということにする。

こうした諸子の書籍について、『漢書』武帝紀では、建元元年（前一四〇）冬十月、武帝が丞相と御史、列侯、中二千石、二千石、諸侯の相たちに対して、賢良・方正・直言・極諫の士を推挙させるように詔した。このとき丞相は、申不害、商鞅、韓非子、蘇秦、張儀のような法家や縦横家の学問を排除しようとし、その奏言が許可されている。

『史記』太史公自序では、武帝期に父の司馬談が残した「六家の要旨」を収録している。ここで司馬談は、諸子の長短を論じており、これは『漢書』芸文志の諸子略で分類する以前に、諸子の学派を系統づけた先駆的な論評とみなされている。(1)そして陰陽家・儒家・墨家・名家・法家の短所と長所をいうのに対し、道家はすべて長所をあげている。しかしその長所をみれば、司馬談は道家だけを重んじているわけではない。

陰陽：春夏秋冬、四時を秩序づけるところは失うことができない。

儒者：君臣父子の礼を秩序づけ、夫婦長幼の別を系列するところは易《か》えられない。

墨者：大本を強化し費用を節約する点は、棄てることができない。
法家：厳にして恩少なし。しかし、君臣上下の分を正すところは、改めることができない。
名家：名と実をともに正すところは、省みるべき点である。
道家：その術は陰陽の秩序をとり、儒・墨の長所をとり、名・法の要旨をつまみ、時勢とともに転移し、事物に
　応じて変化し、労が少なくて功が多い。

ここで注目されるのは、先に禁止されたはずの法家を論評していることである。さらに『史記』列伝には、申不害と韓非子の事績を載せ、商鞅と蘇秦・張儀にも列伝を立てている。これは司馬父子が、当時の思想に拘束されない立場を示唆するものであろう。

漢王朝の図書収集は、『漢書』芸文志の序文に、つぎのように述べている。これによれば武帝の時代には、蔵書の策をたて、書写の官を置いて、下は諸子の伝説まで王朝の図書館に集めている。

漢興、改秦之敗、大收篇籍、廣開獻書之路。迄孝武世、書缺簡脱、禮壞樂崩、聖上喟然而稱曰、朕甚閔焉。於是建藏書之策、置寫書之官、下及諸子傳説、皆充祕府。

前漢末の図書を収録した『漢書』芸文志の目録では、諸子略のなかに儒家、道家、陰陽家、法家、名家、墨家、縦横家、雑家、農家、小説家の九流を分類している。(2) このように漢代では諸子の書物が普及しており、『史記』列伝では、これらの人物たちの伝記を作成している。

しかし『史記』の諸子列伝は、伝記の基本とされながら、その信頼性に疑いがもたれている。それは諸子の活躍した年代や、そのエピソードが史実かどうかが不明な点である。そこで銭穆『先秦諸子繫年』（商務印書館、一九三五年初版）などのように、伝来の文献をもとに、諸子の編年を復元しようとする試みがある。(3) こうした状況で、新しい情

報をもたらしたのは、戦国、秦漢時代の古墓に副葬された竹簡・帛書の書籍である。(4)

中国では、一九七〇年代以降に諸子に関する出土資料が現れている。たとえば一九七二年には、山東省臨沂県の銀雀山漢墓から出土した『孫子』『孫臏兵法』『尉繚子』『六韜』などの兵法書と、『晏子春秋』「守法守令等十三篇」などの書物がある。一九七三〜七四年には、湖南省の馬王堆三号漢墓で、二十七種類の帛書や簡牘が出土した。帛書には『周易』『老子』『春秋事語』『戦国縦横家書』の書籍や、地図「駐軍図」などがふくまれている。一九七三年には、河北省の定県八角廊漢墓で『論語』と儒家者言などの書籍や『日書』があり、一九七七年には安徽省の阜陽双古堆《ふようそうこたい》漢墓に『蒼頡篇』『詩経』『周易』をふくむ書籍がある。さらに一九八三〜八四年には、湖北省で張家山漢墓の竹簡が出土し、ここには暦譜や『二年律令』と『奏讞書』『蓋廬』、算数書などがある。一九八六〜八七年には包山楚墓の竹簡が出土し、一九九三年には郭店楚墓《かくてんそぼ》の竹簡がある。一九九四年には、上海博物館が購入した上海博物館蔵楚簡などによって、その後は諸子百家の見直しや、思想史と書誌学の研究が進展している。(5)二十一世紀には、購入された清華大学所蔵の戦国簡や、北京大学所蔵の秦代簡牘と前漢竹書、湖南大学岳麓書院所蔵の秦簡などがあり、その分析がはじまっている。しかしこうした思想史や出土文献の研究によっても、諸子の活動に関する復元は、十分には明らかになっていない。

ここで考察するのは、出土資料によって思想史や書物の成立を明らかにすることではない。本章の目的は、その前提となる『史記』諸子列伝の素材と人物像を考えることである。つまり『史記』では諸子の伝記がありながら、なぜその伝記が信頼されないのかという原因を、その素材と編集から考察するものである。そして『史記』諸子列伝の作成を明らかにする過程で、出土資料を扱う歴史学と思想史の接点が見いだせればとおもう。

一　『史記』諸子列伝の素材

『史記』諸子列伝の作成を考えるとき、もっとも典型となるのは、巻六五孫子・呉起列伝の孫武の伝記である。『史記』の孫武列伝は、孫武が春秋時代の呉王闔廬に仕えるとき、婦人を訓練するエピソードがある。かれは婦人に軍隊の規律を教えたが、言うことを聞かず、一度目は自分の責任とする。ところが二度目に、軍隊が笑って従わなかったのは、その隊長の責任として、王のお気に入りの寵姫を処刑した。そのため、だれも笑う者はなく、はじめて孫武は呉王に訓練を終えたことを告げる。この列伝の編集パターンは、孫武の事績と「於是」以下の概略だけで完結している。ところが、これとよく似た説話が銀雀山竹簡の『孫子』に収録されている。銀雀山一号漢墓の年代は、武帝の初期に属し、竹簡は文帝から景帝、武帝期の資料といわれている。(6) これは司馬談が太史令であった時代より以前の資料である。ここでは竹簡の『孫子』と『孫臏《そんぴん》兵法』にあたる書物が両方とも出土したため、『史記』孫子列伝と『漢書』芸文志にいう二人の『孫子兵法』の存在が確認されたという経過がある。(7) しかしこの説話は、『銀雀山漢墓竹簡〔壹〕』の注釈では、『孫子』の本文ではなく書後の付録とみなしており、常弘氏は『史記』列伝との関連を指摘している。(8)

銀雀山漢墓竹簡「見呉王」の説話（一部の断簡をふくむ）と『史記』の孫武列伝は、つぎのような文章である。

……□於孫子之館。曰、不穀好□□□□□□□□□□兵者〔歟〕。孫190 ……乎。不穀之好兵□□□□之□□□也、適之好之也。孫子曰、兵利也、非好也。兵□〔也〕、非戲也。君王以好與戲問之、191 外臣不敢對。闔廬曰、不穀未聞道也。不敢趣之利與192 ……□孫子曰、唯君王之所欲、以貴者可也、賤者193 可也、婦人可也。試男於右、試女於左、□□□□194 ……曰、不穀願以婦人。孫子曰、婦人多所不忍。臣請代195 ……畏、有何悔乎。孫子曰、然則196 請得宮□□197 ……之國左後璽囿之中、以爲二〔陣〕□□198 ……□曰、〔陣〕未成、不足見也。及已成199 ……□□不辭其難。君曰、〔諾〕。孫子以其御爲200 ……參乘爲輿司空。告其御・參乘曰。□□201 ……□婦人而告之曰、知〔汝〕右手。202 ……之。知〔汝〕心。曰、知之。知〔汝〕背。曰、知之。203 ……左手。〔謂〕汝前、從〔汝〕心。〔謂汝〕204 □不從令者也。七周而（釋）之、鼓而前之205 〔三告而〕五申之、鼓而前之、婦人亂而206 〔□□〕金而坐之、〔又〕三告而五申之。鼓而前之、婦人亂而笑。三告而五申之者三矣、而令猶不行。孫子乃召其207 司馬與輿司空而告之曰、兵法曰、弗令弗聞、君將之罪也。已令已申、卒長之罪也。兵法曰、賞善始賤、罰208 ……□請謝之。孫子曰、君209 ……引而〔圓〕之、〔圓〕中規。引而方之、方中〔矩〕。210 ……闔廬六日不自□□□□□211 ……□□□□孫子再拜而起曰、道得矣。212 ……□□□長遠近習此教也、以爲恆命。此素教也、將之道也。民213 ……□莫貴於威。威行於衆、嚴行於吏、三軍信其將〔威〕者、乘其〔敵〕。千□十五214　（一九〇～二一四簡）

……而用之、□□□得矣。若□十三〔篇〕所215 ……　（二一五簡）

……〔十〕三〔篇〕所明道言功也、誠將聞□216 ……　（二一六簡）

……〔孫〕子曰、〔姑〕試之、得而用之、無不□217 ……　（二一七簡）

……□也。君王居臺上而〔待〕之、臣221 ……　（二二一簡）

……人主也。若夫發令而從、不聽者誅□□223 ……　（二二三簡）

……〔陣〕已成矣。教□□聽225 ……　（二二五簡）

孫子武者、齊人也。以兵法見於吳王闔廬。闔廬曰、子之十三篇、吾盡觀之矣。可以小試勒兵乎。對曰、可。闔廬曰、可試以婦人乎。曰、可。於是許之、出宮中美女、得百八十人。孫子分爲二隊、以王之寵姬二人各爲隊長、皆令持戟。令之曰、汝知而心與左右手背乎。婦人曰、知之。孫子曰、前、則視心。左、視左手。右、視右手。後、即視背。婦人曰、諾。約束既布、乃設鈇鉞、即三令五申之。於是鼓之右、婦人大笑。孫子曰、約束不明、申令不熟、將之罪也。復三令五申而鼓之左、婦人復大笑。孫子曰、約束不明、申令不熟、將之罪也。既已明而不如法者、吏士之罪也。乃欲斬左右隊長。吳王從臺上觀、見且斬愛姫、大駭。趣使使下令曰、寡人已知將軍能用兵矣。寡人非此二姫、食不甘味、願勿斬也。孫子曰、臣既已受命爲將、將在軍、君命有所不受。遂斬隊長二人以徇。用其次爲隊長、於是復鼓之。婦人左右前後跪起皆中規矩繩墨、無敢出聲。於是孫子使使報王曰、兵既整齊、王可試下觀之、唯王所欲用之、雖赴水火猶可也。吳王曰、將軍罷休就舍、寡人不願下觀。孫子曰、王徒好其言、不能用其實。於是闔廬知孫子能用兵、卒以爲將。西破彊楚、入郢、北威齊晉、顯名諸侯、孫子與有力焉。（孫武列伝）

これについて常弘氏は、呉王闔廬と孫武が具体的に兵法十三篇を論じた話として、婦人を訓練するエピソードの関連を指摘している。そして『史記』孫武列伝や『呉越春秋』よりも詳細であるため、『史記』などは古本によってその大要を取ったとする。銀雀山漢墓竹簡の注釈は、兵法をもって婦人を試みる事は『史記』とほぼ同じであるが、断簡が多く、釈文には出入りがあるとしている。この説話と孫武列伝の構文を比べると、つぎのような特徴がある。

まず銀雀山竹簡の説話には、末尾に「千□十五」という字数を記している。これによれば、説話は千字以上の文字数となるようである。これに対して『史記』では、冒頭から「不能用其實」まで「於是」以下をのぞいてわずかに三七二字である。出土資料の竹簡や帛書では、重複する文字を「〻」の記号とし、『史記』などの文献ではそれを文字に置き換えているが、これでおおよその分量がわかる。これによれば『史記』の説話は、約三分の一程度にあたる。

このように『史記』が簡略な部分は、つぎのようにみえる。

説話では、最初に闔廬と孫子の対話があり、「孫子曰、兵利也、非好也」「闔廬曰、不穀未聞道也」のような部分がある。これはエピソードの終わりにみえる「……孫子再拝而起曰、道得矣」に対応しており、こうした前後の対話部分が『史記』よりも多くなっている。エピソードの部分では、説話のほうに対話の反復が多い。たとえば説話では、訓練の対象となる者を貴者、賤者、婦人や、男女に分けているが、『史記』では「闔廬曰、可試以婦人乎」となっている。また説話では、婦人に説明するとき「汝右手」「汝心」「汝手」「汝背」「汝左手」を分けるのに対して、『史記』では「孫子曰、前、則視心。左、視左手。右、視右手。後、即視背」とある。(9) このような相違が、『史記』の分量が少ない原因の一つであろう。ただし中心の部分は、説話に「又三告而五申之。鼓而前之、婦人亂而笑。三告而五申之者三矣、而令猶不行。孫子乃召其司馬與輿司空而告之曰、兵法曰、弗令弗聞、君將之罪也。已令已申、卒長之罪也」とあり、『史記』に「復三令五申而鼓之左、婦人復大笑。孫子曰、約束不明、申令不熟、將之罪也」とあるように、同じ系統のエピソードである。

それでは『史記』の孫武列伝は、銀雀山竹簡の説話を要約したものだろうか。この点は、いくつかの用語が問題となる。一つは「不穀」と「寡人」の違いである。説話では、闔廬と孫子の対話で「不穀」「君王」と表現している。『史記』では、これを「寡人」「王」としている。「不穀」と「寡人」は、ともに諸侯など君主の自称である。この用例について、馬王堆帛書『戦国縦横家書』を参考にすると、「不穀」と表記するのは二四章の故事だけである。ここでは楚王が韓王に送った使者の言に「不穀」とあり、同じ故事を収録した『史記』韓世家では「不穀国」、『韓非子』十過篇では「不穀之国」とし、『戦国策』韓策一は「弊邑」に作る。これに対して、『戦国縦横家書』の三章、四章、六章、一一章、一二章、二二章の故事では「寡人」と表記している。(10) また「不穀」は、『国語』にやや多く一一例あり、『戦国策』では三例、『史記』では晉世家と韓世家（帛書二四章と同じ故事）の二例である。しかし『史記』や『左伝』『戦国策』『晏子春秋』などでは「寡人」の表記が多い。したがって『史記』が、銀雀山竹簡と同じ説話を採用したのであれば、「不穀」の表記を用いるはずであろう。

もう一つは、説話の「其御・參乘」「司馬、輿司空」「卒長之罪也」と『史記』の「隊長」「吏士之罪也」である。銀雀山竹簡では、婦人を訓練するとき「司馬、輿司空」を設け、命令が実行されないことを「卒長之罪也」としている。しかし『史記』では、宮中の美女を出し、王の寵姫二人を隊長として、その罪を「吏士之罪也」としている。これも具体的な職種であり、『史記』だけが書き換えをするとは考えられない。

このような特徴からみれば、銀雀山竹簡の説話と『史記』孫武列伝のエピソードは、同じ系統の説話であるが、その構文と用語は異なっていることがわかる。これは『史記』が直接に利用した同じ書籍ではないことを示している。しかし大切なことは、武帝期までに物語のような説話も、すでに書写されて普及しており、『史記』ではそれと同じ系統の説話を、そのまま列伝のなかに収録したということである。

それでは『史記』では、なぜこのような説話を利用したのであろうか。これについては孫子呉起列伝の論賛で、孫臏と呉起をあわせて、つぎのように述べている。

太史公曰、世俗所稱師旅、皆道孫子十三篇、呉起兵法。世多有、故弗論、論其行事所施設者。語曰、能行之者未必能言、能言之者未必能行。孫子籌策龐涓明矣。然不能蚤救患於被刑。呉起説武侯以形勢不如德。然行之於楚、以刻暴少恩亡其軀。悲夫。

つまり司馬遷によれば、著書を残すものはその内容を直接に伝えず、その人物の「行事（事績、エピソード）」を叙述する方針というのである。これは太史公自序に、司馬遷が壺遂との対話で、著述について孔子の言を引用した「我欲載之空言、不如見之於行事之深切著明也」や、「余所謂述故事、整齊其世傳、非所謂作也」という方針と共通している(11)。そのため銀雀山竹簡でいえば、『孫子』の本文ではなく、書後の付録といわれる説話と共通するエピソードを採用したのであろう。これと同じような編集方針は、他の列伝の論賛にもみえている。

太史公曰、吾讀管氏牧民・山高・乘馬・輕重・九府及晏子春秋、詳哉其言之也。既見其著書、欲觀其行事、故次其傳。至其書、世多有之。是以不論、論其軼事。（巻六二管・晏列伝）

太史公曰、餘讀司馬兵法、閎廓深遠、雖三代征伐、未能竟其義。如其文也、亦少褒矣。若夫穰苴、區區爲小國行師、何暇及司馬兵法之揖讓乎。世既多司馬兵法、以故不論、著穰苴之列傳焉。（巻六四司馬穰苴列伝）

管仲と晏嬰を描いた管・晏列伝では、その著書を読みながら『管子』と『晏子春秋』を論ぜず、人物の「行事」をみるために軼事を論じて伝記を作成したと述べている。管仲の伝記は、斉桓公との関係を示すだけで紀年を記さず、たしかに記事資料で構成している。晏嬰の伝記も、記事資料だけで構成しているが、越石父を客とする話は『呂氏春秋』観世篇にあり、御者と妻のエピソードは『晏子春秋』内篇雑上の説話と共通している(12)。

司馬穰苴列伝は、斉景公の時代の人物で、田氏の一族であった田穰苴が将軍に任ぜられ、世族の荘賈をしりぞけるエピソードで構成されている。この場合も、世に司馬兵法がありながら、その書物を論ぜず、その伝記を作成すると述べている。これらの列伝の作成方針は、孫子列伝の編集方針とまったく共通している。

戦国時代の孟子・荀卿列伝では、論賛で『孟子』の梁恵王に問う篇を読んだという。その本文には、騶忌、騶衍、淳于髡、慎到、騶奭、荀卿の伝記を述べた後に「自如孟子至于吁子、世多有其書、故不論其傳云」と記している。

太史公曰、余讀孟子書、至梁惠王問、何以利吾國、未嘗不廢書而歎也。曰、嗟乎、利誠亂之始也。夫子罕言利者、常防其原也。故曰、放於利而行、多怨。自天子至於庶人、好利之弊何以異哉。

ただし『史記』列伝では、「行事」の伝記を作る方針でありながら、著述の内容を追加する篇がある。それは巻六三老子・韓非列伝と、巻八四屈原・賈生列伝である。老子・韓非列伝では、老子のあと荘子、申不害、韓非の伝記を記しており、論賛ではつぎのように述べている。

太史公曰、老子所貴道、虚無、因應變化於無爲、故著書辭稱微妙難識。莊子散道德、放論、要亦歸之自然。申子卑卑、施之於名實。韓子引繩墨、切事情、明是非、其極慘礉少恩。皆原於道德之意、而老子深遠矣。

しかし韓非の列伝には、「然韓非知説之難、爲説難書甚具、終死於秦、不能自脱」のあと『韓非子』説難篇の文章を引用し、最後に「申子・韓子皆著書、傳於後世、學者多有。余獨悲韓子爲説難而不能自脱耳」と述べている。これは韓非の伝記を作成するにあたって『韓非子』説難篇との関連で位置づけるため、著書を引用したとおもわれる。

また屈原・賈生列伝では、司馬遷が屈原の著述を読み、自ら汨羅の淵に行って屈原の志を悲しんだと述べている。ここでは本文に、『楚辞』漁父、懐沙の賦を引用している。

太史公曰、余讀離騷・天問・招魂・哀郢。悲其志。適長沙、觀屈原所自沈淵、未嘗不垂涕、想見其爲人。及見賈生弔之、又怪屈原以彼其材。游諸侯、何國不容、而自令若是。讀服鳥賦、同死生、輕去就、又爽然自失矣。

したがって『史記』諸子列伝では、著述を紹介しないという方針であるが、その人物を位置づけるために、あえて著述を引用する場合がある。韓非と屈原の評価は、いずれも李陵の禍以後の心情がみえるといわれている(13)。

また『史記』諸子列伝の人物には、司馬談の「六家の要旨」にみえる学派をふくんでいる。そこでは老子のあとに韓非を収録する列伝もあるが、便宜上、『漢書』芸文志の分類でいえば、つぎのようになる。

諸子略：儒家：晏子、孟子、孫卿子（荀子）　道家：管子、老子、莊子、老萊子
陰陽家：鄒子（騶衍）、鄒奭子（騶奭）　法家：商君（商鞅）、申子（申不害）、韓子（韓非）
縦横家：蘇子（蘇秦）、張子（張儀）　雑家：伍子胥、呂氏春秋（呂不韋）
詩賦略：屈原賦（屈原）

兵書略・呉孫子（孫武）、斉孫子（孫臏）、公孫鞅（商鞅）、呉起、伍子胥、司馬法（司馬穰苴）

このように『史記』諸子列伝をみると、共通して年代を示す紀年がなく、基本的に事績を代表する説話だけで構成していることがわかる。その活動の年代は、春秋時代から戦国中期にかけての人物が多く、君主との関係によって推測するしか方法がない。このような構成は、列伝の論賛で述べるように、著述が普及している人物については、その著述を直接に引用せず、その「行事（事績）」を伝記とする編集方針によっている。ただし韓非列伝や屈原列伝のように、著述を引用する篇もある。これらの諸子列伝の説話は、銀雀山竹簡の孫武説話や、伝来の文献にみえる説話のように、司馬遷の創作ではなく、すでに漢代には書写された篇として存在していたと想定される。

二　伍子胥列伝と出土資料

これまで『史記』諸子列伝は、基本的に説話だけで構成されていることをみてきた。その説話は、列伝の人物を顕彰する特徴的なエピソードとなっている。それでは諸子列伝に収録されている説話の性質は、どのようなものであろうか。これについては『史記』巻六六伍子胥列伝と出土資料との関係が参考になる。

『史記』列伝は、巻六一の伯夷列伝第一が西周時代の話である。これに続いて巻六二管・晏列伝から伍子胥列伝までは、おおむね春秋時代の伝記となっており、つぎに巻六七仲尼弟子列伝がある。伍子胥列伝は、呉王闔廬に孫武と一緒に仕えた人物の伝記であり、『漢書』芸文志によれば、諸子略の雑家と兵書略に著書が残されている。この意味で諸子列伝に入るが、これまでの列伝とは違って特別な一篇となっている。それは瀧川亀太郎『史記会注考証』などの注釈では、ここに『左伝』と関連する豊富な紀年と、複雑な素材が指摘されている。[14] また伍子胥列伝の前半は楚王に対する復讐をテーマとし、後半は呉越の興亡のなかで自殺するまでの最期を描いており、とくに物語性が強い一篇といわれている。[15]しかし序章で紹介したように、近年では出土資料が増加しており、私たちは伍子胥列伝の素材との関係を知ることができる。この点を手がかりとして、『史記』諸子列伝の素材と編集を考えてみよう。

表1は、伍子胥列伝の構成を示したものである。その内容は、『史記』楚世家、呉世家、越王句践世家、刺客列伝（専諸）と関連しているが、先行資料との関係はつぎのようになる。

冒頭には、伍子胥が楚人であること、父の伍奢と兄の伍尚、先祖の記載がある。これは系譜にあたる。

前半の1は、楚平王が太子建のために秦から婦人を迎えようとするが、費無忌の進言によって平王が娶ることが発端である。費無忌は、太子建を辺境に追いやらせて讒言した。そのため平王は太子建を殺そうとしたので、太子建は宋国に亡命した。この部分に紀年はないが、『左伝』昭公十九年、二十年条、『呂氏春秋』慎行篇、『淮南子』人間訓と関連している。

2は、費無忌が平王に讒言して、太子建の太傅であった伍奢を捕らえさせ、その二子を殺そうとするエピソードである。ここでは兄の伍尚は父と共に死ぬが、伍子胥は追っ手を振り切り、太子建がいる宋国に行く。この部分は『左伝』昭公二十年条、『越絶書』巻一の記載と関連している。

3は、伍子胥が太子建と鄭に亡命する。しかし太子建は殺され、伍子胥は太子建の子の勝と一緒に、南方の呉に亡命する。このとき昭関を越えて、漁父の船によって長江を渡ることができ、剣を与えようとするエピソードがある。この部分は、『左伝』昭公二十年条と関連し、『呂氏春秋』異宝篇、『戦国策』秦策三、『越絶書』巻一に関連する記事がある。また范雎列伝の秦昭王への言に「伍子胥橐載而出昭關、夜行晝伏、至於陵水。無以餬其口、厀行蒲伏、稽首肉袒、鼓腹吹篪、乞食於呉市。卒興呉國、闔閭爲伯」という異聞がある。

表1　『史記』伍子胥列伝の構成

	伍子胥の父と兄、先祖の記述	
前半	1説話：費無忌の讒言で太子建が亡命	（『左伝』『呂氏春秋』など）
	2説話：費無忌の讒言で父と兄が殺される	（『左伝』『越絶書』など）
	3説話：伍子胥が呉に亡命	（『左伝』『呂氏春秋』など）
	4説話：専諸を公子光に推挙する	（『左伝』『呂氏春秋』など）
	5説話：呉王闔廬が伍子胥を任用する 五年而楚平王卒……闔廬立三年……四年……五年……六年……	（『左伝』に関連）
	6説話：呉が楚都の郢を攻撃する 九年……己卯、楚昭王出奔。庚辰、呉王入郢。	（『左伝』に関連）
	7説話：伍子胥が楚平王に復讐する	（『左伝』『新序』『説苑』など）
後半	8説話：呉と越の戦い、呉王に疎まれる 後五年……二年後……其後五年……	（『左伝』『国語』など）
	9説話：呉王が伯嚭を用いて越を信用する	（『左伝』『国語』など）
	10説話：呉王夫差が伍子胥に死を賜う。後に越が呉を滅ぼす （『左伝』『国語』『呂氏春秋』『越絶書』『新序』『説苑』など）	

4は、呉に着いた伍子胥が、呉王僚に楚の攻撃を進言するが、野心をもつ公子光に反対される。そこで伍子胥は、専諸を公子光に推挙して、自分は太子建の子と田野で耕作をする。この部分は、『左伝』昭公二十年、二十三年、二十四年条と関連し、『呂氏春秋』首時、察微篇に関連の記事がある。

5は、経過を示す「五年而楚平王卒」という記載があり、楚昭王が即位する。また呉では、公子光が専諸に呉王僚を殺させ、呉王闔廬となる。そこで伍子胥を行人として国事を謀るが、このとき楚から伯嚭が呉に亡命する。「闔廬立三年」と「四年」には楚を攻撃し、「五年」には越を撃ち、「六年」には楚昭王が呉を攻撃させたため、伍子胥が迎撃して楚軍を破っている。この部分は『左伝』昭公二十六年、二十七年、三十年、定公四年条と関連している。

6は、「九年」に伍子胥と孫武が進言し、楚都の郢を攻撃する。そのため楚昭王は出奔し、郢から随に行く。この部分は、『左伝』定公四年条に関連の記事がある。

7は、伍子胥が楚平王の墓をあばき、その尸に鞭打って復讐を果たす話である。また申包胥が伍子胥を批判して、秦の救援を求める説話と、楚昭王が郢に帰り、呉王を破る記事がある。そして「後二歳」に、呉王闔廬は太子の夫差に楚を攻撃させた。この部分は、『左伝』定公四年、五年、六年条、『呂氏春秋』首時篇、『淮南子』泰族訓、『新序』節士篇、『説苑』至公篇、『越絶書』巻一などに関連の記事がある。

ここまでが前半である。ここにみえる『左伝』との関連は、直接的に昭公や定公条の記載となっておらず、前後をふくめた記事を編集した形式となっている。また呉王の紀年は、『左伝』の魯公の年代ではなく、『史記』十二諸侯年表によって対比させた紀年を用いている。これは司馬遷が『左伝』の記事を要約したか、あるいは今日に伝わる『左伝』とは別の異本を採用したことになろう[16]。そして後半との間には、呉が伍子胥と孫武の謀によって西は楚を破り、北は斉・晉を威し、南は越を服属させたという概略と、年代の目安のように「其後四年、孔子相魯」という記事がある。

後半は、呉と越の戦いと、伍子胥の失脚がテーマとなっている。8は「後五年」のあと「二年後」に、伍子胥は越を滅ぼすことを進言するが、呉王夫差は伯嚭の計を用いて越と講和した。「其後五年」に呉が斉を攻めようとしたときも、伍子胥は諫めたが聞き入れられず、呉王に疎まれるようになる。この部分は、『左伝』定公十四年、哀公元年、十一年条、『国語』越語、呉語に関連している。

9は、「其後四年」に越王句践が伯嚭に賄賂を贈り、呉王は越を信用した。それを伍子胥は諫めたが、呉王夫差は聞かず、かえって伍子胥を斉に使いさせた。この部分は、『左伝』哀公十一年条、『国語』呉語に関連している。

10は、伯嚭が伍子胥を讒言し、そのため呉王夫差が伍子胥に死を賜う話である。自刎するに際して伍子胥は、舎人に「吾眼をえぐって呉の東門の上に懸けてくれれば、越が呉を滅ぼす様子をみよう」と述べている。呉王はそれを聞いて怒り、伍子胥の尸を鴟夷《しい》革（馬の革袋）に包んで、江中に投げさせた。「其後二年」「其明年」に、越王句践は呉を襲い、「後九年」に越王は呉を滅ぼして呉王夫差を殺した。この部分は、『左伝』哀公十一年、十二年、十三年、二十二年、条、『呂氏春秋』知化篇、『国語』呉語、『越絶書』巻一に関連している。この結末のあと、列伝では太子建の子である白公勝の記事を追加している。

このように『史記』伍子胥列伝の構成は、『左伝』と共通する紀年を基本としながら、『国語』『呂氏春秋』『淮南子』『越絶書』『戦国策』『新序』『説苑』などと関連する記事を挿入して編集されている。このうち『呂氏春秋』『淮南子』は武帝期までの文献であるが、『春秋左氏伝』『国語』『越絶書』『戦国策』『新序』『説苑』は伝世の文献として、司馬遷が利用したテキストと、どこまで共通するかを明らかにすることは困難である。これについて近年の出土資料には、伍子胥に関する伝説がみえている。

第一は、郭店楚簡の「窮達以時」である。郭店一号楚墓の年代は、前三一六年の包山楚墓と近く、戦国中期のやや遅い時期ともいわれる。この「窮達以時」は、『韓詩外伝』巻七と『説苑』雑言篇に一部が共通しており、そのなかに伍子胥の伝えがある。(17)（　）は読み替えた字である。

子（胥）前多（功）、後（戮）死、非其智（衰）也。　　（九～一〇簡）

子胥は前に功績が多かったが、後に戮死させられたのは、その智が衰えたからではない。

「窮達以時」は、「困窮するか栄達するかは時のめぐりあわせによる」というテーマで、「遇不遇、天也（めぐり遇うか遇わないかは天による）」とする。これは『韓詩外伝』と『説苑』では「遇不遇者、時也」としている。このなかに堯が舜に見いだされたことや、斉桓公と管子、秦繆公と百里傒、楚荘王と孫叔敖の対比をしたあとで、伍子胥の運命を論評している。この部分は『韓詩外伝』巻七に「伍子胥前功多、後戮死、非知有盛衰也。前遇闔閭、後遇夫差也」、『説苑』雑言篇では「伍子胥前多功、後戮死、非知有益衰也。前遇闔廬、後遇夫差也」とあり、字句は後者の方が似ている。これによると伍子胥の功罪は、前に呉王闔廬とめぐり遇い、後に呉王夫差と遇ったことによる。この『韓詩外伝』と『説苑』に共通する「窮達以時」では、楚の地で出土しながら、楚国の例だけをあげるのではなく、古代中国の歴史のなかで位置づけている。また伍子胥の評価は、『史記』列伝の前半にみえる楚国の攻撃と、後半の越との攻防にかかわる事績である。したがって戦国中期ころには、伍子胥の最期をふくめた評価がみえるが、この系統の資料は『史記』にはみえない。

第二は、湖南省慈利県の石板村三六号墓の戦国楚簡である。年代は戦国中期の前段といわれるが、まだ一部が報告されているにすぎない。張春龍氏は『国語』呉語にあたる竹簡を指摘しており、何有祖氏は『国語』呉語との関連で楚簡の配列を考証している(18)。この慈利楚簡には、伍子胥の死をふくむ記事がある。〔　〕は補足の字である。

……〔盛〕者(諸)鴟夷(鴺)、而投者(諸)江。呉〔王〕……　(135—36)

……吾道路悠遠、吾無會而……　(24—1)　……出朋勢、以返高位重畜女……　(52—11)　……我、著者(諸)侯止(之)

……卑周室既……　(114—13)　……君命長弟許諾、呉〔王〕……　(121—14)

秉(柄)、以……　(94—14)

……〔乃闔〕左闔、實止(之)土、側席〔而坐〕……　(2—8)

伍子胥の死は、『国語』呉語では「乃使取申胥之尸、盛以鴟鴺、而投之於江」に作り、伍子胥列伝には「乃取子胥尸盛以鴟夷革、浮之江中」とある。これは楚の地で出土しながら、『史記』の後半にみえる呉国に関連しており、この説話が戦国時代に書写されていたことを示している。

第三は、漢代初期の張家山漢簡に『蓋廬』という書物がある。(19) その竹簡は五五枚あり、全部で九章に分かれるという。内容は呉王闔廬と伍子胥の対話の形式で、国家を治め、用兵の作戦を述べるほかに、兵陰陽家の色彩が強いといわれている。ここでは冒頭の部分で、統治の心得（治民之道）を述べており、「天之時」「軍之道」「戦之道」「政之道」「攻軍之道」「救民道」「救乱之道」などを議論の対象としている。これは伍子胥を兵法家とする評価につながるが、伍子胥列伝には、このような兵法や統治を議論する記事は引用されていない。したがって『蓋廬』にみえる伍子胥の人物像は、『史記』で利用していない系統の資料であるが、漢代までに伍子胥を評価した一面がうかがえるものである。

第四は、睡虎地七七号漢墓の竹簡である。この漢墓の年代は、前漢の文帝末年から景帝期と推定されている。竹簡の内容は、①質日、②日書、③書籍、④算術、⑤法律に分類している。(20) のちにJと分類された書籍は、商紂（殷の紂王）、仲尼（孔子）、越王句践、伍子胥などの歴史人物に関する内容といい、写真には竹簡六枚（J127〜J132）に伍子胥の故事がある。劉楽賢氏は『越絶書』と比較して、伍子胥が父の仇をうった後に呉に帰るときのエピソードを解読している。熊北生氏の論文では、さらに竹簡八枚（J95〜J102）の写真を加えて、二八枚の釈文を紹介している。(21) 熊北生氏は、これらの原文は伝来の典籍に見えないが、その内容は『史記』伍子胥列伝などの史籍とよく似ており、その経緯も符合しているという。○は『史記』にみえる説話、×は見えない説話を示す。

A J94：……▨　（楚平王が五奢の二子を殺そうとする話）○

J95：……殺之矣其子二人皆出亡一子五子尙一子胥胥老鄭而

J96：……之者曰殺其父而不來其子不乃爲大害乎楚王乃

J97：……□而子二人皆出亡吾來之其孰不入乎五子奢對曰君問其臣對

J98：……□也夫尚爲人也□且勇來之必入矣夫胥爲人也勇且

J99：……□使主君□寅有憂矣平王乃令人召五子尚

B J134：……□□□走而弗及□子乎殺者吾良□遂南走至　（呉王闔廬が呉市で伍子胥を見出す話）×

J133：……□之吳王曰有楚之良人類君子也徒□

J132：……曰其疾求之勿失市政□令求五子胥

J131：……起曰昔者楚平王殺臣父而非其罪也君

C J135：……矣使者報于楚王楚王智五子胥之必不入矣於是　（伍子胥が使者を追い払う話）○

J136：……入者窮也出者葆也入而皆死不智也死而

J137：……於罪殺其父而並其子將何益乎固以臣父

J138：……殺之五子胥介冑執弓矢以見使者曰介冑之士

D J100：……□以登太行之山而顧胃其舍人曰去此國〔此國〕者　（伍子胥が鄭から呉に亡命する話）○

J101：……行到河上謂船人曰渡我吾先人有良劍其□之千

J104：……楚之賊者我也出而不能報楚者子也

J102：……對曰楚平王令曰有能得五子胥豫之田百萬畝與千金田

J103：……□乎子食而疾行促者及五子胥有複問船人

E J106：……□曰衞士卒諸侯執斧桎以下無敢不聽五　（呉が楚を攻め、楚昭王が逃亡する話）○

J107：……□令而治國不出三年盡得吳國之衆吳因興

J105：……臣之父讎者乎胥□□□以□主君之謗

J108：……王已死其後子曰昭公昭公將率千人以亡

FJ130：……□胥胥勇且智君必内之昭公乃令人告五子胥曰昔者吾（仇討ちの後に楚昭王が伍子胥と交渉する話）×

J129：……有智今子率衆而報我亦甚矣然而寡

J128：……丘虛宗廟社稷乎吾請與子中分國矣

J127：……□貴爲名〔名〕成則昌必入之矣五子胥報於使者

J109：……之矣殺其父而臣子非是君之臣也父死焉子食焉非

J110：……□行次也▨

これに対して曹方向氏は、この資料が『史記』とは異なるところがあり、むしろ『越絶書』の記載に近いとしている。そして竹簡の配列を「J136—J137—J138—J135」「J101—J104—J102—J103」「J106—J107—J105」と修正している[22]。たとえば「J136—J137—J138—J135」では、『越絶書』巻一、越絶荊平王内伝第二の「胥聞之、入者窮、出者報仇。入者皆死、是不智也」「荊平王復使使者召子胥于鄭曰、子入則免父死、不入則殺之。子胥介冑彀弓、出見使者謝曰、介冑之士、固不拜矣。……」「王知子胥不入也、殺子奢而並殺子尚」と関連し、J135が最後の部分とする。またJ137は『越絶書』に該当部分がなく、『史記』伍子胥列伝の事情と一致するとして中間に位置づけている。これは漢代の武帝期までに、『史記』と『越絶書』に関連する説話が存在したことを示している。

「J101—J104—J102—J103」は、『越絶書』の記載にしたがって復元しているが、ここでは『越絶書』に見えないJ100を省いている。ところが、これと類似の説話は『呂氏春秋』異宝篇にみえている。ここにはJ100と共通して「登太行而望鄭曰、蓋是國也」とあり、異宝篇の順序によれば竹簡の配列は「J100—J101—J102—J103」となる[23]。ただし反対に、『越絶書』では漁者の言葉としてみえているJ104「楚之賊者我也出而不能報楚者子也」は、異宝篇にはみえない。これについては、なお配列の検討が必要であるが、ともかく伍子胥が長江を渡って呉に亡命する伝承は、漢代までに『呂氏春秋』異宝篇と『越絶書』に関連する説話があったことがわかる。

このように出土資料の説話をみると、伍子胥の伝承は語り物としてだけではなく、漢武帝期までに書写された文章として存在していた。その同じモチーフの記事は、『韓詩外伝』『説苑』『国語』『呂氏春秋』『越絶書』に収録されている。とすれば秦の呂不韋が編纂させた『呂氏春秋』や、『漢書』芸文志に載せる『韓詩外伝』『国語』『説苑』のほかに、著述の年代が不明な『越絶書』についても、その一部は漢代までの説話を伝えていることになる。(24)『史記』伍子胥列伝では、こうした典籍と共通する説話を利用しており、出土資料では漢代に近いほど伝来の文献と構文が一致している。

それでは司馬遷は、ただ先行する紀年資料や説話を並べて一篇の伝記を作成しただけであろうか。列伝の論賛では、つぎのように述べている。

太史公曰、怨毒之於人甚矣哉。王者尚不能行之於臣下、況同列乎。向令伍子胥従奢倶死、何異螻蟻。弃小義、雪大恥、名垂於後世、悲夫。方子胥窘於江上、道乞食、志豈嘗須臾忘郢邪。故隠忍就功名、非烈丈夫孰能致此哉。白公如不自立爲君者、其功謀亦不可勝道者哉。

これによれば司馬遷は、諸子列伝として事績を顕彰するよりも、その生涯を通じて怨みの影響が大きいことや、恥をしのんで復讐を遂げたことを強く位置づけている。これは前半のエピソードに対応しており、李陵の禍以後の心情とみなされている。(25)しかし伍子胥の事績を顕彰するのであれば、後半のエピソードは不要であろう。ここで注目されるのは、伍子胥列伝に他の典籍にはない評価を記すことである。それは楚平王の墓を暴いたとき、伍子胥が楚王の尸に鞭打ち、それを申包胥が「天道」に逆らうものとする批判であり、これは後半の失脚につながっている。

> 既不得、乃掘楚平王墓、出其尸、鞭之三百、然後已。申包胥亡於山中、使人謂子胥曰、子之報讎、其以甚乎。吾聞之、人衆者勝天、天定亦能破人。今子故平王之臣、親北面而事之、今至於僇死人、此豈其無天道之極乎。……
>
> 伍子胥仰天歎曰、嗟乎。讒臣嚭爲亂矣、王乃反誅我。

伍子胥が楚平王の墓を辱めることは他の典籍にもみえているが、「出其尸、鞭之三百」という表現はみえないため、梁玉縄『史記志疑』をはじめ多くの研究者は、この表現を問題としている。[26] しかしさらに重要なのは「此豈其無天道之極乎」という申包胥の言葉であり、これは『左伝』や『呂氏春秋』首時篇、『淮南子』泰族訓、『新序』節士篇、『説苑』至公篇、『越絶書』巻一にみえない独自の評価である。[27] ここに司馬遷の人物評価があるようにおもう。歴史を作るのは人間であるが、伍子胥の失脚には、それなりに個人的な理由がある。それは楚平王の尸を辱め、天道に逆らったことである。このように考えれば、司馬遷は先行する素材を編集して、伍子胥の復讐に共感しながらも、自分の行為によって失脚するまでの運命を描いたのではないだろうか。

『史記』伍子胥列伝は、漢代までに書写された文章を素材として、それを組み込んで編集している。出土資料では、伍子胥列伝と共通する系統のほかに、漢代に整理された『韓詩外伝』『説苑』『国語』『呂氏春秋』『越絶書』の記事や、『漢書』芸文志の兵法書との関連がみえている。これを類推とすれば、『史記』諸子列伝についても、その説話の性質は同じように解釈できると考える。つまり伝来文献の説話は、春秋時代や戦国中期までの人物について、直接的な事績を記した第一次資料ではなく、かれらが活躍した時代から長く隔たった伝承に属している。そして司馬遷が『史記』列伝に利用した記事資料が、文献の説話と一部に関連することは、その素材が漢代に伝えられた書物を主体にしていると推測される。つまり『史記』諸子列伝の伝記は、漢代の説話によって位置づけられているのである。

以上の考察によれば、『史記』諸子列伝の信頼性が問題となる原因は、つぎの点に求めることができる。その一は、諸子列伝には一般に紀年がなく、事績を記した記事資料を素材とする編集方針にある。その二は、利用した記事資料が漢代に伝えられた書籍を主体としており、すでに歴史の実情をよく反映していない。そして三は、諸子列伝ではその人物を顕彰し、その人物の運命を叙述するために、司馬遷の評価によって編集されていることである。

三　諸子列伝の紀年と君主名

それでは『史記』の編集と出土資料の特徴をふまえて、諸子列伝にみえる史実の復元は、どのように考えたらよいのだろうか。この点を、紀年と記事資料の性格や、エピソードにみえる史実について検討してみよう。

銭穆『先秦諸子繫年』の自序では、つぎのような問題を述べている。(28) ここでは諸子の研究を進めるとき、一に、諸子の思想と活動を全体的に考えること、二に、諸子の精粗の差異をなくして考証することを強調する。しかし三に、もっとも注意したのは諸子の繫年である。これまでは『史記』六国年表に多く依拠してきたが、『史記』には年表以外の各篇についても錯誤が多く、すべてを根拠とするわけにはゆかない。そこで別に通表を作成して諸子の年代を考察しており、『史記』六国年表を古本竹書紀年によって訂正する方法について述べている。このように『史記』六国年表に矛盾があることは、多くの研究で指摘されており、楊寛『戦国史』戦国大事年表、戦国大事年表中有関年代的考訂（一九五五年初版、増訂本、一九九八年）に至るまで、その修正が試みられている。(29) ここでは『史記』六国年表を修正するのではなく、君主の在位年数をそのままとして、諸子の記事を確認しておきたい。

『史記』六国年表は、序文で「秦記」をもとに作成したというが、秦献公元年（前三八四）より以前は、秦国でも散発的な記事しかみられない。また他国の記事も、紀年資料というよりは、代表的な事件を部分的に補足したような印象が強い。そのなかで諸子に関する記事は、わずかに以下のようにみえている。

魏文侯：十八（前四〇七年）文侯受經子夏。過段干木之閭常式。……二十（前四〇五年）卜相、李克・翟璜爭。

斉威王：二十一（前三五八年）鄒忌以鼓琴見威王。二十二（前三五七年）封鄒忌為成侯。

秦孝公：十（前三五二年）衛公孫鞅為大良造、伐安邑、降之。……二十二（前三四〇年）封大良造商鞅。

……二十四（前三三八年）……孝公薨。商君反、死彤地。

韓昭侯：八（前三五一年）申不害相。……二十二（前三三七年）申不害卒。

斉宣王：二（前三四一年）敗魏馬陵。田忌・田嬰・田肦將、孫子為師。

魏恵王：三十五（前三三六年）孟子來、王問利國、對曰、君不可言利。

燕文公：二十八（前三三四年）蘇秦説燕。

秦恵文王：十（前三二八年）張儀相。……相張儀將兵取陜。初更元年（前三二四年）。二（前三二三年）相張儀與齊・楚會齧桑。三（前三二二年）張儀免相、相魏。……八（前三一七年）……張儀復相。

楚懐王：十六（前三一三年）張儀來相。

魏哀王：十（前三〇九年）張儀死。

ここでは秦孝公の時代の商鞅と、恵文王時代の張儀をのぞいて、それ以前の諸子の記事は、魏の子夏と段干木や、斉の鄒忌、韓の申不害、斉の孫子、魏の孟子、燕の蘇秦などにすぎない。しかもかれらの記事は、連続した活動ではなく、単独の記載となっている。したがってこれらが紀年資料にもとづく事績であれば、活動の年代とすることができるが、もし説話から推測して補足した記載であれば、その信頼性は説話の性質によることになる。

つまり諸子の伝記では、まず基準となる戦国紀年と各国君主の在位を確定する必要があり、そのつぎに君主と諸子の関係が問題となる。しかし『史記』六国年表では、戦国紀年の修正と復元が問題となっている。また諸国の君主と諸子の関係では、それを示す記事そのものが絶対的に不足している。そこで戦国紀年の復元のためにも『史記』諸子列伝が基礎となるが、これは先にみたように伍子胥列伝をのぞいて紀年資料がなく、説話を利用して代表的な事績とする構成であった。そこで諸子の活動年代は、正確な紀年が設定できないのであれば、少なくとも君主と諸子の関係を推定することが必要となる。

その一例として、金谷治「孟子の研究」（一九五一年）は、君主と孟子の活動をつぎのように復元している。(30) 金谷氏は、『孟子』梁恵王篇が諸国遊歴の事情をよく伝えており、孟子は梁恵王のとき魏に行き、恵王の没後、襄王に失望して、斉の宣王に面会したと考えている。しかしこの遊歴の順序は、『史記』孟子列伝の順序とは違っている。孟子列伝では、先に斉宣王に会って用いられず、のちに魏に行き、梁恵王に面会したと伝えている。

孟軻、騶人也。受業子思之門人。道既通、游事齊宣王、宣王不能用。適梁、梁恵王不果所言、則見以爲迂遠而闊於事情。當是之時、秦用商君、富國彊兵。楚・魏用呉起、戰勝弱敵。齊威王・宣王用孫子・田忌之徒、而諸侯東面朝齊。天下方務於合從連衡、以攻伐爲賢、而孟軻乃述唐虞三代之德、是以所如者不合。退而與萬章之徒序詩・書、述仲尼之意、作孟子七篇。

このような相違を探るために、金谷氏は武内義雄「六国年表訂誤」の戦国紀年を利用している。(31) すなわち『史記』六国年表には、魏王と斉王の年代に問題があり、『竹書紀年』による修正を基準とする。これによれば孟子が梁恵王に面会したのは、六国年表のように恵王三十五年（前三三六）ではなく、恵王が改元した後元十五年（前三二〇）ころとする。そして修正された襄王元年（前三一八）以降に、斉に行き宣王に面会した。また『孟子』には、斉宣王の時代に燕を攻めて領地を奪う大事件（伐燕）の記載があり、このとき孟子は不満としている。このような分析から、

『史記』孟子列伝の遊歴順序は誤りであり、伐燕を斉宣王の時代としている。その考証は、つぎのようになる。

年代	魏（　）は修正		燕	斉（　）は修正		孟子と伐燕の記事
前三三六	恵王35	恵王（34）	文公27	宣王7	威王（21）	（孟子が魏王に面会する）
前三三四	襄王1	後元（1）	〃28	〃9	〃（23）	
前三二〇	〃15	〃（15）	燕王噲1	湣王4	〃（38）	この頃、孟子が魏恵王に面会する
前三一八	哀王1	襄王（1）	〃3	〃6	宣王（2）	これ以降、孟子が斉宣王に面会する
前三一四	〃5	〃（5）	〃7	〃10	〃（6）	斉が燕を伐つ〔伐燕〕

これは戦国紀年の復元をふまえたものであり、君主と孟子の関係は、おおむね妥当と考える。しかし『史記』では、なぜこのような錯誤が生じたのだろうか。孟子が魏恵王三十五年に面会したという説は、魏世家にもみえている。

（恵王）三十五年、與齊宣王會平阿南。惠王數被於軍旅、卑禮厚幣以招賢者。鄒衍・淳于髡・孟軻皆至梁。梁惠王曰……孟軻曰……。（『史記』魏世家）

魏恵王三十五年は、六国年表では斉宣王七年にあたり、斉宣王と平阿で会盟したのは六国斉表の記載である。また「梁恵王曰……孟軻曰……」の部分は、『孟子』梁恵王上篇にみえている。したがって両者の間の記事は、紀年資料ではなく、紀年と『孟子』の説話を接続する語句とみなされよう。ここで司馬遷は、孟子が魏に入った年代を魏恵王三十五年としたのは、一つに魏襄王に代わるまえの晩年と位置づけたためではないだろうか。

つぎに六国年表をみると、宣王の在位は十九年（前三一四）まであり、孟子は魏恵王に面会したあと、斉に行き宣王に面会することが可能である。それにもかかわらず司馬遷は、斉宣王のもとから魏恵王に面会すると位置づけていた。これは伐燕の記載が関係している。燕国では、燕王噲が即位したあと臣下の子之に位を禅譲したため、内乱が起こって混乱した。その隙に乗じて斉は燕を攻撃し、その領土の大半を奪うことになった。これが前三一四年の伐燕である。『孟子』梁恵王下篇には、二度にわたって孟子が斉宣王に説く記事がある。後者では、占領した人民を苦しめず、早く撤退することを進言している。(32) ところが『史記』魏世家と、田敬仲完世家の宣王・湣王条には、この伐燕の記載がまったくみられない。ただし燕世家には、この事件を記しており、伐燕の部分は『戦国策』燕策一の戦国故事と共通している。このとき孟子は、燕を攻めるように進言している。

王因收印自三百石吏已上而效之子之。子之南面行王事、而噲老不聽政、顧爲臣、國事皆決於子之。三年、國大亂、百姓恫恐。將軍市被與太子平謀、將攻子之。諸將謂齊湣王曰、因而赴之、破燕必矣。……孟軻謂齊王曰、今伐燕、此文武之時、不可失也。……燕子之亡二年、而燕人共立太子平、是爲燕昭王。（『史記』燕世家）

子之三年、燕國大亂、百姓恫怨。將軍市被、太子平謀、將攻子之。儲子謂齊宣王、因而仆之、破燕必矣。……孟軻謂齊宣王曰、今伐燕、此文武之時、不可失也。……齊大勝燕、子之亡。二年、燕人立公子平、是爲燕昭王。（『戦国策』燕策一）

ここでは『戦国策』が「斉宣王」と作るのに対して、『史記』は「斉湣王」「斉王」と記している。そもそも諸子の伝説では「王」「某王」と称していたはずであり、それを『孟子』や『史記』『戦国策』に「梁恵王」「斉宣王」「斉湣王」というのは、謚が決まったあとに整理した結果である。(33) そこでもし司馬遷が『孟子』や『戦国策』と同じ記事を利用したとすれば、「斉宣王」とするはずである。しかし燕世家では、あえて「斉湣王」と記している。その理由は、おそらく六国年表と一致しないためであろう。六国年表では、燕王噲七年は斉湣王の時代である。これに従えば、伐燕の時期に斉宣王と孟子は対面できない。そのため司馬遷は、斉宣王―魏恵王―斉湣王の順序と理解したのではないだろうか。これを傍証するのは、儒林列伝の記載である。ここでは孟子の活躍した時代を、「斉威王と宣王の際」と認識している。

天下並争於戰國、儒術既絀焉。然齊魯之閒、學者獨不廢也。於威・宣之際、孟子・荀卿之列、咸遵夫子之業而潤色之、以學顯於當世。

このように孟子の活動をめぐる魏王と斉王の年代は、紀年と君主在位の復元と共に、説話に「某王」とある記載も問題となることがわかる。その年代が推定できるのは説話にみえる事件であり、孟子の場合は伐燕の事件である。したがって司馬遷は、孟子と斉宣王の対面を知りながら、伐燕との関係に編年を誤ったことになる。これは広い意味で編集ミスといえよう。『史記』諸子列伝には、このような誤りをふくむ場合がある。

四　諸子列伝の説話と史実

『史記』諸子列伝には、『呂氏春秋』や『韓非子』と共通する説話を収録していた。この説話の性質は、どのように考えたらよいのだろうか。これには帛書『戦国縦横家書』二四章の戦国故事が参考となる。帛書二四章の故事は、『戦国策』韓策一、『史記』韓世家、『韓非子』十過篇と共通している。したがってこれらの構文を比較することによって、『戦国策』の成立や、『史記』の編集、『韓非子』の説話の性格が分析できる。この比較は、すでに論じたことがあり、ここでは要点を述べるにとどめたい(34)。

表2は、帛書二四章と、『戦国策』韓策一、『史記』韓世家、『韓非子』十過篇の構文を比較したものである。これによると、帛書二四章ともっとも近い構成は、『戦国策』韓策一の戦国故事である。この両者は、若干の字句の相違と、末尾の「故曰、計聴知順逆、唯王可」の部分をのぞけば、基本的に同じ故事である。これは前漢末に編纂された

表2　戦国故事と『韓非子』の比較

戦国縦横家書二四章	●秦韓戰於蜀潢、韓氏急。公仲倗謂韓王曰、與國非可恃也。今秦之心欲伐楚、王不若因張儀而和於秦、賂之以一名縣、與之南伐楚、此以一爲二之計也。韓王曰、善。乃警公仲倗將使西講於秦。楚王聞之、大恐。召陳軫而告之。陳軫曰、夫秦之欲伐王久矣。今或得韓一名縣具甲、秦韓並兵南嚮楚、此秦之所廟祀而求也。今已得之、楚國必伐。王聽臣之爲之、警四境之內、興師救韓、命戰車盈夏路、發信【臣、多】其車、重其幣、使信王之救己也。韓爲不能聽我、韓之德王也、必不爲逆以來、是【秦】韓不和也。【兵雖】至楚、國不大病矣。爲能聽我、絶和於秦、【秦】必大怒、以厚怨韓＝。南【交楚】、必輕＝秦＝、其應必不敬矣。是我困秦韓之兵、免楚國之患也。楚之〈王〉諾。乃警四境之內、興師、言救韓、發信臣、多車、厚其幣。使之韓、謂韓王曰、不穀雖小、已悉起之矣。願大國肆意於秦、不穀將以楚佳〈隼〉韓。【韓王】說、止公仲之行。公仲曰、不可。夫以實苦我者秦也、以虛名救【我】者楚也。【恃】楚之虛名、輕絶强秦之敵、天下必芯〈笑〉王。且楚韓非兄弟之國也、又非素謀伐秦也。已伐形、因興師言救韓、此必陳軫之謀也。夫輕絶强秦而强【信】楚之謀臣、王必悔之。韓王弗聽、遂絶和於秦。秦因大怒、益師、與韓氏戰於岸門。楚救不至、韓氏大敗。故韓氏之兵非弱也、其民非愚蒙也、兵爲秦禽、智爲楚笑者、過聽於陳軫、失計韓倗、故曰、計聽知順逆、雖王可。
戦国策韓策一	秦韓戰於濁澤、韓氏急。公仲明謂韓王曰、與國不可恃。今秦之心欲伐楚、王不如因張儀爲和於秦、賂之以一名都、與之伐楚。此以一易二之計也。韓王曰、善。乃儆公仲之行、將西講於秦。楚王聞之大恐、召陳軫而告之。陳軫曰、秦之欲伐我久矣。今又得韓之名都一而具甲、秦韓并兵南鄕、此秦所以廟祠而求也。今已得之矣、楚國必伐矣。王聽臣爲之、儆四境之內、選師言救韓、戰車滿道路、發信臣、多其車、重其幣、使信王之救己也。縱韓爲不能聽我、韓必德王也、必不爲鴈行以來。是秦韓不和、兵雖至、楚國不大病矣。爲能聽我絶和於秦、秦必大怒、以厚怨於韓。韓得楚救、必輕秦。輕秦、其應秦必不敬。是我困秦韓之兵、而免楚國之患也。楚王大說、乃儆四境之內、選師言救韓、發信臣、多其車、重其幣。謂韓王曰、弊邑雖小、已悉起之矣。願大國遂肆意於秦、弊邑將以楚殉韓。韓王大說、乃止公仲。公仲曰、不可、夫以實告我者秦也、以虛名救我者楚也。恃楚之虛名、輕絶强秦之敵、必爲天下笑矣。且楚韓非兄弟之國也、又非素約而謀伐秦矣。秦欲伐楚、楚因以起師言救韓、此必陳軫之謀也。且王以使人報於秦矣、今弗行、是欺秦也。夫輕强秦之禍、而信楚之謀臣、王必悔之矣。韓王弗聽、遂絶和於秦。秦果大怒、興師、與韓氏戰於岸門、楚救不至、韓氏大敗。韓氏之兵非削弱也、民非蒙愚也、兵爲秦禽、智爲楚笑、過聽於陳軫、失計於韓明也。

史記 韓世家	韓非子 十過篇
十六年、秦敗我脩魚、虜得韓將鯁・申差於濁澤。韓氏急、公仲謂韓王曰、與國非可恃也。今秦之欲伐楚久矣、王不如因張儀爲和於秦、賂以一名都、具甲、與之南伐楚、此以一易二之計也。韓王曰、善。乃警公仲之行、將西購於秦。楚王聞之大恐、召陳軫告之。陳軫曰、秦之欲伐楚久矣、今又得韓之名都一而具甲、秦韓并兵而伐楚、此秦所禱祀而求也。今已得之矣、楚國必伐矣。王聽臣爲之、警四境之內、起師言救韓、命戰車滿道路、發信臣、多其車、重其幣、使信王之救己也。縱韓不能聽我、韓必德王也、必不爲鴈行以來、是秦韓不和也、兵雖至、楚不大病也。爲能聽我絕和於秦、秦必大怒、以厚怨韓。韓之南交楚、必輕秦。輕秦、其應秦必不敬。是因秦韓之兵而免楚國之患也。楚王曰、善。乃警四境之內、興師言救韓。命戰車滿道路、發信臣、多其車、重其幣。謂韓王曰、不穀國雖小、已悉發之矣。願大國遂肆志於秦、不穀將以楚殉韓。韓王聞之大說、乃止公仲之行。公仲曰、不可。夫以實伐我者秦也、以虛名救我者楚也。王恃楚之虛名、而輕絕彊秦之敵、王必爲天下大笑。且楚韓非兄弟之國也、又非素約而謀伐秦也。已有伐形、因發兵言救韓、此必陳軫之謀也。且王已使人報於秦矣、今不行、是欺秦也。夫輕欺彊秦而信楚之謀臣、恐王必悔之。韓王不聽、遂絕於秦。秦因大怒、益甲伐韓、大戰、楚救不至韓。 十九年、大破我岸門。太子倉質於秦以和。	奚謂內不量力。 昔者、秦之攻宜陽、韓氏急、公仲朋謂韓君曰、與國不可恃也、豈如因張儀爲和於秦哉。因賂以名都、而南與伐楚、是患解於秦、而害交於楚也。公曰、善。乃警公仲之行、將西和秦。楚王聞之懼、召陳軫而告之曰、韓朋將西和秦、今將奈何。陳軫曰、秦得韓之都一、驅其練甲、秦韓爲一、以南鄉楚、此秦王之所以廟祠而求也、其爲楚害必矣、王其趣發信臣、多其車、重其幣、以奉韓曰、不穀之國雖小、卒已悉起、願大國之信意於秦也。因願大國令使者入境、視楚之起卒也。韓使人之楚、楚王因發車騎、陳之下路、謂韓使者曰、報韓君、言弊邑之兵、今將入境矣。使者還報韓君、韓君大悅、止公仲、公仲曰、不可。夫以實告我者秦也、以名救我者楚也、聽楚之虛言、而輕誣強秦之實禍、則危國之本也。韓君弗聽、公仲怒而歸、十日不朝。宜陽益急、韓君令使者趣卒於楚、冠蓋相望、而卒無至者、宜陽果拔、爲諸侯笑。 故曰、內不量力、外恃諸侯者、則國削之患也。

『戦国策』が、文帝時代までの戦国故事を確かに収録していたことを示している。また今本『戦国策』は、宋代に散佚して再編集されたにもかかわらず、漢代の戦国故事を正確に伝えていたことを証明している。これは『戦国策』の性格を再検討させ、史料的価値の一部を回復することになる。(35)

つぎに『史記』韓世家では、帛書二四章と共通する戦国故事を利用しながら、その前後に編年をして組み込んでいる。(36)たとえば最初に、宣恵王十六年（前三一七）の記事があり、この事件は六国韓表にみえている。このあと韓世家では、故事の背景となる「秦韓戰於蜀潢」を省いて、以下はそのまま引用している。そして最後に、また評価の語句を省いて、宣恵王十九年の記事としている。したがって『史記』韓世家は、そのまま読めば司馬遷の創作のようにみえるが、六国年表の戦国紀年や帛書二四章と比べると、その構成は秦紀年と故事を組み合わせて編集したことが明らかである。しかし司馬遷は、ただ先行資料を引用して並べただけではない。ここには巧妙な編集方針がみられる。戦国韓に関する戦国故事は『戦国策』にも多くみえている。このなかで司馬遷は、宣恵王が公仲の進言を聞かなかったため秦に大敗するという内容を選んでおり、これは韓国の衰退を暗示している。つまり司馬遷は、歴史評価に必要な故事を取捨選択して編集しているのである。これは、ある国が先祖の功徳によって勃興し、君主の不徳によって衰退と滅亡をたどるという、司馬遷の歴史観につながっている。

これに対して『韓非子』十過篇は、少し事情が違っている。十過篇の説話は、帛書二四章と同じような故事と教訓で構成されているが、その引用の仕方は、独自の問いかけのなかで、しかも構文を要約した形式で収録している。(37)たとえば冒頭には、君主にとっての過失のなかで「奚《なに》をか内に力を量らずと謂うや。昔者……」と述べ、その後に帛書の内容を引用している。ただし『戦国策』は戦国故事の書写伝本といってよいほど、帛書と同一の構文を収録しているが、『韓非子』の場合は自己の主張にあわせて内容を極端にダイジェストした形式となっている。戦地は、帛書が蜀潢と岸門で、『戦国策』『史記』は濁沢と岸門であるが、『韓非子』では宜陽である。そして最後に「宜陽果して抜かれ、諸侯の笑いと為る」と説明し、「故に曰く、内に力を量らず、外に諸侯を恃《たの》む者は、則ち国削らるるの患いなり」と結んでいる。このように『韓非子』十過篇の説話だけが、帛書二四章の事件を題材とした要約になっていることがわかる。

このとき『戦国縦横家書』や『戦国策』のように、戦国中期以降の歴史的記事を「戦国故事」と呼ぶことにする。この戦国故事では、進言や書信の形式に、秦漢時代の奏言と同じような用語を使う場合があり、一部は最初から書写資料のような原形があるかも知れないと考えている[38]。これに対して、『韓非子』十過篇のように事件の概略をダイジェストした形式を「説話」とみなしている。ただし注意されるのは、それが口承にもとづくとしても、すでに戦国時代には書写されている点である。これは漢代の語り物ではない。したがって『呂氏春秋』や『韓非子』に収録された記事は、歴史を題材とした説話の形式ということになる。そして『戦国縦横家書』の戦国故事と、『韓非子』十過篇の説話をみると、戦国故事が変形されてゆく過程で、いくつかの説話が生まれる状況を示唆している。諸子に関するいくつかの出土資料は、このような説話の性質を示す異本ではないだろうか。そして『史記』諸子列伝などの各篇では、このような戦国故事や説話の異本を利用したものと推測している。これらは共に記事資料である。

このほか『史記』の素材では、『説苑』『新序』に関連する説話がある。『説苑』『新序』は『戦国策』と同じように、劉向が編纂した書物である。しかし『戦国策』の一部は、前漢初期の戦国故事を収録しており、すでに司馬遷が利用できる系統の資料であることをみてきた。それでは『説苑』『新序』の説話は、どうであろうか。これについては、文帝十五年（前一六五）に亡くなった汝陰侯夏侯竈の阜陽双古堆一号漢墓の簡牘が注目される[39]。

この阜陽漢墓では、木牘三枚と『詩経』『周易』『蒼頡篇』「年表」「大事記」などの竹簡が出土している。木牘は、書籍の篇題を記したもので、二枚は断片となっている。韓自強『阜陽漢簡《周易》研究』の写真と釈文では、一号木牘（長さ二三、幅五・四センチ）は「《儒家者言》章題」とし、上中下の三段に四十七の章題を記している。これは『孔子家語』や『説苑』『新序』と関連するという。二号木牘は「《春秋事語》章題」とし、上下の部分がやや欠けているが、やはり上中下の三段に章題を記している。その内容は、断片をいれて四十の章題があり、『説苑』『新序』と関連している。このほか約一〇〇条に近い竹簡には、『説苑』『新序』『左伝』『国語』と同じ内容があると述べている。「＝」は重複記号であり、（　）は読替の字である。

子曰言病則豪	齊景公問子贛子誰師	□□□□□
子思曰學所以盡材	季康子謂子游	孔子見衛霊公□歎且
子曰北方有獸	子贛見文子言	子路之上趄也
孔子之匡	趙襄子謂中尼	子路行辞中尼敢問新交取親
陽子曰事可之貧	孔子臨河而歎	孔＝行毋蓋
白公勝（弒）其君	孔子將西游至宋	子曰里君子不可不學
中尼之楚至蔡	魯哀公問孔子當今之時	子曰下觀高岸
	孔子曰丘死商益	子贛問孔曰賜為人下
		子曰自季宣子賜我

〔一号木牘正面〕

子路問孔＝曰治國何如	□公問萬邦子之病	晏子聘於魯
子贛門中尼曰死□□知毋□	□□人君子有三務	子路行辞中＝尼＝曰曾女以車
子路持□孔＝問曰	□□□有死徳三	衛人（醢）子路

孔子之楚有獻魚者	□山問孔子	孔＝之周觀太廟
曾子問曰□子送之	孔＝閑處氣焉歎	孔＝問曰□□上其配上□之
曾子曰鄉不辭聖	曾子有疾公孟問之	右方□□字？
公孟子高見瑞孫子莫	楚伐陳＝西門燔	卌
子夏問中尼□淵之爲人	孔＝見季康子	
子曰虖爲有禮矣	中尼曰史鰌有君子之道三	

〔一号木牘背面〕

これによれば『説苑』『新序』と共通する説話も、その一部は文帝期より以前に存在していたことになる。したがって出土資料との比較では、文献にみえていた戦国故事や説話は、一部が司馬遷の時代より早く存在していたことが確認され、『史記』の素材との関係が考察できるのである。

これに関連して、『史記』仲尼弟子列伝の素材にふれておきたい。その論賛では、孔氏の古文がよく伝えており、『論語』によって弟子の名前を並べたが、疑わしいものを除いたという。

太史公曰、學者多稱七十子之徒、譽者或過其實、毀者或損其真、鈞之未覩厥容貌、則論言弟子籍、出孔氏古文近是。余以弟子名姓文字悉取論語弟子問幷次為篇、疑者闕焉。

しかし『論語』の姓名とは異なる部分がある。かえって『孔子家語《けご》』弟子解をみると、その配列や姓名に近いものがある。[40] ただし『孔子家語』は、『漢書』芸文志の六芸略、論語家に収録されているが、現在に伝わる『孔子家語』との関係が不明である。[41] したがって『史記』の素材となるかは明らかではない。しかし阜陽漢墓の木牘では、漢代に『孔子家語』と共通する説話が存在したことを示している。ここから仲尼弟子列伝の構成は、『孔子家語』との関係を考慮して再検討できるのではないだろうか。[42]

『史記』諸子列伝の素材では、さらに老子列伝の伝承が問題となる。『史記』老子列伝では、老子の伝記について複数の伝承を記している。[43] 1は孔子より前の時代の人物で、周の史官であった。2は老莱子で、孔子と同時代の人物。3は戦国秦の献公の時代に、周に替わると予言した周太史儋が、老子ではないかという説などである。そのため老子の歴史的な人物像が議論されている。

1老子者、楚苦縣厲鄉曲仁里人也。姓李氏、名耳、字聃、周守藏室之史也。……於是老子迺著書上下篇、言道德之意五千餘言而去、莫知其所終。

2或曰、老莱子亦楚人也。著書十五篇、言道家之用、與孔子同時云。

3自孔子死之後百二十九年、而史記周太史儋見秦獻公曰、始秦與周合、合五百歳而離、離七十歳而霸王者出焉。或曰儋卽老子、或曰非也、世莫知其然否。老子、隱君子也。

4老子之子名宗、宗爲魏將、封於段干。宗子注、注子宮、宮玄孫假、假仕於漢孝文帝。而假之子解爲膠西王卬太傅、因家于齊焉。

たとえば木村英一氏は、『史記』列伝は老子の事績に関する唯一のまとまった古記録であるが、その伝記には歴史的人物としての実在性がないといわれる。[44] それは『史記』老子列伝より以前に、老子の事跡に関するさまざまな説話が散在しており、老子列伝で定形のある一つの伝記となった。しかし列伝の内容は、「種々なる荒唐無稽な伝説の集合」であり、ここには実在性のある事実はまったく含まれておらず、この記事から歴史的人物としての老子の伝記を組み立てることは、ほとんど不可能に近いであろうと述べている。

また近年では、郭店楚簡の『老子』や馬王堆帛書『老子』の検討をふまえて、道家思想の形成や『老子』の成立に関する研究が進んでいる。[45] ここでは少なくとも郭店楚簡の時代よりも前に、『老子』の一部が書写された篇となっていることが確認できる。しかし『史記』老子列伝の性格が、これで明らかになったわけではない。

これについて『史記』の素材と編集パターンからみれば、老子列伝は別の見方ができると考えている。つまり『史記』に収録された三人の老子は、必ずしも歴史的に実在したかどうかにかかわらず、これらの伝承は共に先行資料が存在したのではないかということである。つまり三人の老子は、どれかが真実なのではなく、三人の伝承がともに存在したということを示している。4の漢代に老子の子孫が文帝に仕え、その子が膠西王の太傅になったというのは、実際に子孫と称する家系があったのであろう。これは司馬遷が、どれかの資料を選択して、そのほかの伝承を収録しなければ知ることがなかった。しかし『史記』列伝に複数の伝承を収録したおかげで、老子に関してさまざまな異説があったことがわかる。近年の出土資料で、伝来の文献と共通する説話とともに、佚文となる異聞が発見されていることも、このような複数の説話のあり方を証明している。それが漢代になって整理され、前漢末には王朝の図書が整理されて一応の定本となっている。『史記』の素材をみると、老子列伝のように年代をへだてた伝承があるが、それは漢代に整理された書籍との関連が強いようにおもう。

このように『史記』諸子列伝は、史実の復元について、ほぼ同じような問題をかかえていた。それは『史記』が、最初にまとまった諸子の伝記であるが、その歴史的な信頼性は疑わしいという評価である。ここでは諸子の伝記や思想を復元するのではなく、なぜ『史記』ではそのような構成になっているのかということを考察した。その結果、『史記』の素材と編集について、つぎのように整理することができる。それは一に、諸子列伝の素材には一般に紀年がなく、君主との関係も問題となる場合がある。君主との関係がやや明らかになるのは、戦国中期より以降のことである。二に、これらの諸子の説話は、すでに実際の活動から時代をへだてた変遷をうけている。三に、『史記』の編集では編年のミスや、複数の伝承を並列する場合がある。したがって『史記』諸子列伝では、その信頼性が問題となっているが、出土資料をみれば、さまざまな説話の異本が多く存在しており、そこから漢代に伝えられた書籍を主体として、列伝に編集したことがわかるのである。

それでは『史記』諸子列伝からは、史実の復元ができないのだろうか。この点は、春秋戦国時代の社会変動を反映している側面を、いくつか指摘しておきたい。それは官僚制に関する時代背景である。

その一は、儒者など学者の処遇である。『史記』儒林列伝では、儒学の展開をつぎのように述べている。(46)それは孔子が亡くなったあと、七十子の弟子たちは諸侯に遊歴し、大は諸侯の師傅や卿・相となり、小は士大夫の師友となり、あるいは隠遁したという。戦国初期には、ただ魏文侯が学問を好んでいたが、斉・魯の地方では儒学が盛んで、斉の威王と宣王の時代に儒学の隆盛があった。秦代には焚書坑儒で六芸が廃れたが、秦末の叛乱を起こした陳渉が陳王になると、魯の儒者たちは孔子の礼器を持って陳王のもとに行き、孔子の子孫である孔甲は陳渉の博士の官となり、一緒に亡くなった。漢王朝が成立すると、斉・魯の学問を継承して、ふたたび大射・郷飲の礼を習い、叔孫通は漢の礼儀を制定して太常の官となった。

これは必ずしも歴史事実ではなく、漢代の司馬遷たちが、このように認識したことを示している。しかしこの伝えをみれば、諸子たちは諸国の内政を担当していない。それは陳渉のときに孔甲が博士の官となり、漢代初期に叔孫通が太常となったように、秦漢時代の制度では儀礼を司る太常と、その属官である博士の官にあたっている。父と司馬遷が務めた太史令も、太常の一員であった。したがって諸国の諸子に対する処遇は、大は諸侯の師傅や卿・相となったと述べているが、それは秦漢時代でいえば、行政を司る丞相と御史大夫や、法律裁判を司る廷尉のような職務ではない。これは戦国時代の官僚制の形成のなかで、諸子たちの学問と立場を示すものであろう。

その二は、他国人の任用が、軍事関係の官職に始まっていることである。司馬穰苴列伝では、斉景公のとき田氏の一族である司馬穰苴が将軍となり、期限に遅れた貴族の荘賈を軍法で処罰している。これは他国人ではないが、軍事関係によって身分の差をこえるエピソードとなっている。同じような話は、『史記』孫子列伝のエピソードにもみえていた。ここで孫武は、司馬穰苴と同じように「将たるもの軍にあれば、君令も受けざる所あり」と言っている(47)。伍子胥列伝では、呉王闔廬の「行人」となって外交に従事し、また軍事にも参加している。その伍子胥は、張家山漢簡『蓋廬』のように兵家として伝えられている。これらは諸子列伝の一例であるが、春秋から戦国時代にかけて、世族の勢力を排除する契機の一つが軍事にあることを示唆するのではないだろうか。

以上のように、ここでは『史記』諸子列伝の素材と人物像の概略を述べてきた。このような出土資料と文献の考証によって、『史記』の史料研究をふまえた戦国史が再検討できると考えている。

おわりに

本章では、春秋戦国時代に著述を残した人物たちの伝記を『史記』諸子列伝として、その素材と編集について考えてみた。その手がかりとなるのは、中国の簡牘、帛書であり、その要点はつぎのようになる。

一、『史記』諸子列伝には、説話だけで構成されている篇がある。司馬遷は、その伝記の作成にあたって、諸子の書物が世に伝わっているので、その「行事（事績）」を描くという方針を述べている。その典型は『史記』孫子列伝の孫武説話である。そこでは史実として疑わしい物語も、すでに漢代では口承ではなく、書写された説話として存在している。したがって『史記』では、漢代に伝えられた資料によって諸子の伝記を編集したことになる。しかしその復元には、いくつかの矛盾や誤りが指摘されている。その原因は、司馬遷が依拠した素材そのものと、その編集作業という二つの過程が想定できる。

二、これに対して伍子胥列伝は「紀年＋説話」の形式をもっている。ここでは『左伝』と共通する紀年を基本とし、その間にさまざまな説話を挿入して、一篇の伝記を編集している。これは説話だけの列伝が、その事績を顕彰するのに加えて、複雑な構成となっている。その前半では、父と兄の復讐を果たしているが、後半では讒言によって失脚する最期を描いており、ここには天道に逆らった伍子胥の運命を位置づけている。また伍子胥に関する出土資料は、未知の資料のほかに、伝来の文献と共通する説話がある。そこで『史記』にみえる説話は、漢代の孫武説話や、文献と共通する伍子胥の説話のように、これは諸子の活動から長い年代を経た伝承である。そのため漢代の説話を利用することは、実際に活動した史実を誤る一原因となる。

三、『史記』六国年表と諸子列伝には、ともに活動の基準となる紀年資料がきわめて少ない。そのため君主の在位と、諸子列伝との関係が問題となる。その一例として、孟子列伝の叙述を示したが、ここでは魏恵王と孟子の面会に対して、斉宣王と孟子の関係を誤っていることがわかる。この復元には、斉が燕を攻めた伐燕の事件が手がかりとなる。このように『史記』の列伝では、編年の根拠を検討する必要がある。

四、『史記』列伝と共通する戦国故事と説話の性格は、馬王堆帛書『戦国縦横家書』二四章によって知ることができる。『戦国策』の記事は、帛書と同じ故事をそのまま収録するのに対して、『史記』では前後に編年して、同じ故事を韓世家のなかで編集している。しかし『韓非子』では、論点にあわせて戦国故事をダイジェストした形式となっている。また出土資料には、文献と関連するさまざまな説話がある。このような説話は、当初は口承によって伝えられたとしても、漢代までには書写資料となっていたことが証明できる。これは『史記』の説話を考えるうえでも参考となる。これに関連して、老子列伝のように三人の伝記を掲載しているのは、矛盾や不正確というよりも、むしろ複数の異説を記すことによって、漢代までの資料の状況を知る好例になるといえよう。

五、以上に述べたように、これまで『史記』諸子列伝の記述が疑わしいとされたのは、紀年資料が少ないことや、利用した説話の信頼性、『史記』の編集上の問題などが原因である。しかしこうした問題があるにせよ、『史記』諸子列伝のエピソードには、春秋戦国時代の社会を反映する側面もあるとおもう。その一つは、儒者などの待遇が秦漢時代の太常と博士の官にあたり、行政や司法・裁判のように政治を担当する系統ではないということである。これは『史記』諸子列伝の位置づけに関連している。もう一つは、司馬穰苴や孫武列伝のように、春秋から戦国時代にかけて、世襲の身分をこえる手段として軍事があり、ここに他国人を任用するケースである。これは外交とあわせて、官僚制の形成と関連している。

『史記』諸子列伝では、このほかに商君列伝、蘇秦列伝、張儀列伝などがある。これらの列伝は、戦国中期以降の社会動向と関係しており、そこには編集パターンだけではない問題がある。次章より以下では、戦国秦をはじめとする諸国の人物列伝を検討して、史実との関連を考えてみたい。

注

（1）「六家の要旨」は、佐藤武敏『司馬遷の研究』第二章「司馬談と歴史」（汲古書院、一九九七年）などで論じられている。

（2）書誌学については、内藤湖南『支那史学史』（一九四九、『内藤湖南全集』第一一巻、筑摩書房、一九六九年。復刊、平凡社東洋文庫、一九九二年）、興膳宏・川合康三『隋書経籍志詳攷』（汲古書院、一九九五年）などがある。

（3）銭穆『先秦諸子繫年』（商務印書館、一九三五年初版。香港大学出版社、増訂本、一九五六年。台湾三民書局、一九八一年）。

（4）中国出土資料の内容は、駢宇騫・段書安編著『二十世紀出土簡帛概述』（文物出版社、二〇〇六年）、胡平生・李天虹『長江流域出土簡牘与研究』（湖北教育出版社、二〇〇四年）に総括があり、拙著『史記戦国史料の研究』（東京大学出版会、一

九九七年）第一編第一章「『史記』と中国出土書籍」で素材に関する資料を紹介している。

（5）朱淵清『再現的文明：中国出土文献与伝統学術』（華東師範大学出版社、二〇〇一年）、朱淵清著、高木智見訳『中国出土文献の世界』（創文社、二〇〇六年）、浅野裕一・湯浅邦弘編『諸子百家〈再発見〉――掘り起こされる古代中国思想』（岩波書店、二〇〇四年）、廣瀬薫雄「荊州地区出土戦国楚簡」（『木簡研究』二七、二〇〇五年）、湯浅邦弘『諸子百家』（中央公論新社、二〇〇九年）などがある。陳偉主編の楚地出土戦国簡冊研究には、陳偉『新出楚簡研読』、丁四新『郭店楚竹書《老子》校注』、陳仁仁『戦国楚竹書《周易》研究』、曹建国『楚簡与先秦《詩》学研究』、虞万里『上博館蔵楚竹書《緇衣》綜合研究』、宋華強『新蔡葛陵楚簡初探』、晏昌貴『巫鬼与淫祀』、呉良宝『戦国楚簡地名輯證』、蕭毅『楚簡文字研究』、李明曉『戦国楚簡語法研究』（武漢大学出版社、二〇一〇年）がある。

（6）銀雀山漢墓竹簡整理小組編『銀雀山漢墓竹簡〔壹〕』（文物出版社、一九七五年）。

（7）銀雀山漢墓竹簡整理小組編、金谷治訳・注『孫臏兵法』「二つの『孫子』」（東方書店、一九七六年）、大庭脩「臨沂竹簡兵書と兵家」（『漢簡研究』第二編第二章、同朋舎出版、一九九二年）など。

（8）常弘「読臨沂漢簡中《孫武伝》」（『考古』一九七五年四期）、拙稿前掲「『史記』と中国出土書籍」。

（9）宮崎市定『宮崎市定全集五』史記「自跋」（岩波書店、一九九一年）三九六～三九八頁では、孫武列伝の号令の動作を説明している。

（10）佐藤武敏監修、工藤元男・早苗良雄・藤田勝久訳注『馬王堆帛書戦国縦横家書』（朋友書店、一九九三年）は、その全訳注である。

（11）司馬遷の著述意図については、川勝義雄『史学論集』太史公自序（朝日新聞社、一九七三年）、佐藤武敏『司馬遷の研究』第七章「『史記』の編纂過程」など多くの考察がある。また張大可輯釈『史記論賛輯釈』（陝西人民出版社、一九八六年）は、『史記』各篇の論賛と太史公自序、「報任安書」の注釈である。

（12）晏子列伝では、『呂氏春秋』観世篇の説話より簡略となっている。また『晏子春秋』内篇雑上の説話は、ほぼ同文である。なお銀雀山竹簡には、『晏子春秋』の一部がある。

（13）佐藤前掲「『史記』の編纂過程」。

（14）たとえば『史記会注考証』では、「楚平王以下、采昭十九年左伝。呂氏春秋慎行篇」のように関連を指摘しており、ほかに『呂氏春秋』異宝篇、知化篇、『淮南子』人間訓、『国語』越語、呉語、『戦国策』秦策がある。下見隆雄「怨恨と復讐の構図――『伍子胥列伝』研究ノートより」（『福岡女子短大紀要』一一、一九七六年）は、司馬遷が『左伝』や『国語』に依拠しながらも、常に主体的に資料を選択し、主題の表現のために、構成面でも詳細の配慮を怠ることなく全体をまとめあげている、と述べている。

（15）宮崎市定『史記を語る』Ⅵ列伝（一九七九年、『宮崎市定全集五』一九九一年）では、伍子胥列伝が、起承転結の各場面を具えた一篇の大戯曲として、伍子胥説話は古代中国で広く知れ渡った語り物と述べている。また金文京「『伍子胥列伝』と『伍子胥変文』――『史記』の神話と文学」（福島正『史記・漢書』鑑賞中国の古典⑦、角川書店、一九八九年）がある。

（16）鎌田正『左伝の成立と其の展開』第一編第二章第二節「史記・左伝先後考」（大修館書店、一九六三年）は、世家を中心として『左伝』は『史記』以前に存在したとする。また『史記』では『左伝』と比べて年代や事実を誤る記載が多いが、これは不用意に誤読した結果、引用を誤ったとする。ただし『史記』を『左伝』と比べると、そのダイジェストのような説話もみえており、司馬遷がみた『左伝』は異本の可能性もある。『左伝』と関連する記述は、なお検討が必要である。

（17）荊門市博物館『郭店楚墓竹簡』（文物出版社、一九九八年）、陳偉等著『楚地出土戦国簡冊〔十四種〕』（経済家学出版社、二〇〇九年）の釈文による。後者は、最新成果をふまえた包山二号墓、郭店一号楚墓、望山楚墓、九店五六号墓、曾侯乙墓などの簡冊釈文集成と注釈である。また池田知久「郭店楚簡『窮達以時』の研究」（池田知久編『郭店楚簡儒教研究』汲古書院、二〇〇三年）には、関連文献をふくめた考察がある。

（18）湖南省文物考古研究所・慈利県文物保護管理研究所「湖南慈利県石板村戦国墓」（『考古学報』一九九五年二期）、張春龍「慈利楚簡概述」（北京大学・達慕斯大学・中国社会科学院主辦『新出簡帛研究――新出簡帛国際学術研討会論文集』（文物出版社、二〇〇四年）、何有祖「慈利竹書與今本〈呉語〉試勘」（武漢大学簡帛研究中心簡帛網、二〇〇五年一二月）。

（19）張家山二四七号漢墓竹簡整理小組『張家山漢墓竹簡』、『張家山漢墓竹簡』釈文修訂本、邵鴻『張家山漢簡《蓋廬》研究』

（文物出版社、二〇〇七年）。

（20）湖北省文物考古研究所・雲夢県博物館「湖北雲夢睡虎地M七七発掘簡報」（『江漢考古』二〇〇八年四期）、劉楽賢「睡虎地七七号漢墓出土的伍子胥故事残簡」（『出土文献研究』九、中華書局、二〇一〇年）。

（21）熊北生「雲夢睡虎地七七号西漢墓出土簡牘的清理与編聯」（『出土文献研究』九）。

（22）曹方向「雲夢睡虎地漢簡〝伍子胥故事残簡〟簡序問題小議」（武漢大学簡帛研究中心簡帛網二〇一〇年二月）。『越絶書』巻一、越絶荊平王内伝第二に、

子胥聞之、即從横嶺上大山、北望齊・晉、謂其舍人曰……於是乃南奔吳、至江上、見漁者曰、來、渡我。……船到即載、入船而伏。半江、而仰謂漁者曰、子之姓爲誰。還、得報子之厚德。漁者曰、縱荊邦之賊者、我也。報荊邦之仇者、子也。兩而不仁、何相問姓名爲。子胥即解其劍、以與漁者曰、吾先人之劍、直百金、請以與子也。漁者曰、吾聞荊平王有令曰、得伍子胥者、購之千金。今吾不欲得荊平王之千金、何以百金之劍爲。漁者渡于於斧之津、乃發其簞飯、淸其壺漿而食、……子胥食已而去、顧謂漁者曰、……子胥行、即覆船、挾匕首自刎而死江水之中、明無泄也。子胥遂行。

（23）『呂氏春秋』異宝篇に、

五員亡、荊急求之、登太行而望鄭曰、蓋是國也、地險而民多知、其主俗主也、不足與擧。……因如吳。過於荊、至江上、欲渉、見一丈人、刺小船、方將漁、從而請焉。丈人度之、絶江、問其名族、則不肯告、解其劍以予丈人、曰、此千金之劍也、願獻之丈人。丈人不肯受曰、荊國之法、得五員者、爵執圭、祿萬檐、金千鎰。昔者子胥過、吾猶不取、今我何以子之千金劍爲乎。五員過於吳、使人求之江上則不能得也。每食必祭之、祝曰、江上之丈人、天地至大矣、至衆矣、將奚不有爲也。而無以爲。爲矣而無以爲之。名不可得而聞、身不可得而見、其惟江上之丈人乎。

（24）『越絶書』は、『隋書』経籍志、史部の雑史に「越絶記十六、子貢撰」というが、その成立には諸説がある。興膳宏・川合康三『隋書経籍志詳攷』（汲古書院、一九九五年）三〇六頁、張仲清校注『越絶書校注』（国家図書館出版社、二〇〇九年）序を参照。

（25）佐藤前掲「『史記』の編纂過程」。

(26) 梁玉縄『史記志疑』巻二七では、この記事は『左伝』『春秋公羊伝』に載せず、『春秋穀梁伝』定公四年条に「撻平王之墓」とあり、呉世家の「子胥・伯嚭鞭平王之尸以報父讎」と伍子胥列伝が「鞭尸」の内容をもつと指摘する。また十二諸侯年表には「伍子胥鞭平王墓」、楚世家に「辱平王之墓」、季布列伝に「此伍子胥所以鞭荊平王之墓也」とある。下見前掲「怨恨と復讐の構図」は、諸説を紹介している。

(27) たとえば『呂氏春秋』首時篇には、「六年、然後大勝楚於柏擧、九戰九勝、追北千里、昭王出奔隨、遂有郢、親射王宮、鞭荊平之墳三百。郷之耕、非忘其父之讎也、待時也」とある。『越絶書』巻一は、つぎのようにいう。

荊平王已死、子胥將卒六千、操鞭捶笞平王之墓、而數之曰、昔者吾先無罪而子殺之、今此報子也。

(28) 銭穆『先秦諸子繫年』自序では、とくに古本竹書紀年を重視しており、附表に「諸子生卒年世先後一覧」がある。

(29) 武内義雄『諸子概説』六国年表訂誤（弘文堂書房、一九三五年）、王国維「古本竹書紀年輯校」（『王国維遺書』一二、上海古籍書店、一九八三年）、陳夢家『六国紀年』六国紀年表（学習生活出版社、一九五五年）、范祥雍編『古本竹書紀年輯校訂補』（新知識出版社、一九五六年）、楊寛『戦国史』戦国大事年表、戦国大事年表中有関年代的考訂（一九五五年初版、第二版一九八〇年、増訂本、上海人民出版社、一九九八年）、斉藤国治・小沢賢二『中国古代の天文記録の検証』第Ⅲ章、『史記』（戦国時代）の中の天文記録（雄山閣、一九九二年）、平勢隆郎編著『新編史記東周年表――中国古代紀年の研究序章』（東京大学出版会、一九九五年）など。

(30) 金谷治「孟子の研究」（『東北大学文学部研究年報』一、一九五一年）、同『孟子』余論（岩波書店、一九六六年）。このような復元の方法は、金谷先生にご教示をいただいた。

(31) 武内義雄『諸子概説』六国年表訂誤。また金谷治「戦国年表雑識」（『集刊東洋学』八、一九六二年）にも伐燕の考証がある。

(32) 『孟子』梁惠王下篇の二条では、斉宣王に燕からの撤退を進言している。

齊人伐燕勝之。宣王問曰、或謂寡人勿取、或謂寡人取之。……孟子對曰、取之而燕民悅、則取之。古之人有行之者、武王是也。取之而燕民不悅、則勿取。古之人有行之者、文王是也。以萬乘之國伐萬乘之國、簞食壺漿以迎王師、豈有它哉、避水火也。如水益深、如火益熱、亦運而已矣。

齊人伐燕取之、諸侯將謀救燕。宣王曰、諸侯多謀伐寡人者、何以待之。孟子對曰、臣聞……天下固畏齊之彊也。今又倍地而不行仁政、是動天下之兵也。王速出令、反其旄倪、止其重器、謀於燕衆、置君而後去之、則猶可及止也。

(33) これは馬王堆帛書『戦国縦横家書』との比較によって、人名や歴史背景が追加される状況が確認できる。拙著『史記戦国史料の研究』第一編第五章「馬王堆帛書『戦国縦横家書』の構成と性格」。

(34) 佐藤武敏監修『馬王堆帛書戦国縦横家書』の二四章、拙稿前掲「馬王堆帛書『戦国縦横家書』の構成と性格」。

(35) 『戦国策』の版本と性格は、近藤光男『戦国策上』解説（全釈漢文大系、集英社、一九七五年）、拙著『史記戦国史料の研究』第一編第六章「『戦国策』の性格に関する一試論」がある。

(36) 拙著『史記戦国史料の研究』第二編第三章「『史記』韓世家の史料的考察」。

(37) 楊寛「馬王堆帛書《戦国策》的史料価値」（『文物』一九七五年二期、帛書小組編『戦国縦横家書』文物出版社、一九七六年）では、『戦国策』は失敗の原因を「過聴」と「失計」におく縦横家の立場であるが、『韓非子』は内の力を重視する法家の立場で、両者は異なるという。湯浅邦弘「蘇る戦国故事――資料紹介『馬王堆帛書戦国縦横家書』」（『中国図書』一九九四年五期、内山書店）は、ほぼ同内容の故事を節略して引用した後、帛書とは異なる論評を加え、十過（君主にとって命取りになる十の過失）の九番目に国力を軽視した失策の例であることを指摘する。

(38) 拙稿前掲「『戦国策』の性格に関する一試論」。

(39) 安徽省文物工作隊・阜陽地区博物館・阜陽県文化局「阜陽双古堆西漢汝陰侯墓発掘簡報」（『文物』一九七八年八期）、韓自強『阜陽漢簡《周易》研究』（上海古籍出版社、二〇〇四年）、胡平生「阜陽双古堆漢簡与《孔子家語》」（『国学研究』七巻、北京大学出版社、二〇〇〇年）、福田哲之「阜陽漢墓出土木牘章題考――一号・二号木牘を中心として」（『中国研究集刊』三七号、二〇〇五年）。

(40) 『史記』仲尼弟子列伝と『孔子家語』七十二弟子解の比較は、つぎのようになる。『孔子家語』では少し順序が違うが、仲尼弟子列伝の人名三五人を全てふくんでいる。

仲尼弟子列伝35人	1顔回、字子淵。2閔損、字子騫。3冄耕、字伯牛。4冄雍、字仲弓。5冄求、字子有。6仲由、字子路。7宰予、字子我。8端沐賜、字子貢。9言偃、字子游。10卜商、字子夏。11顓孫師、字子張。12曾參、字子輿。13澹臺滅明、字子羽。14宓不齊、字子賤。15原憲、字子思。16公冶長、字子長。17南宮括、字子容。18公晳哀、字季次。19曾蔵、字晳。20顔無繇、字路。21商瞿、字子木。22高柴、字子羔。23漆彫開、字子開。24公伯繚、字子周。25司馬耕、字子牛。26樊須、字子遅。27有若。28公西赤、字子華。29巫馬施、字子旗。30梁鱣、字叔魚。31顔幸、
孔子家語弟子解前半の38人	1顔回、字子淵。2閔損、字子騫。3冉耕、字伯牛。4冉雍、字仲弓。7宰予、字子我。8端木賜、字子貢。5冉求、字子有。6仲由、字子路。9言偃、字子游。10卜商。11顓孫師、字子張。12曾參、字子輿。13澹臺滅明、字子羽。22高柴、字子羔。14宓不齊、字子賤。26樊須、字子遅。27有若、字子有。28公西赤、字子華。15原憲、字子思。16公冶長、字子長。17南宮韜、字子容。18公析哀、字季沈。19曾點、字子晳。20顔由、字季路。21商瞿、字子木。23漆雕開、字子若。24公良儒、字子正。秦商、字不慈。顔刻、字子驕。25司馬黎耕、字子牛。29巫馬期、字子期。30梁鱣、字叔魚。琴牢、字子開、一字張。32冉儒、字子魚。31顔辛、字子柳。34伯虔、字楷。35公孫寵、字子石。33曹卹。

(41)『孔子家語』は、『漢書』芸文志、六芸略、論語に「孔子家語二十七巻」とある。しかし現在に伝わる『孔子家語』は、後世の魏の王粛の序文があり、その信頼性に問題があった。いま漢簡には『孔子家語』と類似する記述がみえており、その成立と内容が検討できることになる。

(42)このほか定県四〇号漢墓の竹簡に「儒家者言」がある。河北省文物研究所「河北定県四〇号漢墓発掘簡報」、国家文物局古文献研究室・河北省博物館・河北省文物研究所「定県四〇号漢墓出土竹簡簡介」、同「《儒家者言》釈文」、何直剛「《儒家者言》略説」（以上、『文物』一九八一年八期）によれば、漢墓の年代は前漢末であるが、「儒家者言」の一部は戦国晩期の著作という。全体は『説苑』『新序』に似ており、『孔子家語』と同じ記載もある。これらは『定州漢墓竹簡論語』（文物出版社、一九九七年）とあわせて、説話との関係が考察できよう。

（43）黄善夫本『史記』は、老子伯夷列伝第一とし、周太史の記事を「始秦與周合而離、離五百歳而復合、合七十歳而霸王者出焉」と作る。また申不害韓非列伝第三とするが、太史公自序には、伯夷列伝第一、老子韓非列伝第三とある。

（44）木村英一『老子の新研究』第一編第一章「史記の老子伝及び老子道徳経を読んで与えられる印象について」（創文社、一九五九年）七～一八頁、三五頁。

（45）谷中信一「郭店楚簡『老子』及び『太一生水』から見た今本『老子』の成立」（郭店楚簡研究会編『楚地出土資料と中国古代文化』汲古書院、二〇〇二年）、池田知久『老子』（馬王堆出土文献訳注叢書、東方書店、二〇〇六年）など多くの研究がある。池田知久『道家思想の新研究』第一章「最初の道家の思想家たち」（汲古書院、二〇〇九年）では、『老子』の著者として『史記』列伝にみえる三人の記述が信用できず、『荘子』知北遊篇の老龍吉や、『漢書』芸文志、諸子略、道家の「老成子」も候補者としている。

（46）『史記』儒林列伝に、

自孔子卒後、七十子之徒散游諸侯。大者爲師傅卿相、小者友教士大夫、或隱而不見。故子路居衞、子張居陳、澹臺子羽居楚、子夏居西河、子貢終於齊。如田子方・段干木・吳起・禽滑釐之屬、皆受業於子夏之倫、爲王者師。是時獨魏文侯好學。後陵遲以至于始皇、天下並爭於戰國、儒術既絀焉。然齊魯之閒、學者獨不廢也。於威・宣之際、孟子・荀卿之列、咸遵夫子之業而潤色之、以學顯於當世。及至秦之季世、焚詩書、阬術士、六蓺從此缺焉。陳涉之王也、而魯諸儒持孔氏之禮器往歸陳王。於是孔甲爲陳涉博士、卒與涉俱死。……及高皇帝誅項籍、擧兵圍魯。魯中諸儒尙講誦習禮樂、弦歌之音不絕、豈非聖人之遺化、好禮樂之國哉。……夫齊魯之閒於文學、自古以來、其天性也。故漢興、然後諸儒始得脩其經蓺、講習大射鄕飮之禮。叔孫通作漢禮儀、因爲太常、諸生弟子共定者、咸爲選首、於是喟然歎興於學。

（47）これと同じ表現は、『孫子』九変篇に「途有所不由、軍有所不擊、城有所不攻、地有所不爭、君命有所不受」とある。

第二章　『史記』穣侯列伝の編集方法

はじめに

戦国時代の初期は、魏の文侯と、斉の威王・宣王が有力であったといわれる。戦国前期には、諸国が富国強兵の変法を進め、西方にある秦は、孝公の時期に商鞅の変法（前三五九、前三五〇）による国内の改革をして、咸陽に遷都した。これが戦国中期より以降に各国が王号を称して、領土を争う合従連衡の情勢に続いてゆく[1]。

『史記』列伝の篇目では、管・晏列伝から、伍子胥列伝と仲尼弟子列伝までは、おおむね春秋時代の人物の伝記である。しかし戦国前期の人物については、わずかに商君列伝と先秦列伝の一部にみえるだけで、他国の動向は不明である。これ以降は、蘇秦と張儀の列伝、樗里子甘茂列伝、穣侯列伝、白起王翦列伝の秦国人物につづき、戦国四君の列伝や、諸国の人物列伝となっている。したがって『史記』戦国列伝では、前期から中期の動向をうかがうことが困難であり、秦国の人物を中心にして、その概略をたどることが基本となる。

そこで『史記』戦国列伝では、秦国の人物が問題となるが、その編集パターンの典型は穣侯列伝にみえている。この穣侯列伝には、戦国史の研究にとって二つの特徴がみられる。その一は、『史記』の素材と編集を知るうえで確かなサンプルとなることである。すなわち穣侯列伝は、基本的に紀年資料と戦国故事を素材としているが、この二系統の素材は、睡虎地秦簡『編年記』や馬王堆帛書『戦国縦横家書』と比較することができる[2]。その二は、この列伝の対象となる昭王の時代と、穣侯の役割がきわめて重要なことである。戦国秦では、孝公時代の二度にわたる商鞅変法のあと、恵文王と昭王、秦王政（始皇帝）の即位（前二四六）までに、本拠地の領土を東方に拡大しており、地方では郡県制による中央集権制を展開している。このような時期に、穣侯は封君として国の専権を握り、また秦の東方進出に貢献している。したがって穣侯列伝は、『史記』の編集方法と戦国中期の動向を理解するために、重要な一篇となっている。

穣侯列伝については、拙稿「『史記』穣侯列伝に関する一考察」（『東方学』七一輯、一九八六年）で、帛書『戦国縦横家書』を手がかりとしながら、『史記』列伝の作成過程を明らかにしようと試みた。(3) しかしそこでは『編年記』との比較や、『戦国縦横家書』にみえる戦国故事の性格、編集方法の説明が十分ではなく、ここでは全面的な改稿をしている。しかし『史記』の素材と編集に関する基本的な考え方は変えていない。

本章では、このような穣侯列伝の編集方法を明らかにすることが目的である。そして穣侯列伝にみえる編集パターンを基礎として、さらに白起列伝の編集を補足し、秦昭王時代の史実とのかかわりを考えてみたい。

一　穣侯列伝の構成と素材

『史記』穣侯列伝は、表1の中段のような構成となっている。ここでは穣侯列伝の構成を確認しながら、とくに素材となる紀年資料や系譜、戦国故事と、他史料との関係に注目してみたい。

列伝の冒頭には、魏冄が秦昭王の母・宣太后の弟で、先祖は楚人であると記している。これは系譜にあたる。魏冄は、恵文王と武王のときから任用されていたが、武王が亡くなったあとは、昭王の即位に貢献した。昭王元年（前三

○六）には将軍となって咸陽を守衛し、季君の乱をおさめた。しかし昭王は年少であったので、宣太后は魏冄に政務を任じたという。このような経歴は、穰侯列伝だけにみえている[4]。

　穰侯魏冄者、秦昭王母宣太后弟也。其先楚人、姓芈氏。
　秦武王卒、無子、立其弟爲昭王。昭王母故號爲芈八子、及昭王卽位、芈八子號爲宣太后。宣太后非武王母。武王母號曰惠文后、先武王死。宣太后二弟。其異父長弟曰穰侯、姓魏氏、名冄。同父弟曰芈戎、爲華陽君。而昭王同母弟曰高陵君・涇陽君。而魏冄最賢、自惠王・武王時任職用事。武王卒、諸弟爭立、唯魏冄力爲能立昭王。昭王卽位、以冄爲將軍、衞咸陽。誅季君之亂、而逐武王后出之魏、昭王諸兄弟不善者皆滅之、威振秦國。昭王少、宣太后自治、任魏冄爲政。

つぎに昭王七年に、樗里子が亡くなっている。このあと趙人の楼緩にかえて魏冄を相にしようとする記事は、『戦国策』趙策三にほぼ同文がある。ここでは使者の仇液を、机郝とするなど若干の違いがある[5]。

　昭王七年、樗里子死、而使涇陽君質於齊。趙人樓緩來相秦、趙不利。〔戦国故事①：乃使仇液之秦、請以魏冄爲秦相。……〕於是仇液從之。而秦果免樓緩而魏冄相秦。欲誅呂禮、禮出奔齊。

これ以降は、紀年資料がつづいている。昭王十四年に、魏冄は白起を推挙して、韓と魏を伊闕に破った。この内容は『史記』秦本紀、六国年表、白起列伝にもみえているが、いずれも短い記事である。列伝では、その二年後に魏冄が穰と陶に封ぜられ、穰侯となったことを伝える。その四年後に、穰侯は秦将となって魏を攻めている。昭王十九年には、秦が西帝、斉が東帝と称し、すぐにとり止めたことを記している。これは戦国七国のなかで秦と斉の両国が優勢であったことがうかがえるが、この前後の記事は簡略で、穰侯の事績には不明な部分がある。その後、相を免ぜられて二年で相となり、四年後には白起が楚の都を陥落させて南郡を設置している。これらは秦紀年によるものであろう。そして白起が武安君に封ぜられると、穰侯は白起を推挙したことによって「穰侯の富、王室より富む」という状況になっている。これは評価の語句とみなされる。

昭王十四年、魏冄擧白起、使代向壽將而攻韓・魏、敗之伊闕、斬首二十四萬、虜魏將公孫喜。明年、又取楚之宛・葉。魏冄謝病免相、以客卿壽燭爲相。其明年、燭免、復相冄、乃封魏冄於穰、復益封陶、號曰穰侯。穰侯封四歳、爲秦將攻魏。魏獻河東方四百里。拔魏之河內、取城大小六十餘。昭王十九年、秦稱西帝、齊稱東帝。月餘、呂禮來、而齊・秦各復歸帝爲王。魏冄復相秦、六歳而免。免二歳、復相秦。四歳、而使白起拔楚之郢、秦置南郡。乃封白起爲武安君。白起者、穰侯之所任擧也、相善。於是穰侯之富、富於王室。

このような系譜、経歴の資料、紀年資料に対して、これまでは短文の戦国故事①だけであった。しかしこれ以降には、二つの長文の戦国故事がある。一つは、昭王三十二年に穰侯が魏都の大梁を囲む際のエピソードである。この記事は、『戦国縦横家書』五章と『戦国策』魏策三にほぼ同文がみえている。

昭王三十二年、穰侯爲相國、將兵攻魏、走芒卯、入北宅、遂圍大梁。〔戦国故事②〕

もう一つは、明年（三十三年）に魏将の暴鳶を破り、明年（三十四年）に芒卯を華陽に破ったあと、蘇代を使者として斉の攻撃を止めさせるエピソードを載せている。この記事は、『戦国策』秦策三にほぼ同文がある。(6)

明年、魏背秦、與齊從親。秦使穰侯伐魏、斬首四萬、走魏將暴鳶、得魏三縣。穰侯益封。明年、穰侯與白起客卿胡陽復攻趙・韓・魏、破芒卯於華陽下、斬首十萬、取魏之卷・蔡陽・長社、趙氏觀津。且與趙觀津、益趙以兵、伐齊。〔戦国故事③〕於是穰侯不行、引兵而歸。

表１　『史記』穣侯列伝の構成

睡虎地秦簡『編年記』（部分）

昭王元年。
……
十三年。攻伊闕。
十四年。伊闕。
十五年。攻魏。
十六年。攻宛。
十七年。攻垣枳。
十八年。攻蒲反。
十九年。
廿年。攻安邑。
廿一年。攻夏山。
廿二年。
廿三年。
廿四年。攻林。
廿五年。攻茲氏。
廿六年。攻離石。
廿七年。攻鄧。
廿八年。攻□。
廿九年。攻安陸。
卅年。攻□山。
卅一年。□。
卅二年。攻啓封。
卅三年。攻蔡中陽。
卅四年。攻華陽。
卅五年。
卅六年。
卅七年。□寇剛。
卅八年。閼輿。
卅九年。攻懐。
卌年。
……

『史記』穣侯列伝

【魏冄の系譜】
秦武王の卒……昭王がわかく、魏冄を任用する。
昭王七年、樗里子の死。
◎昭王十四年、伊闕の戦い。
［故事①　『戦国策』趙策三］
明年……明年、穣侯となる。
封ぜられて四歳、魏を攻める。
昭王十九年（西帝、東帝）……
六歳で免ぜられ、二歳で秦相となる。
○四歳、南郡を置く。白起が武安君となる。
○昭王三十二年、大梁を囲む。
［故事②　魏策三、帛書15章　華陽の戦いと大梁の包囲］
×明年、暴鳶を破る。
◎明年、芒卯を華陽に破る。
［故事③　『戦国策』秦策三］
○昭王三十六年、斉の剛・寿を破る。
范雎の言によって失脚。
相国の免じられ、封邑で亡くなる。

〔編集ミス　華陽の戦いが　二度出てくる〕

〔『編年記』の秦紀年　◎一致　○関連　×相違〕

帛書『戦国縦横家書』

1～14〔新出佚文〕
4　燕策二（一部）
5　史記（一部）
燕策一（一部）
15　史記、魏策三
16　史記、魏策三
17〔佚文〕
18　史記、趙策四
19　秦策三
20　史記、燕策一
21　史記、趙策一
22　史記
23　楚策四、韓策一
24　史記、韓策一
韓非子
25～27〔新出佚文〕

この二つの戦国故事は、穰侯の事績の中心となるもので、この故事だけで列伝の半分以上を占めている。

列伝の最後は、ふたたび紀年資料と、失脚と亡くなるまでの事績の概略である。それは三十六年に斉の剛と寿を取り、陶邑を拡大したあと、范睢の言によって失却し、相国を免ぜられて陶邑で卒した記事で終っている。この間の経過は、『史記』巻七九范睢列伝に詳しく述べられており、また『戦国策』秦策三にも関連の記事がある。(7)

昭王三十六年、相國穰侯言客卿竈、欲伐齊取剛・壽、以廣其陶邑。於是魏人范睢自謂張祿先生、譏穰侯之伐齊、乃越三晉以攻齊也、以此時奸說秦昭王。昭王於是用范睢。范睢言宣太后專制、穰侯擅權於諸侯、涇陽君・高陵君之屬太侈、富於王室。於是秦昭王悟、乃免相國、令涇陽之屬皆出關、就封邑。穰侯出關、輜車千乘有餘。穰侯卒於陶、而因葬焉。秦復收陶爲郡。

以上が穰侯列伝の概略であるが、その構成は全体として「系譜、経歴＋紀年資料＋記事資料」となっている。

系譜、経歴＋戦国秦の紀年＋戦国故事①〔『戦国策』趙策三と共通〕

秦の紀年＋戦国故事②〔帛書一五章、『戦国策』魏策三と共通〕

秦の紀年＋戦国故事③〔『戦国策』秦策三と共通〕

秦の紀年＋失脚して亡くなるまでの結末

この構成には、つぎのような特徴がある。その一は、穰侯は秦の大事に関係しているため、秦紀年を多く引用していることである。その二は、列伝の記事資料が『戦国縦横家書』『戦国策』と共通する戦国故事を利用していることである。この二系統の素材について、その性質を検討してみよう。

まず秦紀年との関係は、つぎのようになる。表1の上段は睡虎地秦簡『編年記』の記載である。この戦役が『史記』秦本紀や六国年表とほぼ一致することは、序章の表2「『編年記』と『史記』秦紀年」で確認している。そこで穰侯列伝の構成と比べてみると、ここで選択された秦紀年も、ほぼ一致している。たとえば◎は、同じ事件として一致するもの。○は、この年の事件と関連するもの。×は、相違するものである。この相違する紀年については、あとで検討する。したがって司馬遷は、穣侯列伝を作成するにあたって、穣侯の事績に関連する秦紀年を選び、その間に戦国故事を挿入して編集したことが想定できる。

『戦国縦横家書』と『戦国策』に共通する戦国故事は、つぎのように考えることができる。『戦国縦横家書』で穣侯に関する故事は、一五章と一九章の二篇である。一五章は、穣侯列伝と『戦国策』魏策三にほぼ同文がある。一九章は『戦国策』秦策三にほぼ同文があるが、『史記』穣侯列伝にはみえていない。そこで戦国故事の性格にかかわる史料としては一五章（以下、帛書一五章）が対象となる。この字句の異同は、つぎのようになる。

表2は、帛書一五章、『戦国策』魏策三、穣侯列伝の構文を並べたものである。(8) そもそも戦国故事の編集年代からいえば、帛書が文帝期以前でもっとも古く、つぎに武帝期の『史記』で、最後に前漢末の『戦国策』の順になるはずである。しかも帛書が出土史料であるのに対して、『史記』『戦国策』は長い伝本の過程がある。したがって個有名詞の異同では、帛書に「孟卯」とある人名が、他は「芒卯」に作ることがありうるはずである。しかしその異同をみると、必ずしも一定の傾向はみられない。たとえば「暴子」は、帛書と『史記』が同じであり、『戦国策』では「睾子（鮑本は睾子）」に作っている。また帛書の「陶」は、『史記』では「陶邑」、『戦国策』では「陰」に作っている。ところが「燕」「子之」は帛書と『戦国策』が同じで、『史記』は各々「衛」「子良」に作っている。そこで個有名詞からいえば、必ずしも『戦国策』がもっとも遅い表現とはいえず、むしろ今本『戦国策』の中に帛書と同じ字句があることが注意される。

つぎに文章の異同では、『史記』『戦国策』の構文は帛書に比べて附加されている部分がある。とくに『史記』には

表2 『戦国縦横家書』『戦国策』と『史記』穰侯列伝

戦国縦横家書一五章	●華軍、秦戰勝魏、走孟卯、攻大梁。 須賈說穰侯曰、臣聞魏長吏謂魏王曰、初時者、惠王伐趙、戰勝三梁、拔邯鄲、趙氏不割而邯鄲復歸。齊人攻燕、拔故國、殺子之、燕人不割而故國復反。燕趙之所以國大兵强而地兼諸侯者、以其能忍難而重出地也。宋中山數伐數割、而國隨以亡。臣以爲燕趙可法、而宋中山可毋爲也。秦貪戾之國也而無親、蠶食魏氏、盡晉國、勝暴子、割八縣、地未畢入而兵復出矣。夫秦何厭之有哉。今又走孟卯、入北宅、此非敢梁也、且劫王以多割、王必勿聽也。今王循楚趙而講、楚趙怒而與王爭秦〻、必受之。秦挾楚趙之兵以復攻、則國求毋亡、不可得已。願王之必毋講也。王若欲講、必少割而有質、不然必欺。此臣之所聞於魏也、願君之以是慮事也。周書曰、唯命不爲常、此言幸之不可數也。夫戰勝暴子、割八縣之地、此非兵力之精也、非計慮之工也、夫天幸爲多。今又走孟卯、入北宅、以攻大梁、是以天幸自爲常也。知(智)者不然。臣聞魏氏悉其百縣勝甲以上、以戍大梁、臣以爲不下卅萬。以卅萬之衆、守七仞之城、臣以爲湯武復生、弗易攻也。夫輕信楚趙之兵、陵七刃之城、犯卅萬之衆而志必擧之、臣以爲自天地始分以至於今、未之嘗有也。攻而弗拔、秦兵必罷、陶必亡、則前功有必棄矣。今魏方疑、可以少割而收也。願君遝(逮)楚趙之兵未至於梁也、亟以少割收魏〻、方疑、而得以少割爲和、必欲之、則君得所欲矣。楚趙怒於魏之先己也、必爭事秦、從已散而君後擇焉。且君之得地也、豈必以兵哉。〔割〕晉國也、秦兵不攻而魏效絳・安邑、又爲陶啓兩、幾盡故宋、而衞效蟬尤。秦兵苟全而君制之、何索而不得、奚爲〔而不成〕。願〔君〕之熟慮之而毋行危也。君曰、善。乃罷梁圍。●五百七十。
戦国策魏策三	秦敗魏於華、走芒卯而圍大梁。須賈爲魏謂穰侯曰、臣聞魏氏大臣父兄皆謂魏王曰、初時惠王伐趙、戰勝乎三梁、十萬之軍拔邯鄲、趙氏不割而邯鄲復歸。齊人攻燕、殺子之、破故國、燕不割而燕國復歸。燕・趙之所以國全兵勁、而地不并乎諸侯者、以其能忍難而重出地也。宋・中山數伐數割、而隨以亡。臣以爲燕・趙可法、而宋・中山可無爲也。夫秦貪戾之國而無親、蠶食魏、盡晉國、戰勝睾子、割八縣、地未畢入而兵復出矣。夫秦何厭之有哉。今又走芒卯、入北地、此非但攻梁也、且劫王以多割也、王必勿聽也。今王循楚・趙而講、楚・趙怒而與王爭事秦、秦必受之。秦挾楚・趙之兵以復攻、則國救亡不可得也已。願王之必無講也。王若欲講、必少割而有質。不然必欺。是臣之所聞於魏也、願君之以是慮事也。周書曰、維命不于常。此言幸之不可數也。夫戰勝睾子、而割八縣、此非兵力之精、非計之工也、天幸爲多矣。今又走芒卯、入北地、以攻大梁、是以天幸自爲常也。知者不然。臣聞魏氏悉其百縣勝兵、以止戍大梁、臣以爲不下三十萬。以三十萬之衆、守十

仞之城、臣以爲雖湯・武復生、弗易攻也。夫輕信楚・趙之兵、陵十仞之城、戴三十萬之衆、而志必擧之、臣以爲自天下之始分以至于今、未嘗有之也。攻而不能拔、秦兵必罷、陰必亡、則前功必棄矣。今魏方疑、可以少割收也。願之及楚・趙之兵未任於大梁也、亟以少割收。魏方疑、而得以少割爲和、必欲之、則君得所欲矣。楚・趙怒於魏之先己講也、必爭事秦。從是以散、而君後擇焉。且君之嘗割晉國取地也、何必以兵哉。夫兵不用、而魏效絳・安邑、又爲陰啓兩機、盡故宋、衞效尤懼。秦兵已令、而君制之、何求而不得。何爲而不成。臣願君之熟計而無行危也。穰侯曰、善。乃罷梁圍。

史記
穰侯
列伝

昭王三十二年、穰侯爲相國、將兵攻魏、走芒卯、入北宅、遂圍大梁。

梁大夫須賈說穰侯曰、臣聞魏之長吏謂魏王曰、昔梁惠王伐趙、戰勝三梁、拔邯鄲。趙氏不割、而邯鄲復歸。齊人攻衞、拔故國、殺子良。衞人不割、而故地復反。衞・趙之所以國全兵勁而地不幷於諸侯者、以其能忍難而重出地也。宋・中山數伐割地、而國隨以亡。臣以爲衞・趙可法、而宋・中山可爲戒也。秦貪戾之國也而毋親。蠶食魏氏、又盡晉國、戰勝暴子、割八縣、地未畢入兵復出矣。夫秦何厭之有哉。今又走芒卯、入北宅、此非敢攻梁也、且劫王以求多割地。王必勿聽也。今王背楚・趙而講秦、楚・趙怒而去王、與王爭事秦、秦必受之。秦挾楚・趙之兵以復攻梁、則國求無亡不可得也。願王之必無講也。王若欲講、少割而有質。不然必見欺。此臣之所聞於魏也、願君王之以是慮事也。周書曰、惟命不于常、此言幸之不可數也。夫戰勝暴子、割八縣、此非兵力之精也、又非計之工也、天幸爲多矣。今又走芒卯、入北宅、以攻大梁、是以天幸自爲常也。智者不然。臣聞魏氏悉其百縣勝甲以上戍大梁、臣以爲不下三十萬。以三十萬之衆守梁七仞之城、臣以爲湯・武復生、不易攻也。夫輕背楚・趙之兵、陵七仞之城、戰三十萬之衆、而志必擧之、臣以爲自天地始分以至于今、未嘗有者也。攻而不拔、秦兵必罷、陶邑必亡、則前功必弃矣。今魏氏方疑、可以少割收也。願君逮楚・趙之兵未至於梁、亟以少割收魏。魏方疑、而得以少割爲利、必欲之、則君得所欲矣。楚・趙怒於魏之先己也、必爭事秦、從以此散、而君後擇焉。且君之得地豈必以兵哉。割晉國、秦兵不攻、而魏必效絳安邑。又爲陶開兩道、幾盡故宋、衞必效單父。秦兵可全、而君制之、何索而不得、何爲而不成。願君熟慮之而無行危。穰侯曰、善。乃罷梁圍。

説明の語句が多く、もっとも文意がわかりやすくなっている。たとえば帛書では「君曰」とあるのを、『史記』『戦国策』ともに「穰侯曰」と作るのは、主語がより明瞭となる。また帛書にはただ「須賈」とあるのに対して、『史記』は「梁大夫須賈」と作り、『戦国策』は「須賈爲魏」と作るのは、須賈という人物の説明になっている。さらに帛書の「魏長吏」に対して、『戦国策』に「魏氏大臣父兄皆」とあるのも同じ効果をもたらしている。

そのほか帛書と『戦国策』に「今王、楚・趙に循じて講じ、楚・趙怒って王と秦を争う」とある文章は、「循ずる」と「争う」の意味があまり明瞭ではない。『戦国策』では「王と秦に事うるを争う」と附加しているが、「循」の字句は同じである。ところが『史記』は「今王、楚・趙に背き秦に講ず。楚・趙怒って王を去り、王と秦に事うるを争う」と明確に表現している。(9) 別の例では、帛書に「また陶の為に両を啓くは、幾ど故宋を盡くして、衛、蟬尤を致さん」とある。『戦国策』では「陶」を「陰」とする以外は、ほぼ同じであるが、『史記』では「陶の為に両道を開き、……」と作って、文意が通じやすくなっている。このような表現は、司馬遷が『史記』列伝を作成した当初からの文章であるかは不明であるが、しかし少なくとも今本『戦国策』は帛書に近い構文を伝えており、これに対して『史記』はもっとも附加が多いことがわかる。この結果は、少ない事例であるが、個有名詞の比較とほぼ同じ結果である。なお帛書『戦国縦横家書』は、本来は竹簡に書写されたとみなされている。

ここから『戦国縦横家書』『戦国策』と『史記』の戦国故事は、つぎのように総括できる。(10) まず三つの史料は、細部の字句と附加をのぞいて、基本的に同一の構文であり、同一系統の戦国故事を書写したものと考えられる。『戦国縦横家書』と『戦国策』は、戦国故事をそのまま編集する体裁をとっており、今本『戦国策』に帛書と近い構文が多い。この意味で『戦国策』は、司馬遷より後の時代に編纂された輯本であるが、その戦国故事の一部は、『史記』を編纂するときに利用できる資料であったことを示している。また『史記』は、『戦国縦横家書』と共通する戦国故事を利用しながら、その文意は明確になっており、しかも列伝のなかに編年して組み込むという特徴がある。したがって司馬遷は、当時伝えられていた各国の戦国故事を穣侯列伝に利用したのであり、この部分が創作や語り物にもとづくものではないことを証明している。

それでは、このような戦国故事の信頼性は、どのように考えたらよいのだろうか。これについては、書信や奏言の形式をもつ戦国故事は、書写された文書にもとづく可能性があり、書写の変化が少ないと想定している。[11]帛書一五章では「須賈説穰侯曰……願君之熟慮之而毋行危也」の部分が原形である。ただし戦国故事にも、対話の形式や、歴史背景をふくめた複雑な構成をもつ形式があり、これらは説話に近いと考えている。劉向が『戦国策』を編纂したときには、歴史的な戦国故事か、説話かを判別できない場合があり、そのため『戦国策』にはさまざまな形式の故事を収録しているとおもわれる。[12]これも帛書『戦国縦横家書』との比較によって考察することができよう。

このように穣侯列伝は、系譜と経歴のあと、大半は先行資料が推測できる秦紀年と戦国故事で構成されている。この秦紀年と記事資料は、睡虎地秦簡『編年記』や帛書『戦国縦横家書』によって司馬遷の時代より前に存在したことが証明できる。そのほかは「於是……」などのように、わずかに故事の接続や、説明をする語句だけである。この列伝には、司馬遷が創作した部分をほとんど見出すことができない。この分析によって私は、『史記』列伝の多くが創作や語り物であるという説に対して疑問を抱くようになった。

それでは司馬遷の創作ではないとすれば、『史記』列伝は先行する素材を糊とハサミで配列して編集しただけであろうか。私は、司馬遷が独自の歴史観と人物評価によって、限られた素材を取捨選択して、穣侯列伝を巧妙に編集したとみなしている。この点を、つぎに考えてみよう。

二　穣侯列伝の編集方法

これまで司馬遷は、穣侯列伝を作成するにあたって、先行する素材を組み合わせて利用する編集パターンとしていた。それでは列伝の編集は、どのような意図によるものだろうか。

すでに列伝の編集にあたって、司馬遷は秦紀年を利用し、その間に戦国故事を配列していた。そこで問題となるのは、秦紀年ではなく、戦国故事の選択基準とその編集の方法である。ここに司馬遷の歴史観と、人物評価がうかがえるはずである。

その参考として、穣侯に関する戦国故事をみると、つぎのような概略となる。(13)

1秦が東国を破り、魏を伊闕に破る。ある人が魏昭王に、趙の奉陽君と穣侯は仇敵という。（『戦国策』魏策一）

2魏冄が使者となって、斉に帝号を贈る。（『史記』田敬仲完世家、『戦国策』斉策四）

3五国が秦を攻め、功なくしてひきあげる。斉が秦と連衡して宋国を伐とうとする。ある人が、魏王に魏冄のことをいう。（『戦国策』魏策二）

4五国が秦を伐ち、成果なく成皋へひきあげる。魏冄に、斉が宋国を占拠したあとの陰（陶）をすすめる。（『戦国策』趙策四）

5ある人が、穣侯に陰（陶）を封地として定めるようにすすめる。（『戦国策』秦策三）

6穣侯が昭王の命をうけ、黽塞の南を取る。（『戦国策』楚策四）

7趙と魏が華陽を攻める。韓の相国・田苓が穣侯に進言。のち秦は趙と魏を華陽の城下に破る。

8薛公（孟嘗君）が魏冄に陶邑を広げることをいう。呂礼に斉の攻撃をすすめさせる。（『史記』韓世家、『戦国策』韓策三）
9秦の客卿の造が、穣侯に、陶のために斉を攻めることをすすめる。（帛書一九章、『戦国策』秦策三）
10ある人が魏のために、魏冄に魏を攻めさせないようにする。（『戦国策』秦策三）
11穣侯が大梁を攻めて、北郢に勝つ。ある人が穣侯にいう。君は楚を攻め、宛と穣を得て陶を広げ、斉を攻め、剛と博を得て陶を広げ、魏を攻め、許と鄢陵をえて陶を広げた、と。（『戦国策』魏策四）
12穣侯が秦を治めることは、一国の兵を用いて、両国（秦と陶邑）の功を成さんと欲す、と批判する。（『韓非子』初見秦第一、『戦国策』秦策一）
13范雎が秦王に、魏と韓を攻めることをすすめ、関を閉ざして山東を攻めないのは穣侯が国のためをはからないからと批判する。（『史記』范雎列伝、『戦国策』秦策三）
14范雎が秦王に、穣侯の専権をいい、斗食より以上、尉・内史および王の左右まで至るという。（『史記』范雎列伝、『戦国策』秦策三）
15范雎が昭王に、穣侯が十たび魏を攻め退却することを述べる。（『戦国策』秦策三）
16朱己が魏王にいう。秦は虎狼の心あり、穣侯は（昭王の）舅であり功多くして之れを逐う、と。（帛書一六章、『史記』魏世家、『戦国策』魏策三）

これを穣侯列伝の構成と比べてみると、おおむね事績にそった内容となっている。たとえば1は、昭王十四年に秦が魏を伊闕に破る事件である。2は、昭王十九年に秦と斉が帝号を称する事件、3と4は、昭王二十年に五国が秦を攻める事件である。7は、昭王三十四年に魏を華陽に破る事件で、8と9、11、12は、穣侯が封邑の陶を拡大することに関する内容である。そして14と15、16は、穰侯の失脚に関する故事である。穰侯列伝では、このような戦国故事のなかで、どのような内容を選択し、それをどのように編集しているのだろうか。

まず昭王七年の戦国故事①は、穰侯が初めて秦相となる内容であり、先の戦国故事よりも早い時期にあたる。これは、いわば最初の登場ということができよう。しかしその年代には問題がある。それは秦本紀の昭王七年条に「樗里子卒す」とあり、六国秦表にも魏冄が相になると記すことから、諸史料は一致しているようにみえる。しかし秦本紀の昭王十二年条には、「楼緩免ぜられ、穰侯魏冄、相と為る」とある。この記事にしたがえば、魏冄が楼緩にかわって相となるのは、昭王七年の樗里子の死のあとではなく、昭王十二年に編年すべきとおもわれる(14)。

昭王三十二年の戦国故事②は、穰侯が魏将の芒卯を破り、北宅に入り、魏の大梁を包囲したとき、梁大夫の須賈が穰侯に大梁の包囲を解くように進言したものである。司馬遷は、帛書一五章のように、すでに存在していた戦国故事を編年して列伝に組み込んでいた。これは穰侯が、秦と斉が帝号を称することを担当した事績につづいて、代表となる事件である。しかしこの編年には、誤りがある。

帛書一五章の冒頭には「華軍」とあり、この歴史背景を華陽の戦いとしている。そして須賈の進言では、いま秦が大梁を攻めている情勢であるが、かつて秦は魏の暴子を破り、八県を分割させたと述べている(15)。したがって事件の順序は、まず暴子を破る戦いがあり、そのあとに華陽で芒卯を破って、魏の大梁を包囲したことになる。ところが秦が魏を攻め暴鳶を破る戦いは、秦本紀では昭王三十二年にあたり、魏世家は安釐王二年、六国韓表と韓世家は釐王二十一年で、いずれも前二七五年である。

また魏冄が趙と韓・魏を攻め、芒卯を華陽に破る戦いは、秦本紀は昭王三十三年で、趙世家は恵文王二十五年とし、これは前二七四年である。しかし六国秦表と白起列伝では、昭王三十四年（前二七三）の事件とし、魏世家は安釐王四年、韓世家は釐王二十三年として、いずれも暴鳶の戦いの二年後となっている。この相違について、睡虎地秦簡『編年記』には「(昭王) 卅四年。華陽を攻む」とあり、この戦いは昭王三十四年のことで、六国年表の記事が正しいことが明らかとなった[16]。したがって諸史料を総合すると、昭王三十二年に暴鳶を破る戦いがあり、三十四年に芒卯を華陽に破る戦いがあったことになる。

穣侯列伝では、二つの戦いをふくむ戦国故事②を昭王三十二年に編年して、暴鳶との戦いを「明年」、華陽の戦いをその「明年」として編年している。そのため別の年代の二つの戦いが重複し、かつ編年を誤ることになっている。これは紀年と戦国故事を接続するときの編集ミスである。

昭王三十二年……芒卯を敗走させ、大梁を囲む。〔戦国故事②：華陽の戦い、かつて暴鳶を破る〕

明年（三十三年）……魏将の暴鳶を敗走させ、魏の三県を得て、穣侯の封邑を増した。

明年（三十四年）穣侯は白起や客卿の胡陽と、趙と韓・魏を攻め、芒卯を華陽で破った。〔戦国故事③〕

正しくは、つぎのように修正される。そして戦国故事③は、このあと秦が斉を攻めるときの情勢である。

昭王三十二年、秦が魏を攻め、暴鳶を破る。

三十四年、穣侯たちの秦軍が魏を攻め、芒卯を華陽で破る〔戦国故事②〕。〔戦国故事③〕

このように穣侯列伝では、多くの戦国故事のなかから、穣侯が最初に登場する故事と、東方に進出する代表的な二つの故事を選択して、秦紀年の間に編年したことがわかる。ただし昭王三十二年に編年した戦国故事②は、実際は三十四年の事件であり、そのなかに引用された暴鳶を敗走させる事件が三十二年であった。これが『史記』にみえる戦国紀年の錯誤の一因となっている。

それでは司馬遷は、これらの戦国故事を組み込む編集によって、どのように穣侯を評価したのだろうか。穣侯列伝と太史公自序の論賛は、秦の東方進出と、秦と斉の帝号、大梁の包囲を穣侯の功績としている。

太史公曰、穣侯、昭王親舅也。而秦所以東益地、弱諸侯、嘗稱帝於天下、天下皆西鄉稽首者、穣侯之功也。及其貴極富溢、一夫開說、身折勢奪而以憂死、況於羈旅之臣乎。（穣侯列伝の論賛）

苞河山、圍大梁、使諸侯斂手而事秦者、魏冄之功。作穣侯列傳第十二。（太史公自序）

したがって司馬遷は、穣侯に関する故事の中から、代表的な事績を選んだことがわかる。しかし穣侯列伝の論賛では、富貴が極まったときに、一夫が説いたことによって勢力を奪われ、憂いのうちに亡くなったという。これは列伝の最後で、衰退の評価を記すことに共通している。それは穣侯が范雎の言によって失却し、相国を免ぜられ陶邑で亡くなったことである。これは登場、全盛につづいて、失脚を示す記事である。ただし穣侯の失脚につながる内容は、穣侯列伝に戦国故事を利用するのではなく、范雎列伝に范雎が登場したあとの上書として詳しく述べている。これは穣侯列伝と范雎列伝を一篇ごとに叙述するとしても、穣侯の失脚を范雎の全盛につなげて、各篇の配列を意識しているのかもしれない(17)。

このように穣侯列伝は、『史記』列伝の編集方法を知るうえで、きわめて興味深い一篇となっている。それは列伝の叙述が、司馬遷の創作ではなく、先行する素材を利用して編集したことを証明している。ここでは「系譜、経歴＋秦紀年＋戦国故事」の編集パターンを基礎として、「説明・評価の語句」を加えている。利用した戦国故事の史料的性格は、帛書一五章では『史記』秦本紀や六国年表などを参照して修正をすると、華陽の戦い前後の状況を正しく伝える資料であった。また説話的要素の少ない故事は、字句の異同や、史料間の編年に注意すれば、戦国史研究の補助として使用できると考える。そして列伝の構成では、穣侯の登場、全盛、失脚を示す記事を選択して、その人物の事績を評価し、失脚までの運命を位置づけている。したがって穣侯列伝は、『史記』の素材と編集方法を理解し、司馬遷の歴史観と人物評価がわかる典型的な一篇と考えている。

同じように『史記』戦国世家では、紀年資料と帛書『戦国縦横家書』と共通する戦国故事を利用しており、これが戦国史料の研究を進める契機となったものである[18]。このような編集パターンが、ほかにも適用されるかどうか、これを白起列伝で検証してみよう。

三　白起列伝の構成と編集

白起は、秦の郿県の人で、兵法を善くし、秦昭王に仕えたという。穣侯列伝では、昭王十四年に白起を推挙して、韓と魏を伊闕に破っている。表3は、白起列伝の構成を示しているが、とくに紀年資料が豊富で、この紀年の間に戦国故事を収録している。これは「紀年資料＋戦国故事」という編集パターンである。

これによると白起の事績は、昭王四十二年に穣侯が失脚するまでは紀年資料だけで構成されている。この紀年は、白起が秦の戦役に出動した記事であり、基本的に秦本紀や六国年表の秦紀年と共通している。ただし白起列伝では、他の秦紀年といくつかの相違がある。表3では、六国年表などと一致するときは○、相違は×で示しているが、おおむね白起列伝のほうに誤りが多い[19]。

事績の概略は、昭王十三年に白起が左庶長となり、韓の新城を攻めている。列伝では、この年に穣侯が相になったとする。しかし秦本紀では「左更白起攻新城」とあり、爵位が昇級している[20]。また穣侯が楼緩にかわって相となるのは十二年のことであり、ここでは概略となっている。

昭王十四年に白起は左更となり、韓と魏を伊闕に破っている。列伝では、穣侯に推挙されたことを記さず、その後に国尉となっている。その後の記事は、別の年の事件である。十五年に白起は大良造となり、魏を攻めている。ここまでは穰侯が、秦と斉が帝号を称することを謀り、二十三年には五国が合縦して斉の臨淄を陥落させる大事件があるが、これらの記事は白起列伝にみえない。二十八年には、大良造の白起が楚を攻め、鄢や鄧などの五城を抜き、二十九年には、楚の都城の郢を攻め、夷陵を焼いた。そこで楚は東方の陳に遷都し、秦は占領した地域を南郡とした。(21) この功績で、白起は武安君となっている。三十四年には、穰侯とともに華陽で芒卯を破り、魏の大梁を包囲した。

このように白起列伝は、穰侯が失脚する以前では、登場と代表的な事績も、簡単な紀年資料で構成されている。これは列伝のウェイトが、これ以後の事績にあることを示している。

昭王四十三年より以降は、紀年資料と戦国故事で構成されている。その例は、四十五年に韓の野王を攻めたとき、交通路を絶たれた上党守の馮亭が、趙に帰属することを民と謀る記事①がある。これは『戦国策』趙策一にみえる故事の概略であり、もとの故事は人物の関係も複雑で、説話のような構成となっている。(22) これが長平の戦いの発端となった事件である。四十七年には秦の王齕が上党を取り、趙が長平に出兵した。これ以降、紀年資料や戦国故事、説話とは異なる形式の記述②がある。それは四月に秦の斥候が趙の副将を殺したことや、六月に「二鄣四尉」を殺したこと、七月に応侯（范睢）が趙にスパイを派遣して、将軍の廉頗を趙括に替えさせ、密かに白起を秦将軍にした話など、具体的な事情と官職、数字を述べている。また秦王が自ら河内に赴き、「賜民爵各一級、發年十五以上悉詣長平、遮絶趙救及糧食」とあるのも、『史記』の他史料にはみえないリアルな記述である。そして九月に趙括の軍が敗れ、四〇万人の卒が秦に降ったとき、年少者を趙に帰して、残りの兵を穴埋めしたと記している。これは上党の情勢に関する後日譚といえよう。

武安君計曰、前秦已拔上黨、上黨民不樂爲秦而歸趙。趙卒反覆。非盡殺之、恐爲亂。乃挾詐而盡阬殺之、遺其小

表3　白起列伝の秦紀年

白起者、郿人也。善用兵、事秦昭王。
○昭王十三年、而白起爲左庶長、將而撃韓之新城。是歳、穰侯相秦、擧任鄙以爲漢中守。
○其明年（14年）、白起爲左更、攻韓・魏於伊闕、斬首二十四萬、又虜其將公孫喜、拔五城。起遷爲國尉。×渉河取韓安邑以東、到乾河。（→20年以降）
○明年（15年）、白起爲大良造。攻魏、拔之、×取城小大六十一。（→18年）
×明年（16年）、起與客卿錯攻垣城、拔之。（→17、18年）
×後五年（21年）、白起攻趙、拔光狼城。（→27年条）
○後七年（28年）、白起攻楚、拔鄢・鄧五城。
○其明年（29年）、攻楚、拔郢、燒夷陵、遂東至竟陵。楚王亡去郢、東走徙陳。秦以郢爲南郡。白起遷爲武安君。×武安君因取楚、定巫・黔中郡。（→30年）
（秦本紀31年条、白起伐魏、取兩城。楚人反我江南。→列伝は欠）
○昭王三十四年、白起攻魏、拔華陽、走芒卯、而虜三晉將、斬首十三萬。與趙將賈偃戰、沈其卒二萬人於河中。

○昭王四十三年、白起攻韓陘城、拔五城、斬首五萬。
○四十四年、白起攻南陽太行道絶之。
△四十五年、伐韓之野王。〔記事①：上党守馮亭の故事、『戦国策』趙策一〕
四十六年、秦攻韓緱氏・藺、拔之。
○四十七年、秦使左庶長王齕攻韓、取上黨。上黨民走趙。趙軍長平、以按據上黨民。
〔記述②：四月、齕因攻趙。……。六月、陷趙軍、取二鄣四尉。七月……乃陰使武安君白起爲上將軍、而王齕爲尉裨將、令軍中有敢泄武安君將者斬。……秦王聞趙食道絶、王自之河内、賜民爵各一級、發年十五以上悉詣長平、遮絶趙救及糧食。至九月、趙卒不得食四十六日、皆内陰相殺食。……括軍敗、卒四十萬人降武安君。……〕
○四十八年十月、秦復定上黨郡。秦分軍爲二、王齕攻皮牢、拔之。司馬梗定太原。
韓・趙恐。〔戦国故事③：使蘇代厚幣説秦相應侯曰……、『戦国策』秦策一〕
於是應侯言於秦王曰、……王聽之、割韓垣雍・趙六城以和。
正月、皆罷兵。武安君聞之、由是與應侯有隙。
其九月、秦復發兵、使五大夫王陵攻趙邯鄲。是時武安君病、不任行。
○四十九年正月、陵攻邯鄲、少利、秦益發兵佐陵。陵兵亡五校。武安君病愈。……武安君言曰……。秦王自命、不行。乃使應侯請之、武安君終辭不肯行、遂稱病。秦王使王齕代陵將。八九月圍邯鄲、不能拔。〔記事④：『戦国策』中山策〕……武安君遂稱病篤。應侯請之、不起。
〔記述⑤：於是免武安君爲士伍、遷之陰密。武安君病、未能行。……遂自殺。〕
武安君之死也、以秦昭王五十年十一月。死而非其罪、秦人憐之、鄉邑皆祭祀焉。

○一致、×誤り、△関連

者二百四十人歸趙。前後斬首虜四十五萬人。趙人大震。

これは「秦記」が「日月を載せず、その文は略にして具わらず」という紀年資料の形式とは違い、また戦国故事や説話とも違っている。ここでは何らかの伝えとしておこう。

四十八年十月には、また上党郡を定めた記事がある。そのあと韓と趙が恐れて、蘇代を派遣して秦相の応侯に説く故事③がある。これは『戦国策』秦策一の故事と共通しているが、秦策一では「謂應侯曰……」とあり、進言者を記していない。会注考証では、司馬遷が意をもって「韓趙恐、使蘇代厚幣」の字句を追加したとみなしている[23]。その結果、応侯は秦王に韓・趙との和議をすすめ、白起と不和となった。

四十八年九月から四十九年正月にかけて、王陵が邯鄲を攻めるとき、白起は病と称して従軍しなかった。この記事④は、『戦国策』中山策に詳しい戦国故事がある。中山策は秦王と武安君の対話であるが、白起列伝では、この事情を述べながら、わずかな要旨にも満たない。ただし王陵に替わって王齕が邯鄲を攻めたとき、「圍邯鄲八九月」という語句が共通しているが、中山策には背景となる「其九月」「四十九年正月」という年月はない。

列伝では、楚の春申君や魏の信陵君が援軍して、秦軍が不利となった。そのとき秦王は怒って、白起に行くことを強いたが、やはり病と称して行かなかった。そして最後に、つぎのような記述⑤がある。

於是免武安君爲士伍、遷之陰密。武安君病、未能行。居三月、諸侯攻秦軍急、秦軍數卻、使者日至。秦王乃使人遣白起、不得留咸陽中。武安君既行、出咸陽西門十里、至杜郵。秦昭王與應侯羣臣議曰、白起之遷、其意尚怏怏不服、有餘言。秦王乃使使者賜之劍、自裁。武安君引劍將自剄、曰、我何罪于天而至此哉。良久曰、我固當死。長平之戰、趙卒降者數十萬人、我詐而盡阬之、是足以死。遂自殺。武安君之死也、以秦昭王五十年十一月。死而非其罪、秦人憐之、鄉邑皆祭祀焉。

ここでは「昭王五十年十一月」に白起が自殺した経過と、かれの死後に秦人が憐れんで祭祀をしたと明確に記している。これは現地の伝聞のように、何か根拠がある伝えであろう。

このように白起列伝は、「紀年資料＋戦国故事①③④」を基本パターンとして、さらに二つの叙述②⑤を加えて構成されている。その秦紀年と戦国故事は、それぞれ素材との関連が指摘できるもので、司馬遷の創作部分はほとんどみられない。それでは司馬遷は、このような編集によって、どのように白起を位置づけたのだろうか。その評価は、つぎのようにみえている。

太史公曰、鄙語云、尺有所短、寸有所長。白起料敵合變、出奇無窮、聲震天下、然不能救患於應侯。……彼各有所短也。（白起列伝の論賛）

南拔鄢郢、北摧長平、遂圍邯鄲、武安爲率。破荊滅趙、王翦之計。作白起王翦列傳第十三。（太史公自序）

太史公自序では、南方の楚の鄢と郢を攻め、北方では趙の邯鄲を囲んだことを代表的な事績としている。しかし列伝の論賛では、白起が変化に応じて奇計を出し、天下に名声を得たが、最後は応侯によって禍を受けたと述べている。つまり白起は、穣侯に推挙されて魏や趙を攻め、楚の都を陥落させて武安君となったのが全盛である。そのあと穣侯と一緒に華陽の戦いに参加した。しかし昭王四十二年に、穣侯が失脚して亡くなると、白起も長平の戦いで功績をあげながら、やがて罪を得て自殺している。これは穣侯列伝でみたように、能力があって登場し、全盛をむかえながら失脚するまでを描いた一篇といえよう。ただし論賛では、失脚の原因を応侯によるとしているが、列伝の構成では別の位置づけがある。それは白起が長平の戦いで趙の兵士を穴埋めし、そのため最後の言葉として「我何罪于天而至此哉。……我固當死。長平之戰、趙卒降者數十萬人、我詐而盡阬之、是足以死」と言わせていることである。ここには白起自身の行為によって、天に対する運命を位置づけたとみることができる。

それでは先の叙述②⑤は、何にもとづくのだろうか。それは漢代の伝聞か、あるいは旅行の見聞という可能性がある。司馬遷は、白起の戦場となった戦国楚の郢（紀南城）や南郡を、二度にわたって旅行している。しかし楚世家や白起列伝には、秦の占領にかかわる伝聞や、楚の側からみた情勢を記していない。また白起の戦役のうち、伊闕や華陽の地も訪問した可能性があり、長平の遺跡も発掘されているが、『史記』列伝には現地の記述を見出すことができない。(24) そこでもう一つ想定されるのは、司馬氏の伝聞と長安近辺の取材である。太史公自序によると、先祖の司馬錯の孫に司馬靳という人物がいる。司馬靳は、武安君白起に仕え、一緒に長平の戦いに従軍している。しかも最後は、白起と共に杜郵で死を賜り、郷里の華池に葬られたと伝えている。(25)

錯孫靳、事武安君白起。……靳與武安君阬趙長平軍、還而與之倶賜死杜郵、葬於華池。

先の叙述②⑤は、司馬靳が一緒にいた長平の戦いと、最後に白起が自殺するときに、月日を入れた詳しい記載となっていた。しかも秦本紀や六国年表とは異なって、別の素材とおもわれる叙述である。したがって以上の状況から、あるいは司馬遷が先祖から伝え聞き、長安の近辺で確認した情報によるかもしれない。ただしこの伝聞は、あくまで素材の一部であり、列伝の全体は先にみたように、秦紀年と戦国故事を主体としている。

このように白起列伝では、穰侯列伝と同じように「紀年資料＋記事資料」を基本的な編集パターンとして、「説明・評価の語句」を加え、事績による人物評価をしている。このうち記事資料は、歴史的な背景をふまえた戦国故事と、事件の概略を記した説話、別の来源による記述があり、その信頼性は内容によって判断しなくてはならない。しかし穰侯と白起の紀年では、秦紀年を利用しており、その誤りを考証すれば戦国史の基準とすることができる。

四　穰侯と白起の事績

『史記』列伝の編集方法につづいて問題となるのは、穰侯たちの事績と史実との関係である。たとえば穰侯の事績では、秦と斉が帝号を称し、五国が合縦して秦を攻めたときの情勢や、穰侯の封邑である陶を拡大する背景に不明な点がある。

表4は、これまでみてきた穰侯と白起の事績を復元したものである。ここには「(昭王)十四年、相邦(魏)冉造」戈と、「(昭王)廿一年、相邦(魏)冉造」戟の銘文を追加している。[26] これによって『史記』列伝の人物評価とは別に、戦国中期の秦が南方と東方に進出し、封邑や郡県を設置した状況がうかがえる。ここでは東方の情勢と、郡県制と封邑の関係を、いくつか指摘しておきたい。

その一は、昭王十九年に秦と斉が帝号を称した事件と、のちに穰侯が陶を獲得する問題である。帝号の事件は、七国のなかで秦と斉の優勢を示すことになり、楊寛氏は、これ以後に「聯斉攻秦」「聯秦攻斉」の二つの動きとなって、諸国の合縦と連衡に大きな影響を及ぼしたとしている。[27] ところが穰侯列伝では、この時期の記述が少なく、その史料を『戦国縦横家書』『戦国策』によって補う必要がある。『戦国縦横家書』一章〜一四章には、燕が斉に敗れた時期(前三一四)から、燕が五国合縦して斉を攻撃する直前(前二八六ころ)までの戦国故事があり、とくに秦と斉が両帝を称す時期は、ある人物から燕王と斉王に対する書信や進言で構成されている。[28]

そこでこの事件の経過をたどってみると、秦と斉が帝号を称したあと、諸国は斉に帝号をやめさせている(帛書四章、八章、秦本紀)。そして五国は合縦して秦を攻めたが、敗れて成皋に引き返したことがわかる(帛書一一章、一四章)。

ところが斉は、これを機会に宋国を滅ぼそうと謀っており（帛書六章、七章、八章、一一章、一四章）、趙の奉陽君と結んで、宋国を滅ぼしたあとの陶（蒙）を封邑として約束している（帛書三章、八章、一二章、一四章）。これに対して穣侯は、まず秦の使者となって斉王に帝号を贈り、さらに穣侯もまた陶を封邑として欲していた。したがって宋国が滅亡する以前の情勢では、趙の奉陽君と秦の穣侯とが、ともに飛地の封邑として陶の地を望んでいたことが注目される。

陶（山東省荷沢県）は、『史記』貨殖列伝に「陶は天下の中、諸侯四通し、貨物の交易する所なり」とあるように、戦国時代の交通と商業の一都会であった。穣侯列伝では、陶を穣侯の封邑とすることについて、昭王十六年に魏冄を穣に封じ、また陶の地を封じたと記している。秦本紀によると、同じく昭王十六年に公子市を宛に封じ、公子悝を鄧に封じ、魏冄を陶に封じて諸侯としたことになっている。そこでこの時期の秦の戦況をみると、秦本紀では昭王十五年と十六年に楚を攻撃して、宛（河南省南陽）と鄧（河南省孟県の西南）を奪取している。さきに二人の公子に与えたのは、この宛と鄧の地である。また穣（河南省鄧県）についても、宛の近くにあり、この時期に楚を攻撃する経過からみて、この地の占領は可能である。しかも魏冄を穣侯と呼ぶことは、穣を封邑とすることによって名づけられたと考えられる。ところが陶の場合は、この時期の状況とは関係なく、地理的にも離れている。したがって穣侯が陶を封邑とするのは、少なくとも宋国が滅亡する以前のことではない。この時期までには趙の奉陽君と穣侯が陶の地を望んでおり、まだ秦の領地とはなっていないと考えられる。したがって穣侯が陶邑を獲得するのは、宋国が斉に滅ぼされ、楽毅が斉の臨淄を攻めて、秦昭王二十三年（前二八四）に斉が故宋の地を失った後と推測される。そして穣侯は、陶邑を獲得したのち、自らの封邑の周辺を拡大しようとしており、それが秦の領土拡張に結びついている。これは秦の東方進出が、郡の設置だけではないことを示している。

その二は、穣侯と白起の時期にみえる郡県と封邑の設置である。『史記』秦本紀によれば、秦孝公元年（前三六一）

表4　穣侯と白起の事績

昭王（前）	穣侯の事績	白起の事績
元年（三〇六）	昭王は若く、宣太后が魏冄に政務を任せる。	
12年（二九五）	魏冄が、楼緩にかわって相となる〔戦国故事①〕。	
13年（二九四）		白起が左庶長となり、韓の新城を攻める。
14年（二九三）	白起を推挙し、韓と魏を伊闕に破る。「十四年相邦冉造」の戈	白起が左更となり、韓と魏を伊闕に破る。
15年（二九二）	魏冄が、相を免ぜられる。	白起が大良造となり、魏を攻める。
16年（二九一）	公子市を宛に、公子悝を鄧、魏冄を穣に封ずる。穣侯と号す。	
17年（二九〇）	魏冄が秦将となり、魏を攻める。河東の地を得る。	
18年（三八九）	秦が、魏の河内の城大小六十余を取る。	
19年（二八八）	秦が西帝、斉が東帝と称す。魏冄が帝号を贈る。相となる。	
20年（二八七）	五国が合縦して秦を攻め、成皋に退却する。	
21年（二八六）	斉が宋国を滅ぼす。「廿一年相邦冉造」の戟	
23年（二八四）	五国が合縦して斉を伐つ。燕将の楽毅が、斉の臨淄を攻める。	
24年（二八三）	相を免ぜられる。（これ以前に、陶を穣侯の封邑とするか）	
26年（二八一）	また相となる。	
28年（二七九）		白起が楚を攻め、鄢・鄧など五城を抜く。
29年（二七八）	大良造の白起が、楚の郢を取り、南郡とする。	楚の郢を攻め、夷陵を焼く。武安君となる。
32年（二七五）	穣侯が魏を攻め、暴鳶を破る〔戦国故事②〕。	
34年（二七三）	秦軍が芒卯を華陽に破り、魏の大梁を囲む〔戦国故事②③〕。	魏を攻め華陽を抜く。
36年（二七一）	秦軍が斉の剛・寿を取り、穣侯に与える。陶邑を広げる。	
41年（二六六）	穣侯の専権。	
42年（二六五）	穣侯が失脚する。陶邑に行き亡くなる。陶を郡とする。	（これ以降に、白起が韓や趙と戦う）
47年（二六〇）		白起が、長平の戦いで趙を破る。
50年（二五七）		武安君の白起が、罪を得て亡くなる。

には、まだ西方の雍州に位置して、諸侯の会盟に参加しなかったという。その領地は、上郡や漢中、巴・黔中に及んでいない。(29)

河山以東彊國六、與齊威・楚宣・魏惠・燕悼・韓哀・趙成侯並。淮泗之閒小國十餘。楚・魏與秦接界。魏築長城、自鄭濱洛以北、有上郡。楚自漢中、南有巴・黔中。周室微、諸侯力政、爭相併。秦僻在雍州、不與中國諸侯之會盟、夷翟遇之。

それが『史記』秦始皇本紀では、恵文王、武王、昭王、孝文王、荘襄王の時代を経て、秦王政が即位した元年（前二四六）までに急激に領土を拡大している。ここでは巴・蜀・漢中や南郡を領有し、さらに東方に及んでいる。

當是之時、秦地已并巴・蜀・漢中、越宛有郢、置南郡矣。北收上郡以東、有河東・太原・上黨郡。東至滎陽、滅二周、置三川郡。

ただし秦が二周を滅ぼして三川郡を置いたのは、秦本紀と六国秦表では、荘襄王元年（前二四九）のことである。これによって戦国秦は、昭王の時代までにその領土を拡大したことがわかる。

戦国秦が郡を設置する情勢は、楊寛『戦国史』の「戦国郡表」にみえており、江村治樹氏は、秦郡の設置過程を四期に区分している。(30)第一期は、前三一六年に巴郡が設置されたあと前二七一年までで、東方の河東郡、東南の南郡と南陽郡などを設置している。第二期は、前二七一年に北地郡を設置したあと、前二五〇年までで、安定した郡の設置がみられない。第三期は、前二四九年から前二二六年までで、三晋地域の郡設置が進む時代であるが、ここでは二四年が経過している。第四期は、前二二五年から前二二一年の天下統一までで、短期間に斉、燕、楚を滅ぼして郡を設置している。ここから江村氏は、第一期は秦が三晋地域を避けて進出し、第二期はその延長の空白期とする。そして第三期は三晋地域に郡を設置して、第四期に三晋の東方に進むことができたとみなしている。しかし第一期と、第二

図１　戦国時代の郡県と封邑

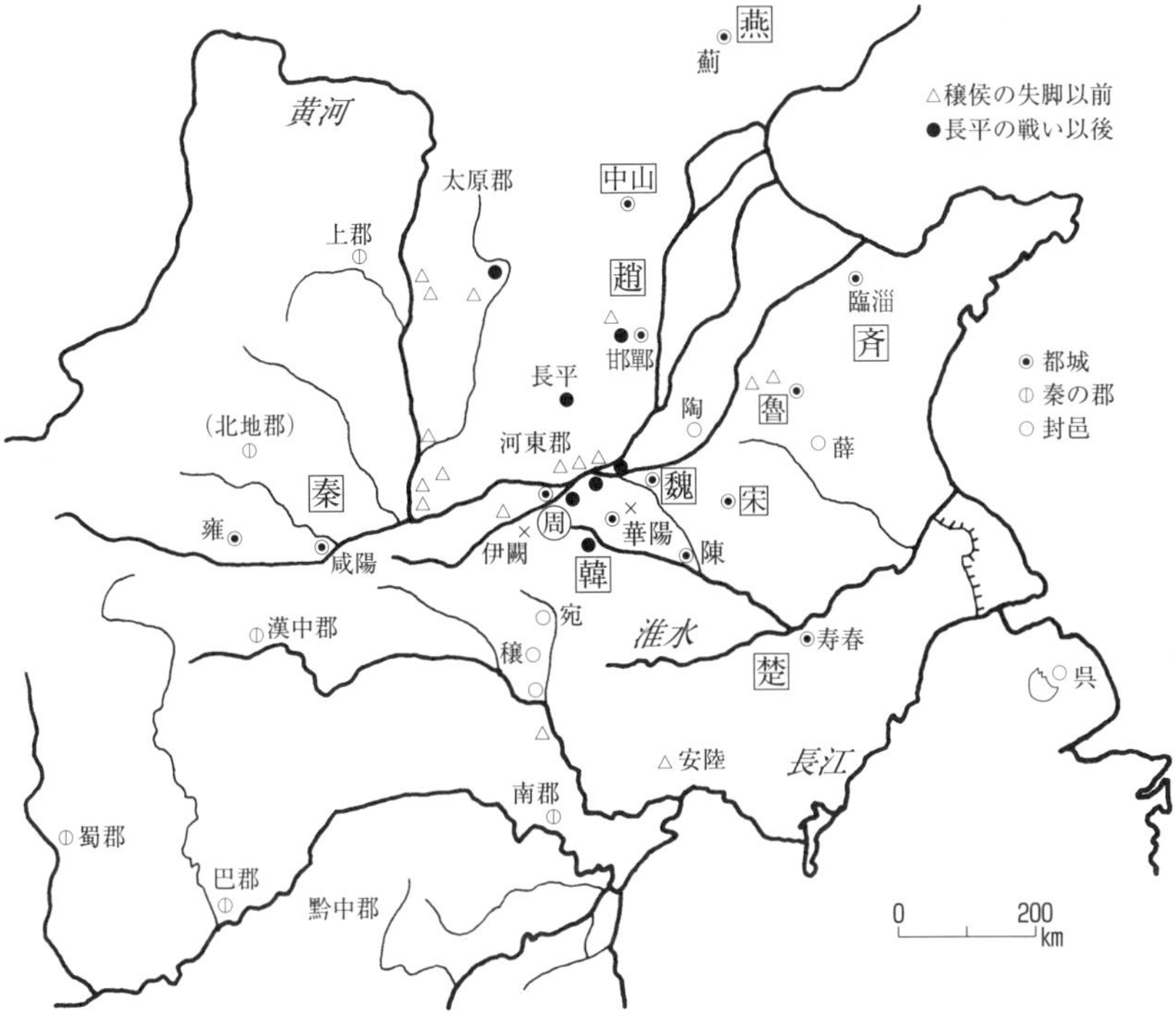

城郭	設置の年代	構造（m）	遺跡の年代
周、洛陽	前770に遷都	北2890、西3000	春秋中期～前漢
魯国故城	周代魯の都城	東西約3500×南北約2500	西周～漢代
秦、咸陽	前350に遷都	北壁1000、他は氾濫	戦国～漢代
秦、櫟陽	前374に県を設置	西1400×東1600	戦国～漢代
趙、邯鄲	前386に遷都	大北城：東西3240×4880	戦国～漢代
魏、大梁	前361、前340に遷都	（東西5800×南北6400）	（戦国）
韓、新鄭	前375に遷都	東西5000×南北4500	春秋・戦国～漢代
燕、下都	燕昭王が築く	北9046×東3980	戦国、漢代
斉、臨淄	斉献公が前859に都	東西約3000×南北約5000	春秋以前・戦国～漢代
薛国故城	薛公の封邑	東西約3250×南北約2280	春秋戦国～漢代
楚紀南城	文王が丹陽から遷る	東西4500×南北3500	春秋晩期～戦国早期
楚王城	楚の安陸県に設置	東西約1900×南北約1000	春秋・戦国～秦漢
陳	前278に遷都	周長15000、周長4500	春秋戦国
寿春	前241に遷都	（東西4250×南北6250）	（戦国）

期の空白期とする時代には、郡だけではなく、封邑の設置も問題となっている。

すでに秦昭王十六年（前二九一）には、公子市を宛に封じ、公子悝を鄧に封じ、魏冄を穣に封じて封邑としていた。秦本紀では昭王二十四年に、秦王が楚王と鄢・穣で会盟をしており、宛や鄧、穣などの地は秦と楚の国境にあたる地域である。また秦本紀では、昭王二十六年（前二八一）に罪人を赦して穣に移住させ、二十七年には南陽に、二十八年には鄢と鄧に罪人を移住させている。[31] その後、昭王二十九年に、白起が楚都の郢を陥落させて南郡を設置している。この情勢をみれば、秦が領土を拡大してゆく過程で、まず国境となる前線に封邑を置き、そのあとで郡を設置していることがわかる。それは東方の進出でも同じように展開している。穣侯は東方の陶の地を目指し、陶邑を得たあとは『戦国策』秦策一の戦国故事に「一国（秦）の兵を用いて両国（秦と陶邑）の功を成さんと欲す」と伝えるように、その封邑を拠点として戦線を展開している。そして穣侯の死後は、陶邑を郡としている。

このように国境に封邑を置くことは、戦国楚でも同じような状況がみえる。懐王七年（前三二二）には、鄂君啓節という青銅製の割符があり、ここに楚の交通路と国境がうかがえる。また同じように懐王七年の紀年をふくむ包山楚簡「文書簡」には、大小さまざまな封君の名がみえている。その封邑の推定地は、楚都から離れた国境に位置するものが多く、それは鄂君啓節から復元できる国境の付近にあたっている。[32] したがって江村氏の区分によれば、すでに第一期より以前と、第二期の時代に、秦郡の設置だけではなく、秦や楚では国境付近に封邑が置かれている。穣侯と白起の時代では、王族の封邑をめぐる争奪も、諸国の合従連衡と戦争に関係しているのである。つまり諸国では、戦国中期より以降に郡県制と封建制の二重体制を進行させて、領土国家を形成しようとしたことがわかる。

その三は、『史記』列伝の記述と史実との関係である。ここでは白起列伝の最後にみえていた、白起の自殺をめぐる記述を考えてみよう。この記述は、戦国故事や説話の形式とは違っており、漢代の伝聞によるのではないかと推測した。しかし秦の咸陽城と周辺の交通をみると、白起の死にいたる状況がリアルに再現できる。

白起列伝では、秦王が人を遣わして咸陽に留まることを許さなかった。そこで白起は、咸陽の西門を出て十里のところで杜郵に至った。このとき秦王は、応侯たち群臣の言によって、ふたたび使者を派遣して剣を賜い、白起は自殺している。この杜郵について、正義の注は「説文云、郵、境上行舍。道路所經過。今咸陽縣城、本秦之郵也、在雍州西北三十五里」とあり、交通上の宿泊となる郵と理解している。これまで秦漢時代の宿泊は、文献では不明であったが、漢代の敦煌懸泉置の調査によって、宿舎とそれを利用する公用旅行者の伝信（伝、通行証）の書式がわかるようになった。(33) この懸泉漢簡には、中央の御史大夫が発給する伝信があり、西方に行くときには最初の宿泊地となる「渭城」「扶風廏」に下す形式となっている。これによれば戦国秦の杜郵は、漢代の渭城あるいは扶風廏の位置にあたる。ちなみに東に行くときは「長安」「新豊」「鄭」「華陰」と「高陵」である。これは漢代の武帝期より以降の資料であるが、睡虎地秦簡「伝食律」や、張家山漢簡「伝食律」「津関令」の規定を継承しているとおもわれる。(34) したがって白起列伝の記述は、秦漢時代の交通と宿舎の制度をふまえており、咸陽城の西に使者を派遣した緊迫した状況がわかるのである。これは一例であるが、『史記』列伝の史実は、さらに中国考古遺跡の報告や、出土資料の研究、フィールド調査によって復元することができよう。

このほか『史記』秦国人物の列伝では、商君列伝と樗里子甘茂列伝、范雎蔡沢列伝がある。こうした人物の列伝も、基本的に「紀年資料＋記事資料」の編集パターンとなっている。商君列伝には、秦紀年のほかに記事資料として説話の形式もふくまれている。樗里子甘茂列伝と范雎列伝には、系譜や秦紀年と、戦国故事、説話などをふくんでいる。これらの列伝では、その配列に違いはあるが、基本的に穣侯列伝と同じ編集パターンである。ただし蔡沢列伝は、説話と『戦国策』秦策三に共通する長文の戦国故事で構成されている。この故事の形式は、『戦国策』のなかでも複数の故事を接続して、その説明や人物の評価を記すきわめて稀なケースである。したがって蔡沢列伝の故事は、『戦国策』秦策三の故事のほうが『史記』の叙述を反映している可能性がある。[35]
史実との関係では、下蔡の人である甘茂に関連して青川県木牘がある。[36] ここでは武王二年に、他国人である甘茂に命じて、領域内の田律を公布させている。また魏人である范睢は、名前を張祿と変えて秦に入り、穣侯を失脚させて応侯に封じられた。その最期は不明であったが、睡虎地秦簡『編年記』では昭王五十二年条に「王稽・張祿死」とあり、経歴の一部が明らかになった。[37] 王稽は、范睢を車に乗せて秦に連れてきた人物である。このような状況からみれば、戦国秦では王族と他国人を任用する体制から、しだいに王族をしりぞける体制となっている。[38] したがって『史記』列伝の叙述では、素材と編集の分析を通じて、司馬遷の歴史観や人物評価を考えると同時に、さらに史実との関係を考察することが大切な課題である。

おわりに

本章では、『史記』穣侯列伝をサンプルとして、秦国の人物列伝の編集と史実を考察してきた。中国出土資料と、これまでの論証による要点は、つぎのようになる。

一、穣侯列伝は、『史記』列伝の編集方法を知る典型的な一篇となっている。その基本的な編集パターンは、「系譜、紀年資料＋記事資料」であり、その素材は漢代までに存在した書写資料を利用したと推定できる。たとえば紀年資料は、秦本紀や六国年表と共通する秦紀年を利用しており、一部は睡虎地秦簡『編年記』と一致している。これは各資料の錯誤を考証すれば、戦国史の基準とすることができる。記事資料では、三つの戦国故事を利用しており、これは馬王堆帛書『戦国縦横家書』や『戦国策』と共通している。そのほかは「於是……」のような「説明・評価の語句」であり、司馬遷が創作したとおもわれる部分は見いだせない。したがって穰侯列伝は、出土資料との比較によって、司馬遷の創作ではなく、先行する秦紀年と戦国故事を組み込んで編集したことが証明できる。

二、しかし司馬遷は、『史記』列伝の編集にあたって、先行する素材を糊とハサミで配列しただけではない。ここには人物の評価にあわせて素材を取捨選択し、巧妙な編集をしていることがうかがえる。司馬遷は、穰侯の事績に関する戦国故事のなかから、その代表となる故事を選択している。それは最初に秦相となる登場の故事と、東方に進出する全盛期の故事二篇である。このように穰侯列伝では、穰侯の登場と全盛にあたる故事を選択し、かれが失脚するまでの運命を位置づけている。ただし穰侯の失脚に関する戦国故事は、穰侯列伝ではなく、かれを失脚させた范雎列伝の登場で利用している。

三、さらに穰侯列伝では、秦紀年に戦国故事を接合して編集しているが、『戦国縦横家書』一五章と共通する故事では、別の年代に編年するという編集ミスをおかしている。帛書一五章は、昭王三十四年の華陽の戦いに際して、魏の須賈が穰侯に説いた戦国故事である。このなかで三十二年に秦が暴子（暴鳶）を破る戦いを例としてあげている。つまり一つの故事に、二つの年代の事件を記している。これを穰侯列伝では、昭王三十二年に編年して接続した。そのため三十四年の華陽の戦い、三十二年の暴子を破る戦いのあと、明年（三十三年）に暴鳶を破る戦い、明年（三十四年）に華陽の戦いが重複している。これは司馬遷が、先行資料を接続する編集方法と、一部に編集ミスがあることをよく示している。これが『史記』戦国紀年に矛盾があるという一つの原因となっている。

四、このように穰侯列伝は、『史記』列伝が司馬遷の創作ではなく、先行する諸資料を編纂したことを証明し、その編集パターンがわかる好例となっている。この竹簡や帛書の素材を編集した形態が、『史記』の原形となる。そこで『史記』本紀や世家、列伝の全体について、このような編集パターンが当てはまるかどうかを検証すれば、『史記』の成立過程と、司馬遷の歴史観や人物評価がわかるはずである。近年の出土資料には、紀年資料、系譜、戦国故事、説話などのほかに、法令や行政文書、司法文書、占いなど多くの文字資料がある。これらは司馬遷が『史記』を編纂した武帝時代までの資料であり、武帝期より後の資料も比較の参考となる。これが出土資料を利用して、『史記』史料の研究を進める基本的な方法となる。

五、白起列伝の構成は、同じように「紀年資料＋戦国故事」という編集パターンである。ただし穣侯が失脚するまでは、白起の事績は秦紀年だけであり、それ以降に戦国故事と別の記述を挿入している。これは白起が長平の戦いで勝利したが、趙の兵士を穴埋めすることや、秦王に信じられず自殺に追い込まれる結末に関係している。ここには穣侯列伝と同じように、代表的な諸資料を編集して、白起の運命を自分の行為によって位置づけるという人物評価がうかがえる。

このように『史記』秦国人物の列伝は、秦紀年が基本となり、記事資料の部分には注意が必要である。しかし説話のようなエピソードであっても、そこには史実を反映している場合がある。その例として、穣侯と白起の時代では、秦の領土拡大が郡の設置だけではなく、諸国の封邑が問題となることを指摘した。また白起列伝では、そこにみえる交通と宿舎の制度が、秦漢時代の実情をふまえていることを紹介した。『史記』列伝の史実は、さらに中国考古遺跡の報告や、出土資料の研究、フィールド調査によって復元できると考えている。

注

（1）　戦国前期から中期の情勢は、楊寛『戦国史』増訂本（上海人民出版社、一九九八年）第五章「戦国前期各諸侯国的変法改革」、第七章「七強並立的形勢和戦争規模的拡大」、第八章「合縦・連横和兼幷戦争的変化」に詳しい。

（2）本書の序章「戦国、秦代出土史料と『史記』」。『編年記』は、睡虎地秦墓竹簡整理小組編『睡虎地秦墓竹簡』（文物出版社、一九九〇年）による。『戦国縦横家書』は、馬王堆漢墓帛書整理小組編『馬王堆漢墓帛書〔参〕』（文物出版社、一九八三年）の写真と釈文を基本とする。

（3）拙稿「『史記』穰侯列伝の一考察――馬王堆帛書『戦国縦横家書』を手がかりとして」（『東方学』七一輯、一九八六年）。

（4）戦国秦の君主と夫人の婚姻については、拙稿「秦始皇帝と諸公子について」（『愛媛大学法文学部論集』人文学科編一三、二〇〇二年）で論じている。

（5）戦国故事の分類は、『戦国策』（上海古籍出版社、一九七八年）による。『戦国策』趙策三に、

趙使机郝之秦、請相魏冉。宋突謂机郝曰、秦不聴、楼緩必怨公。公不若陰辭樓子曰、請無急秦王。秦王見趙之相魏冉之不急也、且不聴公言也、是事而不成、魏冉固德公矣。

（6）『戦国策』秦策二には、

陘山之事、趙且與秦伐齊。齊懼、令田章以陽武合於趙、而以順子爲質。趙王喜、乃案兵告於秦曰、齊以陽武賜弊邑而納順子、欲以解伐。敢告下吏。秦王使公子他之趙、謂趙王曰、齊與大國救魏而倍約、不可信恃、大國不義、以告弊邑、而賜之二社之地、以奉祭祀。今又案兵、且欲合齊而受其地、非使臣之所知也。請益甲四萬、大國裁之。

とある部分が多い。この後は「蘇代爲齊獻書穰侯曰、臣聞往來之者言曰、……」とあり、ほぼ同文である。

（7）『戦国策』秦策三では、穰侯の専権と、陶邑を拡げる害を指摘され、秦王が穰侯たちを排除している。

范睢曰、臣居山東、聞齊之内有田單、不聞其王。聞秦之有太后・穰侯・涇陽・華陽、不聞其有王。……臣聞、善爲國者、内固其威、而外重其權。穰侯使者操王之重、決裂諸侯、剖符於天下、征敵伐國、莫敢不聽。戰勝攻取、則利歸於陶、國弊、御於諸侯。戰敗則怨結於百姓、而禍歸社稷。……秦王懼、於是乃廢太后、逐穰侯、出高陵、走涇陽於關外。

（8）帛書は、『馬王堆漢墓帛書〔参〕』（一九八三年）の釈文を基本として、佐藤武敏監修、工藤元男・早苗良雄・藤田勝久訳注『馬王堆帛書戦国縦横家書』（朋友書店、一九九二年）の校訂による。

（9）張伝曾「従秦漢竹帛中的通仮字看入変為去当在両漢之交」（『両漢漢語研究』山東教育出版社、一九八四年）は、「倍」「背」字の変化を比較している。

（10）帛書『戦国縦横家書』では、重複記号「〻」を用い、「卅」の表記をしている。この表記は秦漢時代の簡牘と同じであり、『史記』の紙写本にも受け継がれている。しかし『史記』『戦国策』では、宋代の版本より以降に重複記号「〻」を文字とし、「卅」を「三十」と表記している。これは『史記』の表記と文字数の相違に関係する。帛書の戦国故事にみえる歴史背景は、前掲『馬王堆帛書戦国縦横家書』の全訳注で説明している。

（11）拙著『史記戦国史料の研究』（東京大学出版会、一九九七年）第一編第五章「馬王堆帛書『戦国縦横家書』の構成と性格」、第一編第六章「『戦国策』の性格に関する一試論」。

（12）拙稿「『戦国策』の性格に関する一試論」。これは劉向が編纂した『新序』『説苑』の説話とも関連する。

（13）穰侯に関する『戦国縦横家書』と『戦国策』の戦国故事は、ほぼ年代順に配列したが、内容の簡略なものや年代の不明な故事はとりあげなかった。

（14）このように『史記』列伝には、紀年資料のあとに、別の年の記事があり、紀年が欠けている場合がある。これは本紀や六国年表の紀年資料と校訂しなくてはならない。

（15）『史記』秦本紀の昭王三十二年条に「相穰侯攻魏、至大梁、破暴鳶。斬首四萬、鳶走、魏入三縣請和」とあり、帛書や穰侯列伝、魏策三の「八県」とは異なり、ここでは「三県」とする。六国韓表の同年にあたる釐王二十一年条には「暴鳶救魏、為秦所敗、走開封」とあり、これは『編年記』の「攻啓封」と一致している。

（16）梁玉縄『史記志疑』巻四に、秦本紀の昭王三十三年の記事は誤りであると考証している。『編年記』の一部は、本書の序章「戦国、秦代出土史料と『史記』」表2で一覧している。

（17）『史記』范雎列伝では、秦に入って昭王に説くとき、注（7）『戦国策』秦策三の戦国故事などによって、范雎の登場を位置づけている。

（18）拙著『史記戦国史料の研究』第一編第一章「『史記』と中国出土書籍」、本書の序章「戦国、秦代出土史料と『史記』」で、その方法を述べている。
(19) 巻末には、六国年表をもとにした「戦国略年表」を作成し、列伝の紀年と比較できるようにしている。
(20) 戦国秦の爵制は、漢代の二十等爵制の原形である。守屋美都雄「漢代爵制の源流として見たる商鞅爵制の研究」(『中国古代の家族と国家』東洋史研究会、一九六八年)は『商君書』境内篇から、1公士、2上造、3簪褭、4不更、5大夫、6官大夫、7公大夫、8公乗、9五大夫、10客卿、11正卿、12左庶長、13右庶長、14左更、15右更、16少良造、17大良造の十七等級に復元している。
(21) この時期の情勢は、拙著『中国古代国家と社会システム』第三章「戦国秦の南郡統治と地方社会」(汲古書院、二〇〇九年)で説明している。
(22) 江村治樹『春秋戦国秦漢時代出土文字資料の研究』第二章「戦国三晉諸国の都市の機構と住民の性格」の二(汲古書院、二〇〇〇年)では、この戦国故事の意義について、馮亭が韓王の意向を無視して、秦に降ることを拒否する吏民の意志に従い、秦との戦いに殉じたとみなしている。
(23) 蘇秦列伝では、蘇代の活動は、斉が宋を伐ち、斉の臨淄が陥落する前二八四年頃のことである。『史記』に従うとしても、この記事とは年代が離れている。本章の第三章「『史記』蘇秦・張儀列伝の史実」。
(24) 拙稿「司馬遷の旅行と取材」(『愛媛大学法文学部論集』人文学科編八、二〇〇〇年)、山西省考古研究所・晉城市文化局・高平市博物館「長平之戦遺址永録一号尸骨坑発掘簡報」(『文物』一九九六年六期)。
(25) 司馬遷の郷里である韓城市の史跡は、拙著『司馬遷とその時代』第一章(東京大学出版会、二〇〇一年)、小林岳「司馬遷祠墓訪問記」(『長江流域文化研究所年報』三号、二〇〇五年)などで紹介している。
(26) 『双剣誃金吉金図録』巻上四八に「十四年、相邦冉造」の戈と、同書巻下三二に「廿一年、相邦冉造」戟の銘文がある。これらは穣侯が、相邦として兵器の鋳造を担当していたと考えられている。佐藤武敏「中国古代の青銅工業」(『中国古代工業史の研究』吉川弘文館、一九六二年)、角谷定俊「秦における青銅工業の一考察——工官を中心に」(『駿台史学』五五、一九八二年)、佐原康夫「戦国時代の府・庫について」(『東洋史研究』四三—一、一九八四年)、袁仲一「秦中央督造的兵器刻辞綜述」（『考古与文物』一九八四年五期）など。なお江村治樹「戦国出土文字資料概述」（一九八五年、前掲『春秋戦国秦漢時代出土文字資料の研究』）は、各国別に器物銘文を検討して工官の特徴を考察している。

(27) 楊寛「戦国中期的合縦連横戦争和政治路線闘争――再談馬王堆帛書《戦国策》」（『文物』一九七五年三期）。

(28) 前掲訳注『馬王堆帛書戦国縦横家書』。戦国故事にみえる書信の用途は、拙著『中国古代国家と社会システム』第十二章「中国古代の書信と情報伝達」で説明している。

(29) 戦国秦の郡県制形成については、拙稿『中国古代国家と郡県社会』第一編第一章「中国古代の関中開発」、第一編第二章「戦国秦の領域形成と交通路」（汲古書院、二〇〇五年）、拙稿「中国古代の秦と巴蜀、楚」（二〇〇三年、前掲『中国古代国家と社会システム』）などで論じている。

(30) 江村治樹『戦国秦漢時代の都市と国家』第八章（白帝社、二〇〇五年）一九八～二〇三頁は、楊寛『戦国史』附録一「戦国郡表」、馬非百『秦集史』下（中華書局、一九八二年）「郡県志」のうち、楊寛氏の説によって説明している。

(31) 江村前掲「戦国三晋諸国の都市の機構と住民の性格」では、秦が占領した都市の住民を強制的に他に移すという方式に注目している。その地は、曲沃、陜、安邑、屯留である。ただし『史記』秦本紀の恵文君十三年（前三二五）では「使張儀伐取陜、出其人與魏」、六国韓表の哀王五年（前三一四）では「秦抜我曲沃、歸其人」とあり、「魏に与う」「其の人を帰す」と表記している。穣侯などの封邑では、罪人の移住だけであり、占領統治の実態は検討の余地がある。

(32) 包山楚簡の分析は、陳偉『包山楚簡初探』（武漢大学出版社、一九九六年）、拙稿『中国古代国家と郡県社会』第一編第四章「戦国楚の領域形成と交通路」、同書第一編第五章「包山楚簡にみえる戦国楚の県と封邑」、拙著『中国古代国家と社会システム』第二章「包山楚簡と楚国の情報伝達」などがある。

(33) 甘肅省文物考古研究所「甘肅敦煌漢代懸泉置遺址発掘簡報」「敦煌懸泉漢簡内容概述」「敦煌懸泉漢簡釈文選」（以上、『文物』二〇〇〇年五期）、胡平生・張徳芳編撰『敦煌懸泉漢簡釈粋』（上海古籍出版社、二〇〇一年）、郝樹聲・張徳芳『懸泉漢簡研究』（甘肅文化出版社、二〇〇九年）など。

(34) 拙著『中国古代国家と社会システム』第九章「張家山漢簡『津関令』と漢墓簡牘」、拙稿「漢代の交通と伝信の機能――敦煌懸泉漢簡を中心として」（『愛媛大学法文学部論集』人文学科編二六、二〇〇九年）。

（35）馬王堆帛書『戦国縦横家書』と『戦国策』の戦国故事は、書信や進言、対話の形式を基本として、この前後に歴史背景や王名、人名、結果、評価の語を記している。しかし『史記』蔡沢列伝と共通する『戦国策』秦策三の故事は、複数の故事を接続し、『史記』と同じ表現を結びとしている特殊なケースである。

蔡澤相秦王數月、人或惡之、懼誅、乃謝病歸相印、號爲剛成君。秦十餘年、昭王・孝文王・莊襄王、卒事始皇帝。爲秦使於燕、三年而燕使太子丹入質於秦。

ここで「三年而燕使太子丹入質於秦」のように歴史の大局を位置づける表現は、『史記』の編集にみられる方法である。『戦国策』では、このように複数の故事を接続し、紀年をふくむ位置づけをした例は、このほかに三例しかみえない。その一は、『史記』燕世家と共通する『戦国策』燕策一の故事である。燕策一には「燕王噲既立……燕噲三年……子之三年、燕國大亂……二年、燕人立公子平、是為燕昭王」とあり、これは『史記』にみられる編集の表現である。拙著『史記戦国史料の研究』第二編第六章「『史記』燕世家、田敬仲完世家の史料的考察」では、戦国故事のなかに紀年をふくむことを指摘したが、あるいは『史記』で複数の故事を接続した編集を反映しているかもしれない。その二は、『史記』春申君列伝と共通する『戦国策』楚策四の戦国故事である。その三は、『史記』刺客列伝の荊軻の話と共通する『戦国策』燕策三の故事である。燕策三では、「燕太子丹質於秦、亡歸」に始まる複雑な内容がある。しかし暗殺未遂をめぐって、医者の夏無且が薬袋を投げて秦王を救い、褒美をうけた話は、太史公自序によれば漢代の伝承を独自に採用したと述べている。顧頡剛氏や佐藤武敏『司馬遷の研究』第二章「司馬談と歴史」（汲古書院、一九九七年）は、これを父の司馬談が聞いた伝聞とみなしている。したがって燕策三の故事は、末尾の文章をふくめて、司馬遷が『戦国策』の故事を利用したのではなく、燕策三の故事に『史記』の叙述が反映されていることになる。

於是、秦大怒燕、益發兵詣趙、詔王翦軍以伐燕。十月而拔燕薊城。燕王喜・太子丹等、皆率其精兵東保於遼東。秦將李信追繫燕王、王急、用代王嘉計、殺太子丹、欲獻之秦。秦復進兵攻之。五歳而卒滅燕國、而虜燕王喜。秦兼天下。

このような形式は、『春秋後語』の張儀の戦国故事にもみえており注意が必要である。本書の第三章「『史記』蘇秦・張儀列伝と史実」の注（7）参照。

（36）本書の序章「戦国、秦代出土史料と『史記』」。

（37）町田三郎『秦漢思想史の研究』第二章「統一の思想」（創文社、一九八五年）六四～六八頁では、『編年記』の記載によって王稽と張祿の事績を考察している。

（38）馬非百『秦集史』下、「丞相表」では、武王時代の樗里子（秦人）と甘茂（楚人）をはじめ、丞相を一覧している。これによると楚人が多いが、穣侯魏冄を楚人としており、なお王族との関係が問題となる。中村充一「秦の公子」（『アジア諸民族における社会と文化』国書刊行会、一九八四年）は、秦王と宗室・親戚との関係を公子について考察し、好並隆司「商君書徠民、算地両篇よりみた秦朝権力の形成過程」（一九八五年、『商君書研究』溪水社、一九九二年）は、政策論から君主と宗族の二重体制を指摘している。

第三章　『史記』蘇秦・張儀列伝と史実

――戦国中期の合縦と連衡――

はじめに

これまで戦国中期の動向をめぐって、『史記』列伝の編集と史実を考察してきた。その編集パターンの典型となるのは、秦昭王（昭襄王）の時代を描いた穣侯列伝であり、ここでは「系譜、紀年資料＋記事資料（戦国故事）」で構成されている。その結果、『史記』戦国列伝には、つぎのような特徴がある。

それは穣侯列伝のように、秦国に関係する人物は、戦国秦の紀年を基本として、その間に『戦国策』と共通する戦国故事を配列して構成されている。この秦紀年は、六国年表の序文で「秦記」にもとづくと述べており、また睡虎地秦簡『編年記』の戦役とも多くは共通するため、戦国史の基準にすることができる。しかし戦国故事は、その歴史背景に注意して、それを編集した配列が妥当であるかを確かめる必要がある。このような構成は、他の秦国人物においても共通しており、とくに白起列伝は秦紀年を多く利用している。これは『史記』秦本紀や戦国世家にみえる編集手法とよく似ており、その信頼性は素材と編集によって理解できることを示している。(1)

ところが『史記』戦国列伝は、このように信頼できる伝記だけではない。それは『史記』諸子列伝のように、説話を基本として、史実の信頼性が疑わしい列伝がある。これと同じように戦国列伝にも、紀年資料が少なく、戦国故事や説話を主体とする列伝がある。その代表は、巻六九蘇秦列伝である。蘇秦列伝の構成は、ほとんど諸国に遊説した戦国故事で占められている。しかも合縦連衡を背景とする戦国故事には、『戦国策』と共通する文学的な記述が多く、歴史事実として誤りをふくむと指摘されている。(2) また蘇秦が活躍した諸国は、秦国の遠方にある燕や斉、趙国を中心としており、六国年表の情報が不足している地域である。(3) この意味において蘇秦列伝は、戦国史の理解にとって大きな混乱を生じている。

このような状況で、一九七三年の馬王堆帛書『戦国縦横家書』の発見は、蘇秦が活動した年代について新たな問題を提示した。(4) すなわち『史記』蘇秦列伝では、燕文侯（六国年表は文公）の時代に活動しており、それは秦の恵文君の時代にあたる。しかし『戦国縦横家書』一〜一四章、二二章の故事には、蘇秦とおもわれる人物の書信や奏言があり、その年代は張儀と同時期ではなく、前二八八年に秦と斉が帝号を称する前後のことである。これによれば蘇秦の活動時期は、張儀の活動よりもおそく、秦昭王の時代ということになる。これは秦の穣侯が活躍した時期とほぼ同じである。したがって蘇秦の事績が、当時の国際情勢と矛盾するという説は、あらためて『史記』蘇秦列伝と張儀列伝の編集にかかわる問題として再検討しなくてはならない。

そこで本章では、『史記』蘇秦列伝と張儀列伝の史料的性格を考察してみたいとおもう。その論証は、まず『史記』のなかで蘇秦と張儀の伝えが、どのように位置づけられているかを確認しておきたい。つぎに『史記』の配列とは異なるが、先に巻七〇張儀列伝の構成を検討する。その理由は、張儀は秦に任用されて活動しており、その信頼性は秦国の人物列伝に準じているからである。その上で『戦国縦横家書』の研究をふまえて、蘇秦列伝の構成と編集を分析し、戦国中期における諸国の動向と、合縦連衡の情勢を明らかにしたいとおもう。(5)

一　『史記』にみえる蘇秦と張儀の説話

蘇秦と張儀の関係は、『史記』張儀列伝に記されている。ここには冒頭に、かつて張儀が蘇秦と共に鬼谷先生に学び、蘇秦は張儀に及ばないと思っていたという記述がある。そのあと張儀が楚に遊説したとき、璧を盗んだと疑われ、笞打たれた説話がある。これに続いて二人のエピソードがある。

張儀者魏人也。始嘗與蘇秦倶事鬼谷先生、學術、蘇秦自以不及張儀。

〔張儀が楚に遊説して苦しみ、妻に「舌はあるか」と問うた説話。〕

蘇秦已説趙王而得相約從親、然恐秦之攻諸侯、敗約後負、念莫可使用於秦者、乃使人微感張儀曰、子始與蘇秦善、今秦已當路、子何不往游、以求通子之願。張儀於是之趙、上謁求見蘇秦。……張儀之來也、自以爲故人、求益、反見辱、怒、念諸侯莫可事、獨秦能苦趙、乃遂入秦。……張儀遂得以見秦惠王。惠王以爲客卿、與謀伐諸侯。蘇秦之舍人乃辭去。……張儀曰、嗟乎、此在吾術中而不悟、吾不及蘇君明矣。吾又新用、安能謀趙乎。爲吾謝蘇君、蘇君之時、儀何敢言。且蘇君在、儀寧渠能乎。

〔張儀が秦の相になって、楚の相に報復の檄文を送る結末。〕

これによると先に世に出たのは蘇秦で、すでに趙王に説いて合縦策をすすめていた。このとき蘇秦は、わざと張儀を趙に来させて辱め、発憤して秦に行くようにしむけた。しかし蘇秦は、そのうらで自分の舎人に張儀を援助させるように命じて、そのため張儀は秦恵文王の客卿になったという。あとで舎人が帰ろうとするときに、それを知った張儀は、蘇秦にかなわないと思ったという結末になっている。これは冒頭で、蘇秦が張儀に及ばないと思った記述に対応している。これによると蘇秦が先に諸国の合縦を約し、そのあと張儀が秦恵文王の客卿となって世に出ることになる。この出典は不明であるが、これが二人の基本的な関係と、縦横家として活躍した時期を示している。(6)

さらに張儀列伝には、蘇秦との関係を示す記事がみられる。

1而欲恃詐僞反覆蘇秦之餘謀、其不可成亦明矣。（前三一七、魏王に説いた言）

2張儀既出、未去、聞蘇秦死、乃説楚王曰……。（前三一三、楚に使者となる）

3凡天下而以信約従親相堅者蘇秦、封武安君相燕。即陰與燕王謀伐破齊而分其地。乃詳有罪出走入齊、齊王因受而相之。居二年而覺、齊王大怒、車裂蘇秦於市。夫以一詐僞之蘇秦、而欲經營天下、混一諸侯、其不可成亦明矣。（前三一三、楚王への言）

4凡大王之所信爲從者恃蘇秦。蘇秦熒惑諸侯、以是爲非、以非爲是、欲反齊國、而自令車裂於市。夫天下之不可一亦明矣。（前三一三頃、趙王への言）

1は、張儀が魏王に説いた言であるが、『戦国策』には収録されておらず、張儀列伝と『春秋後語』佚文にみえるものである。(7) 2は、戦国故事のつなぎとして挿入されている語句であり、3の記事に対応している。3は楚王に説いた言で、『戦国策』楚策一の故事と共通しており、ほぼ同文がある。また一部が『春秋後語』佚文と共通している。4は趙王に説いた言で、『戦国策』趙策二の故事と共通しており、ほぼ同文がある。これらによると張儀は、蘇秦の活動に遅れて遊説しているだけでなく、蘇秦の死を知っており、その後も活動を続けたことになっている。したがって張儀列伝からみれば、その魏王と楚王・趙王に説いた進言と、説明の語句によって、蘇秦のあとに活動したという関係がうかがえる。しかし注意されるのは、これらは戦国故事にみえる語句と、戦国故事を接続するときの語句であり、紀年資料の記事ではないことである。

つぎに『史記』蘇秦列伝にも、二人の関係を示す記述がある。まず蘇秦の活動を要約すると、つぎのようになる。蘇秦は東周の洛陽の人で、周顕王（前三六八～三二一在位）に説いたが用いられず、秦に行った。そのとき秦では孝公（前三六一～三三八在位）が亡くなり、商鞅が誅せられたあとで、秦恵文君は任用しなかったという。さらに趙粛侯（前三四九～三二六在位）に説いて用いられず、燕文侯（前三六一～三三三在位）に説いて初めて用いられた。ここで蘇秦は燕から趙に行き、趙粛侯を盟主とした。そして韓宣恵王、魏襄王、斉宣王、楚威王に説いて六国の合従を成立させ、縦約長として六国の相を兼ねている。そして合従が崩れたあと、斉湣王が即位し、さらに燕王噲の即位（前三二〇）以降に、斉の市場で車裂きにされて死んだと伝えている。

そのなかで張儀との関係を示す記事は、蘇秦は趙王に説いたあと、諸侯に合縦を約する際に「蘇秦恐秦兵之至趙也、乃激怒張儀、入之于秦」とある。この記述は、先にみた張儀列伝に対応しており、怒らせて秦に入らせたと述べている。これは紀年資料や戦国故事ではなく、叙述を接続する位置づけの語句である。これをのぞけば蘇秦列伝に、張儀との関係を示す記載はみられない。

したがって張儀列伝と蘇秦列伝の伝えによると、蘇秦は秦恵文王（前三三七～三一一在位）の前半に合縦策で活躍した人物であり、張儀は秦恵文王の末年に連衡策で活躍した人物ということになる。これは説話と戦国故事によるものである。

ところが両者の関係は、蘇秦の活動を中心に考えるとき、歴史背景に合致しないことが指摘されている。たとえば銭穆『先秦諸子繫年』考辨、巻三蘇秦攷では、当時の情勢と一致しないことを詳細に考証して、蘇秦の六国合縦の事実を疑っている。(8) すなわち『史記』蘇秦列伝にいう時代には、秦が燕などの東方諸国に対する脅威となっておらず、東方では魏と斉の勢力が強く、王号を称していない国がある状況では六国合縦の事実はないとする。ただし秦の東方への進出は、これ以後の秦恵文王と武王より以降にあり、そのため趙武霊王の末期に奉陽君・李兌が諸国を合縦することがあったと認めている。そして事績の誤りについて、後世の合縦の事実に照らして、蘇秦の事績に仮託したことにあると考えている。またマスペロ氏は、蘇秦の六国合縦を疑うだけではなく、蘇秦の実在を否定して、蘇秦列伝を虚構とみなしている。(9) これらの矛盾は、秦の領域形成やその後の展開をみると、たしかに銭穆氏の考証のように、東方諸国が秦を脅威とみなして合縦しようとする情勢ではないことがわかる。(10)

これらの蘇秦列伝を疑問とする説に対して、すでに列伝の記述を修正する説が出されている。すなわち楊寛、唐蘭、徐仲舒氏らは、『戦国策』との比較から、蘇秦の活動時期を張儀より以後の歴史事件として、蘇秦の死は張儀の死（前三〇九）より二十五年くらい遅いとしている。そして蘇秦は、燕将の楽毅と五国の連合軍が斉を攻めた頃（前二八四）に、ひそかに斉を謀った罪で殺されたことを考証して、これを史実とみなしている。(11) したがってこの時点では、一に蘇秦列伝の年代を基準として六国合縦の事実を疑う説や、二に列伝を虚構とする説、三に列伝の記述は誤りであるが、時期を修正すれば史実であるという説に分かれることになろう。

このような状況において、新たに出土したのが馬王堆帛書『戦国縦横家書』である。(12)『戦国縦横家書』の一章には「封秦也、任秦也」とあり、この「秦」は蘇秦とみなされている。また三章には、趙の奉陽君が斉王に告げた言葉として「燕王請毋蘇秦以事」とあり、四章には「臣秦」とある。このように『戦国縦横家書』の一部には、「秦」「臣秦」と自称する人物が燕王と斉王に書信を送っており、この人物は蘇秦と考えられている。そして蘇秦とおもわれる人物の活動時期は、秦と斉が帝号を称する秦昭王十九年（前二八八）前後を中心としており、蘇秦列伝の活動より年代がかなり遅くなる。また『戦国縦横家書』には、蘇秦列伝や『戦国策』と共通する戦国故事がみられるが、『史記』『戦国策』では蘇代の書信となっている場合があり、その戦国故事には蘇秦と蘇代、蘇厲の混乱や誤りがあることがわかる。反対に張儀の例は、かれの進言や書信はなく、他人の進言の中に二ヶ所の記述がみえるだけである。[13] したがって『戦国縦横家書』の故事によれば、蘇秦の活動時期は張儀の活躍よりおそいことが明らかである。このように蘇秦列伝の事跡は、帛書によって修正されることが示されたのである。

この新資料の発見は、『史記』蘇秦列伝と張儀列伝に対しても、あらたな問題を提起している。それは『戦国縦横家書』の記述によれば、張儀列伝の冒頭にみられた蘇秦と張儀の説話は歴史的に誤りであり、また蘇秦・張儀列伝の蘇秦に関する記事や戦国故事も、その年代が誤っていることになる。その一因は、帛書の戦国故事が直接に書信や進言を記すのに対して、『史記』『戦国策』と共通する故事の一部には、歴史背景や王名・人名などを追加する例がみられることから、故事を編集する際にその時代背景を誤った可能性がある。したがって今後は、これらの戦国故事の性格を再検討しながら、蘇秦列伝と張儀列伝の誤りを修正し、その事績を復元することが課題となる。これについては後述することにして、ここでは歴史的に誤りとされた『史記』の記述について、その性質を確認しておこう。

『史記』張儀列伝にみえる蘇秦の記事は、冒頭の説話が基本的な根拠となる。この説話をのぞけば、一に蘇秦の活動は、張儀が魏王や楚王、趙王に説いた言のなかにみられ、これは戦国故事にあたる内容である。また二は、戦国故事を接続するときに挿入された語句である。ただしこの語句は、楚王への進言に対応しており、戦国故事の前文に付加された可能性がある。これらの記事資料から、蘇秦と張儀との関係は、すでに張儀列伝に利用された説話や戦国故事のなかにふくまれていたと推測される。つぎに『史記』蘇秦列伝の記事では、蘇秦の活動時期を規定する各国の君主名のほかに、直接的に張儀との関係を示す記事は、張儀列伝に対応する「張儀入秦」という記事だけであった。したがって蘇秦列伝では、蘇秦の活動にかかわる君主との関係と、その編年が問題になることがわかる。また『史記』の全体を通じて両者の関係をみると、巻四〇楚世家に「燕・韓君初稱王。秦使張儀與楚・齊・魏相會、盟齧桑」とあり、張儀が秦の外交に従事する記事につづいて、懐王十一年（前三一八）に、蘇秦が六国を合縦して秦を攻め、そのとき楚懐王が合縦の長になったと述べている。(14) これをのぞけば、蘇秦と張儀を結びつける記述はみられない。したがって『史記』では、とくに張儀列伝の説話・戦国故事と、蘇秦列伝の編年が、両者の誤りを示していることになろう。

このように『史記』にみえる両人の関係を示す資料を検討してみると、その位置づけは、基本的にすべて張儀列伝の冒頭にみえる説話と同じであることがわかる。そして素材となる戦国故事には、年代的な混乱をふくんでいると推測される。この点において司馬遷は、蘇秦・張儀列伝の構成に、すべて説話と矛盾しない記事を配列しているのであり、全体としては一貫性があるといえよう。しかし『戦国策』と共通する張儀の故事のなかに、すでに蘇秦とのかかわりを示す記事をふくむことからすれば、司馬遷が冒頭の説話にあわせて、戦国故事と共通する両人の関係を修正したとは考えられない。ここから想定されることは、司馬遷は張儀列伝の冒頭にある説話を正しいとみなし、そのほかに蘇秦と張儀に関する戦国故事を利用したが、その故事に混乱が生じていたということである。

この推測を傍証するのは、すでに司馬遷が蘇秦列伝の論賛において、その事情を述べていることである。

太史公曰、蘇秦兄弟三人、皆遊説諸侯以顯名、其術長於權變。而蘇秦被反間以死、天下共笑之、諱學其術。然世言蘇秦多異、異時事有類之者皆附之蘇秦。

ここでは蘇秦たち三人の兄弟が、諸侯に遊説して名を知られたが、蘇秦が二重スパイとして亡くなったあとは、天下がこれを笑い、その術を学ぶものがなくなった。そのため後世に事績が混乱して、蘇秦に関して別の時代に編年する資料が存在したと述べている。これによれば漢代には、司馬遷が利用した資料のほかに、別の年代に位置づけた資料群があったことになる。これを馬王堆帛書に照らしてみれば、この別の資料群が『戦国縦横家書』や『戦国策』にみえるように、秦昭王の時代に活動する蘇秦の事績を記していたとおもわれる。(15) しかし司馬遷は、その異なる時代の資料を知っていながら、自分が信頼できると考えた両人の資料を採用し、それが張儀列伝の説話と戦国故事であったと推測される。その結果として、この説話などの資料が、すでに歴史的な誤りをふくんでいたのである。

これに関連して、漢初の賈誼「過秦論」では、戦国時代の動向を伝えるなかで、秦孝公、恵王、武王の時代に領域を拡大して諸国の合縦が起こるとしているが、その時期の活動家に蘇秦を入れている(16)。これも蘇秦が活動した年代に対して、司馬遷とは異なる位置づけが存在したことを示している。

以上のように、『史記』における蘇秦と張儀の関係は、一貫して蘇秦の合縦を前の年代に置き、張儀の連衡をあとに置くという特徴がみられる。しかしその根拠は、紀年資料の記事ではなく、張儀列伝の説話と、戦国故事にみえる語句、戦国故事を接続するときの語句であった。また蘇秦列伝では、張儀列伝に対応する語句だけであり、あとは蘇秦の事績の編年に集約されるとおもわれる。そこでつぎに問題となるのは、このような歴史的に誤りといわれる『史記』蘇秦列伝と張儀列伝は、どのように編集され、その信頼性をどのように考えるかということである。これについては、先に張儀列伝の構成を検討してみよう。

二　張儀列伝の構成と編集

張儀は、戦国魏の人で、秦恵文王の信任を得て、秦との連衡策を諸国に遊説したことで知られている。『史記』戦国列伝をみると、張儀列伝の配列は、商君列伝、蘇秦列伝の次になっている。しかし戦国秦に関する人物としては、秦孝公の時代の商君（商鞅）に次ぐ位置にあり、張儀列伝の以後では、武王時代の樗里子・甘茂列伝、昭王時代の穰侯列伝、白起・王翦列伝へとつづいている。したがって張儀は、蘇秦と並んで縦横家の代表的人物とされているが、蘇秦の事績とは異なって、『史記』のなかで情報が豊かな秦国に関する人物として位置づけることができよう。表1は、『史記』張儀列伝の構成を示しているが、その素材と編集にはつぎのような特徴がある。

列伝の冒頭は、すでにみてきたように張儀が蘇秦とともに鬼谷先生に学んだことを記している。つづいて二つの説話を組み合わせている。一つは、張儀が楚相に盗みの疑いをかけられた説話である。これは張儀が楚で笞打たれながら帰国して、妻に「吾が舌はあるか」と聞き、舌さえあれば大丈夫と言ったという、弁舌の遊説家を示す著名な説話である。この説話は、敦煌で発見された『春秋後語』秦語第一残巻にもみえている(17)。ここでは冒頭の張儀の経歴と、遊説や楚相との関係を示す記事で完結しており、「蘇秦自以不及張儀」の文と、つぎの説話が省略されている。もう一つは、蘇秦が趙王に説いて合縦策をすすめていたとき、蘇秦は張儀を辱めて発憤させ秦に行かせたという説話である。したがって張儀列伝では、『春秋後語』佚文にみえるような説話の間に、蘇秦との関係を示す別の説話が挿入された構成となっている。このような特徴から、蘇秦と張儀の関係を示す基本的な説話は、現在は伝わらない別の説話によると考えられる。

つぎに張儀が秦恵文君に用いられたあと、蜀の討伐にかかわる事件があり、蜀と韓をめぐる司馬錯と張儀の論争が収録されている。この記事は『戦国策』秦策一と、『新序』善謀上にほぼ同文があり、対話の形式をもっている。この事件の背景は、当時の状況に合致しており、また司馬錯は司馬遷の先祖である(18)。つづいて恵文君十年に、張儀が秦相となる記事があり、これが張儀にかかわる最初の明確な紀年である。これ以後、列伝ではいくつかの紀年を記しており、それはすべて秦紀年であることが注意される。

その後、斉が魏を攻め、秦もまた魏を攻めようとした際に、張儀が魏王に説いた戦国故事がある。この故事は、その中に「蘇秦之余謀」という語をふくむものであるが、今本『戦国策』にはみえない。ただし『春秋後語』残巻に一

表1　『史記』張儀列伝の構成

張儀者、魏人也。

張儀と蘇秦、楚相に関する説話	

苴蜀相攻撃、各来告急於秦。……

司馬錯と張儀の論争	（秦策一、『新序』善謀上）

秦恵王十年……（魏への対策）……儀相秦四歳、立恵王為王。
居一歳、為秦将取陝。……其後二年……（魏相となる）……
留魏四歳而魏襄王卒、哀王立。……明年……

張儀の魏王への奏言、結果	（戦国故事）

三歳而……明年、魏復事秦。秦欲伐斉、斉楚従親。……

張儀と楚王の対話など、結果	（秦策二に類似）
楚懐王と張儀に関する説話	

張儀既出、未去、聞蘇秦死。

①楚王への奏言（楚策一）、②韓王への奏言（韓策一）
③斉王への奏言（斉策一）、④趙王への奏言（趙策二）
⑤張儀の燕王への奏言、結果（燕策一）

……諸侯聞張儀有郤武王、皆畔衡、復合縦。秦武王元年。

⑥張儀の斉への策謀（斉策二）

張儀相魏一歳、卒於魏也。

部の記述があり、そこでは「蘇秦」の記載が欠けている。(19) これにつづいて列伝では、張儀の外交にもかかわらず魏が離反し、ふたたび秦に和親するという記事のあと、つぎは秦が斉を攻めようとして、斉と楚の国交を絶たせるために楚に使者となる記事がある。このとき張儀が楚王に説いた言は、『戦国策』秦策二に類似の内容がみえているが、張儀列伝の記事のほうが簡略で異文となっている。このあと楚が秦に地を与えることに関する記事がある。この話は他の戦国故事にもみえているが、同じ構文の故事はみえていない。(20) したがってここまでは、張儀が秦の軍事と外交に従事しており、とくにその相手国は魏と斉、楚である。

これにつづく部分では、蘇秦の死を述べたあと、連衡に関する六篇の戦国故事を連続して収録している。その順序は、①に楚王に説く故事であり、『戦国策』楚策一にほぼ同文がある。この故事には、さきにみた蘇秦の死を述べている。②は韓王に説く故事であり、『戦国策』韓策一にほぼ同文がある。そして張儀は、これを秦恵王に報告したあと武信君に封ぜられている。③は斉湣王に説く故事であり、『戦国策』斉策一にほぼ同文がある。④は趙王に説く故事で、『戦国策』趙策二にほぼ同文がある。ここに蘇秦の事績を記している。⑤は燕王に説く故事で、『戦国策』燕策一にほぼ同文がある。これらはいずれも張儀が合縦策を破るために、諸国に連衡策を説いたものと位置づけられている。また⑥は、諸国がふたたび合縦したあとに、秦武王に説く故事であり、『戦国策』斉策二にほぼ同文がある。ここで張儀列伝に収録されている一連の戦国故事は、すべて『戦国策』との対応が指摘できる。したがって張儀列伝にみられる連衡の事績は、『戦国策』と共通する戦国故事を配列していることがわかる。

このように張儀列伝の構成をみると、冒頭の蘇秦と張儀をめぐる説話をのぞけば、全体は紀年資料と戦国故事を二大資料として構成されている。この特徴は、『史記』秦国人物の列伝と共通している。そこでこの信頼性を探るために、さらに紀年資料と戦国故事の性格を確認しておこう。

表2は、張儀の事績に関する紀年を一覧したものである。これによって明らかなことは、張儀に関する紀年は、一部に「秦に相となって四歳」や「其後二年」「明年」などの表記をふくんでいるが、『史記』秦本紀や六国年表とほぼ一致した秦紀年ということである[21]。この秦紀年の信頼性は、『編年記』の紀年より以前であるため、直接的に出土資料と比較することはできない。しかし秦本紀の紀年資料の分析からみれば、張儀列伝の場合も秦国に関する紀年としてほぼ信頼できると考えている[22]。したがって張儀列伝では、張儀の事績は諸国に遊説する以前の紀年が多く、かれは

表2　『史記』にみえる張儀紀年

秦王	秦本紀	六国秦表	張儀列伝
恵王10年	張儀相秦。	張儀相。	恵王乃以張儀為相。
恵王13年	使張儀伐取陜。		儀相秦四歳、立恵王為王。
恵王更元年		相張儀将兵取陜。	居一歳、為秦将取陜。……
恵王更2年	張儀与斉・楚大臣会齧桑。	相張儀与斉・楚会齧桑。	其後二年、使与斉・楚相会齧桑。
恵王更3年	張儀相魏。	張儀免相。相魏。	東還而免相。相魏以為秦。
恵王更8年	張儀復相秦。	張儀復相。	明年……張儀復説魏王曰。……張儀帰、復相秦。
恵王更11年	……	秦抜我曲沃。……（魏表）	三歳而魏復背秦為従。秦攻魏、取曲沃。
恵王更12年	張儀相楚。	張儀来相。（楚表）	明年。……秦欲伐斉、斉楚従親。於是張儀往相楚。
武王元年	張儀・魏章皆東出之魏。	張儀・魏章皆東死于魏。	
武王2年	張儀死於魏。		張儀相魏一歳、卒於魏也。

秦の使者として軍事や外交に従事した人物であることが確認される。

　これに対して戦国故事の内容と配列は、前半の国策にかかわる論争をのぞいて、残りの大半は諸国に連衡を説いた一連の事績として位置づけている。しかもその内容は、恵文王の末年（前三一三年）以前は、魏と楚の外交にかかわるものであり、他の遊説はすべてこの時期以降から武王元年までの三年間までに配列されている。したがって合縦を打ち破る事績は、とくに恵文王の末年に現れていることになろう。これらは『戦国策』と共通する故事であるが、進言の中にみえる領域が張儀の活動時期と合致しない点や、張儀と同時代ではない人名が記されている。そこでこれらの戦国故事は、実際に張儀の進言として疑問視されている内容もあり、その時代背景に注意する必要がある。(23)

　たとえば①『戦国策』楚策一にみえる楚王への進言では、さきにみた蘇秦の活動と死を述べている。②韓策一にみえる韓王への進言は、とくに問題はみられない。③斉策一にみえる斉湣王への進言では、「趙入朝澠池、割河間以事秦」という記載が秦昭王の時代のことで、張儀の活動におくれると指摘されている。しかし『春秋後語』では、この部分だけが記されておらず、この記述をのぞけば実状に近くなる。④趙策二にみえる趙王への進言では、「趙王曰、先王之時、奉陽君専権擅勢……」という記載が趙恵文王の時代のことで、張儀の死後であるといわれる。ただし『春秋後語』では、蘇秦の事績を記すことは同一であるが、君主は「趙粛侯」となっており、また奉陽君にかかわる部分はふくまれていない。ここでは『戦国策』『春秋後語』との相違がみられる。⑤燕策一にみえる燕王への進言では、③にみえた趙が河間を割譲する記載があり、同じように問題となる。

このように張儀の進言とされている戦国故事には、一部に張儀のものとは考えられない記述をふくんでいる。したがってこれらは、当初は記されていなかった進言者の人名の誤りか、あるいは張儀の故事が伝えられてゆく過程で付加されたことを想定しなくてはならないであろう(24)。

こうして張儀列伝の素材をみると、その紀年は秦紀年にもとづくとみなされることから、それを基礎とする事件は比較的に信頼できる史料ということになる。しかし蘇秦と張儀の関係を示す説話は、信頼性のおけない資料に属しているが、その来源は不明である。また戦国故事は、一部に張儀の進言ではないとおもわれる資料や、時代が異なる社会背景、蘇秦の記載に混乱がみられるなど、それぞれの内容に即して検討する必要がある。したがって張儀列伝は、紀年資料とともに張儀の進言とみなされていた故事を利用しているが、同時に年代的な誤りをふくんでおり、これが戦国史料として注意すべき点である。

それでは張儀列伝の構成のなかで、司馬遷の編集意図はどのようなものであろうか。それは二つの論賛で、つぎのように述べている。

太史公曰、三晉多權變之士、夫言從衡彊秦者、大抵皆三晉之人也。夫張儀之行事甚於蘇秦、然世惡蘇秦者、以其先死、而儀振暴其短以扶其説、成其衡道。要之、此兩人真傾危之士哉。（張儀列伝）

六國既從親。而張儀能明其説、復散解諸侯。作張儀列傳第十。（太史公自序）

張儀列伝の論賛では、張儀の策謀は蘇秦よりもはなはだしかったが、世間が蘇秦をより憎んでいるのは、張儀が先に死んだ蘇秦の欠点を暴いたためであると言っている。また太史公自序のコメントでは、張儀の代表的な事績として、諸侯の合縦を解散させたことを評価している。したがってこれらによると、司馬遷は張儀の連衡を評価しながらも、その事績に否定的な側面があることを述べている。

このような評価に対して、張儀列伝の構成をみると、冒頭の説話は、まさしく遊説家としての性格を示す典型的なエピソードとなっている。つぎに司馬錯との論争は、秦に入った張儀のいわば登場の記事となっている。しかしこの故事では、蜀よりも韓を先に攻めるべきであるという張儀の主張は敗れており、かれの事績を代表するものではない。ただ張儀の活動が評価されるのは、かれが秦相となり、その後に魏や楚との軍事や外交に従事することにはじまる。ただし韓は離反をくりかえし、楚との対応では苦慮するなど、その事績はけっして高く位置づけられているわけではない。そこでつづく記事をみると、ここに蘇秦の死を告げる記事がある。このあと張儀は合縦を破るために、楚や韓、斉、趙、燕に使者となって遊説し、この事績が列伝で高く評価されている。これは司馬遷の論賛において、蘇秦の死後に張儀が活動の効果をあげたという記述に対応している。したがって張儀の事績は、ここまで上昇の方向で描いており、とくに諸国の遊説がその頂点にあることを示している。

ところが恵文王が亡くなって、武王が即位すると、武王は太子のときに張儀をよろこばなかったという。ここには張儀を讒言する者があって、「諸侯聞張儀有郤武王、皆畔衡、復合縦」とあるように、ふたたび諸侯は合縦したというのである。これは張儀の外交が破綻したことを示している。そして武王元年の故事では、張儀が誅せられることを恐れて、斉と魏との外交に従事することを記しているが、その策謀は失敗に終わっている。そして最後は、張儀が魏相となり、一年で亡くなったと記している。したがって司馬遷は、張儀が連衡策を各国に説いたことを境として、その影響力がなくなるように位置づけているとおもわれる。これは張儀の事績のなかで、いわば失脚にいたる故事ということになろう。

このように『史記』張儀列伝の位置づけは、とくに蘇秦の死後に活躍し、恵文王の末年の連衡策をピークとして、その策謀が影響力をもたなくなって死亡するまでの過程を描いている。しかしその素材からみれば、むしろ張儀の事績は、恵文王の末年の連衡策より以前の秦相や客卿としての事績のほうが、秦紀年をふくむ部分として、信頼性が高い資料とみなせるものであった。反対に、司馬遷が評価した蘇秦の死後の活動については、張儀の進言といわれる故事のなかに、すでに蘇秦の死を表現していることから、ここには何らかの誤りをふくむことがうかがえる。また蘇秦と張儀は、同じ合縦連衡の策謀に結びつくように描写しているが、蘇秦の活動地域は燕や斉、趙を中心とするのに対して、張儀の初期の活動地域は秦と魏、楚の方面であり、その重点となる対象国は異なっている(25)。ここに司馬遷が、張儀を蘇秦の死後に活躍した人物として位置づけようとする評価と、歴史事実との相違が認められよう。

以上、『史記』張儀列伝の構成を検討してみると、冒頭の蘇秦と張儀をめぐる説話が人物評価の基本となっている。これ以降の列伝は、秦紀年と戦国故事を二大資料として構成されていることがわかる。そして前半に集中している紀年は、直接的に『編年記』と比較することはできないが、秦国に関する紀年としてほぼ信頼できると考える。また全体にみえる戦国故事の部分は、一部に蘇秦との関係に疑問とされる記事もあるが、その内容に即して編年に注意すれば、信頼すべき資料をふくんでいると推測される。この点において張儀列伝の事績は、蘇秦と張儀の関係を修正すれば、秦国にかかわる人物の列伝として、年代的にほぼ正しく基準にすることができると考える(26)。

三　蘇秦列伝の構成と編集

ここでは『史記』蘇秦列伝の構成を検討してみよう。表3は、蘇秦列伝の構成を示したものであるが、これによると以下のような特徴がみられる。

列伝の冒頭には、蘇秦が東周の雒陽の人であり、斉に行って鬼谷先生に学んだという経歴を記している。つづいて蘇秦が諸国に遊説するまえの故事がある。その内容は、最初に諸国をめぐって帰郷したとき兄弟や親戚などに笑われたため、周書の陰符を読み揣摩の術を得たという。そして周顕王に説いたが用いられず、さらに秦に行き恵王に説いたが任用されなかった。この故事は、『戦国策』秦策一に類似の内容がみえるが、その構文はかなり相違している。秦策一では、秦王に用いられなかった蘇秦が、父母や妻たちに笑われ、発憤して学習したあと趙王に説き、秦の連横を解いて合縦に成功する。そのあと楚に行くとき周を通過し、父母や妻たちが態度を変えたと述べている。その理由は、前は貧窮であったが、いまは位が高く富貴であるからという。この説話のような故事は、最初の冷遇に対応する結末となっている。しかし蘇秦列伝では、秦策一にみえる栄達の話を二つに分けて、別の時期に編集するという相違がある。その前半部分は冒頭に記しているが、後半部分は、蘇秦が合縦を終えて趙王に報告するとき、周の雒陽を通過する際のエピソードとしている(27)。

つぎに列伝では、蘇秦は趙に行くが、趙粛侯の時代には奉陽君が権力をもっており用いられなかったという。そこで燕に行き、数年して燕文侯（六国年表では文公二十八年、前三三四）に説いて任用された。これ以降に、蘇秦が諸国の合縦に従事した経過を示す六篇の戦国故事を、連続して記している。その順序は、①燕文侯に、秦に対抗するために諸国と合縦することを説いて任用されるが、燕は小国であるため、強国の趙と合縦することを述べている。この故事は『戦国策』燕策一にほぼ同文がある。つづいて②に、蘇秦は奉陽君が亡くなったあと趙粛侯に合縦策を説いて用いられ、上客となって諸侯に従約を遊説することを記している。この故事は、『戦国策』趙策二にほぼ同文がある。これまでが第一段階であり、これから蘇秦は趙を盟主として活動することになる。

ここで注目されるのは、この故事のあと蘇秦が張儀を秦に行かせたという記事である。

是時周天子致文武之胙於秦惠王。惠王使犀首攻魏、禽将龍賈、取魏之雕陰、且欲東兵。蘇秦恐秦兵之至趙也、乃激怒張儀、入之于秦。

これはすでにみたように、蘇秦列伝の他の記事とは独立した内容であり、張儀列伝の説話に対応する説明の語句となっている。したがって張儀との関連は、この記事をのぞけば蘇秦列伝にみられないことになる。

つぎに③は、韓宣王に合縦を説いた言で、『戦国策』韓策一にほぼ同文がある。④は、魏襄王に合縦を説いた言で、魏策一にほぼ同文がある。⑤は、斉宣王に合縦を説いた言で、斉策一にほぼ同文がある。⑥は、楚威王に合縦を説いた言で、楚策一にほぼ同文がある。このように蘇秦は、諸国に遊説したあと六国を合縦させることに成功して、六国の相となっている。このあと蘇秦は、趙に帰国して成功を報告することになるが、列伝ではその途中で周に立ち寄っている。ここに兄弟や親戚が態度を変えたという話がみえており、これは『戦国策』秦策一にみられた後半部分と類似の内容になっている。ただしこの故事にみえる有名なエピソードは、秦策一とは表現が違っている。これは別系統の説話によるか、あるいは後に付加された可能性がある。この功績によって、蘇秦は趙から武安君に封ぜられ、秦に従約の書を送って「秦兵は敢て函谷關を闚《うかが》わざること十五年」という情勢を生み出したとする。この歴史背景が問題となっている。しかしその後、蘇秦が趙を去ると、諸侯の合縦は解散して、その事績が変化している。

表3　『史記』蘇秦列伝の構成

蘇秦者、東周雒陽人也。東事師於斉、而習之於鬼谷先生。
周王、秦王に遊説の説話　（秦策一に類似A）
乃東之趙。趙粛侯令其弟成為相、号奉陽君。奉陽君弗説之。
①燕文侯に合縦を説く（燕策一）、②趙粛侯に合縦を説く（趙策二）
……蘇秦が、張儀を秦に入らせる記事
③韓宣王に合縦を説く（韓策一）、④魏襄王に合縦を説く（魏策一） ⑤斉宣王に合縦を説く（斉策一）、⑥楚威王に合縦を説く（楚策一）
於是六国従合而并力焉。蘇秦為従約長、并相六国。
趙の帰途、周に寄る説話　（秦策一に類似B）
蘇秦既約六国従親、帰趙、趙粛侯封為武安君、乃投従約書於秦。 秦兵不敢闚函谷関十五年。其後……蘇秦去趙而従約皆解。
斉宣王に説く、結果　（燕策一に類似）
蘇秦をそしる者があり、燕易王への奏言　（帛書五章、燕策一）
易王母文侯夫人也。与蘇秦私通。……（燕王との対話）…… 於是蘇秦詳為得罪於燕而亡走斉。斉宣王以為客卿。
斉において蘇秦が殺される説話、結果

このあと蘇秦列伝では、燕文侯が亡くなり易王（前三三二〜三二一在位）が即位したことを伝えている。そして斉が燕の喪によって燕を攻撃し、その十城を取ったため、蘇秦は燕王の要請によって斉に使者として遊説し、十城を返還させることに成功している。この故事は、『戦国策』燕策一に類似の内容がみえるが、その構文はかなり相違している。とくに大きく異なるのは、燕策一の故事では時代背景を記したあと、蘇秦が斉王に説く言とその結末があるのに対して、蘇秦列伝では燕易王が蘇秦の合縦策が失敗して天下の笑いとなっていることを述べ、そこで蘇秦が大いに恥じて十城を取り返すことが追加され、結末の一部を省略している点である。[28] ここでは故事の内部に、燕王の即位にかかわる記事をふくむことと、

蘇秦が斉と関係をもつことになる点が注意されよう。また燕では蘇秦をそしる者があり、そのため蘇秦が燕王に弁解をして、ふたたび厚遇されたと記している。この故事は、『戦国策』燕策一に類似内容があるが、その構文には少しずつ相違がある。これと同様の内容は、帛書『戦国縦横家書』五章にみえているが、帛書では時代背景や進言者の名前を記さず、燕策一、蘇秦列伝よりやや省略した構文となっている。(29) ここでは進言のなかに、①蘇秦が「東周の鄙人」であると述べていること、②斉から十城を取り返す功績があったと述べることが注意される。

最後の段落は、記事資料に近い説明で構成されている。すなわちここでは、蘇秦が燕易王の母である文侯夫人と私通していることを述べ、そのため蘇秦は誅されることを恐れて、燕で罪を得たといつわって斉に亡命したという。そして斉宣王は蘇秦を客卿とし、宣王が亡くなって斉湣王が即位したのちも蘇秦は用いられた。また燕では易王が亡くなり、燕王噲が即位した。この後に斉大夫が蘇秦と王の寵愛を争い、そのため刺客に刺されることになる。蘇秦は賊を捕らえさせようとして、市場で「蘇秦は燕のために斉で謀反した」といい車裂きの刑にすることを求め、はたして犯人が自首してきて捕らえられたと記している。これらは簡略な記事であるが、蘇秦が死にいたる背景と経過を説明している。この記事は、張儀が楚王に説いた進言にふくまれていた蘇秦の死にかかわる記述と似ているが、より直接的には『太平御覧』巻六三三引く『説苑』佚文の記事とほぼ同じである。(30) したがってこの記載は、説話にもとづくのではないかと考えられる。ここで蘇秦列伝は終っており、そのあと「蘇秦既に死して、其の事大いに泄れる」と記して、蘇秦の弟という蘇代と蘇厲の伝記となっている。

このように蘇秦列伝の構成をみると、紀年資料はきわめて少なく、大半が戦国故事と一部の説話で構成されていることがわかる。ここに蘇秦列伝の史料的性格にかかわる特徴を、いくつか見いだすことができる。

その一は、蘇秦列伝には基本的に戦国紀年がないということである。(31) ただしこれに関連して六国年表と燕召公世家

表4　『史記』にみえる蘇秦紀年

年代	六国燕表	燕世家
前334	（文公）二十八。 （蘇秦説燕。）	二十八年。（蘇秦始来見。説文公。……因約六国、為従長。……）
前333	二十九。	二十九年。文公卒。……
前332	燕易王元年。	〔易王初立。斉宣王因燕喪伐我。取十城。〕蘇秦説斉。使復帰燕十城。
前323	十。君為王。	十年。燕君為王。蘇秦与燕文公夫人私通。……説王使斉為反間。欲以乱斉。
前321	十二。	易王立十二年卒。子燕噲立。
前318	三。撃秦不勝。	〔燕噲三年。……攻秦、不勝而還。〕
前316	五。君譲其臣子之国。顧為臣。	〔……顧為臣、国事皆決於子之。〕
前314	七。君噲及太子・相子之皆死。	〔……燕君噲死。斉大勝。燕子之亡〕
前312	九。燕人共立公子平。	〔二年。而燕人共立公子平。……〕
前311	燕昭王元年。	〔燕昭王於破燕之後即位。……〕

＊〔　〕は戦国故事に対応、（　）は説明の記載

に、蘇秦が燕に説く紀年を記していることが注意される。

表4は、蘇秦に関する六国年表と燕世家の記載を比べたものである。これによると六国燕表の記載は、きわめて少ないことがわかる。たとえばこの時期では、燕文公二十八年（前三三四）条に蘇秦が文公に説く記事だけであり、つづく易王では十年（前三二三）条の「君為王」、燕王噲では三年（前三一八）条の「撃秦不勝」と、五年（前三一六）以降の子之に関する記載だけである。また燕昭王の時代では、二十八年（前二八四）に諸国と斉を攻撃する記事しかみられず、その後に活動したはずの蘇代の記載も全くみられない。したがって六国年表を作成するときには、燕の情報がきわめて少なかったと想定され、そのなかで蘇秦に関する紀年は、もっとも早い孤立した記載ということになる。さらに燕世家の紀年をみると、文公二十八年条の記事は燕表と同じであるが、それ以外は易王十年条の記載をのぞいて、すべて戦国故事のなかに対応する紀年が記されている。このことから六国燕表と燕世家にみえる蘇秦の記載は、秦紀年をもとにして作成された燕表にふくまれる記事ではなく、戦国故事などの記載によって、あとから六国年表や燕世家に付加された記述ではないかと推測される。[32]そして

蘇秦が登場する紀年は、前三一八年に五国が秦を攻めたとき、初めて秦が反撃に出たときを起点として、合縦の成果による「秦兵不敢闚函谷関十五年」の記載から逆算し、燕文公期であることを考慮すれば、その編年が可能である。[33]このように考えれば、司馬遷は蘇秦の登場を燕文公二十八年に位置づけているが、これは秦紀年や燕紀年のような紀年資料にもとづく記載ではなく、『史記』において燕王と蘇秦にかかわる明確な紀年は存在しないことになる。

さらに問題となるのは、蘇秦の事績の基準となる燕表・斉表の修正である。というのは、これまで『史記』戦国紀年は、秦本紀や戦国世家、戦国列伝の間に若干の錯誤があり、また『竹書紀年』の紀年とも相違があるため、紀年の修正が試みられている。[34]したがって蘇秦の事績の混乱は、まず戦国紀年の混乱を修正しておく必要があり、その紀年との関係において再検討しなくてはならないという複雑な経過がある。ここでは戦国紀年の考証として、本論にかかわる燕王と斉王の紀年を修正する説を紹介するにとどめたい。

その要点は、1に、蘇秦がかかわったという斉の伐燕と、十城を取り戻すときの燕王と斉王はだれか、2に、蘇秦の死は、どの燕王と斉王の時代かということである。いいかえれば、それは『史記』にみえる燕王の在位年数を基準として、斉王の在位年数をどのように修正するかという問題に等しい。このうち1の伐燕については、『史記』燕世家に二度の事件を載せている。一は、「易王初立。斉宣王因燕喪伐我、取十城。蘇秦説斉、使復帰燕十城」とあり、燕易王の元年（前三三二、斉宣王十一年）に、燕王の喪に乗じて十城を取ったという。二は、燕王噲が即位（前三一四）して、斉人が蘇秦を殺したあと、燕国の大乱に乗じて燕を攻めており、これは斉湣王の十年にあたる。しかし楊寛『戦国史』の考証では、すでに前者の『史記』の伐燕記事が誤りであり、斉王の伐燕は後者の一度であると考証している。[35]しかもその斉王は、湣王ではなく宣王であるという。したがって伐燕は、燕王噲のときに、斉宣王が行なった事件ということになる。ただし『戦国縦横家書』四章によれば、蘇秦とおもわれる人物が燕と斉の外交に従事することになった理由は、この斉によって燕の領地を奪われたことをあげているから、この伐燕は蘇秦の活動より以前の事件として除外することができる。また2の蘇秦の死は、すでに述べたように、斉の臨淄が陥落した前二八四年ころと推定されているが、同じく斉王の在位を修正することによって、これは燕昭王と斉湣王の時世とみなされている[36]。したがって燕世家の蘇秦にかかわる紀年は、全く孤立した記事となり、しかも蘇秦の活動とは別の時期であることがわかる。以上のことから『史記』蘇秦列伝において、その事績の編年の根拠は、秦紀年あるいは燕の紀年資料ではないことが想定できるのである〔巻末の戦国略年表〕。

その二は、蘇秦列伝の大半が戦国故事で構成されていることである。列伝では、『戦国策』秦策一と同じ内容の説話を二ヶ所に分割して配列している。この点をのぞけば、あとは『戦国策』とほぼ同文の戦国故事を、そのまま並べているという特徴がある。しかも故事の一部は、『戦国縦横家書』五章と共通する内容があり、蘇秦関係の文書として、先行資料が存在したことがわかる。それにもかかわらず司馬遷は、その活動を別の年代として誤っている。これは故事を配列する編年の誤りということになる。しかしそれだけでは、蘇秦列伝の緊密な構成を説明できない[37]。

そこで司馬遷の編集意図と、列伝の構成を検討する必要がある。列伝の論賛では、以下のように述べている。

夫蘇秦起閭閻、連六國從親、此其智有過人者。吾故列其行事、次其時序、毋令獨蒙惡聲焉。（蘇秦列伝）

天下患衡秦毋饜、而蘇子能存諸侯、約從以抑貪彊。作蘇秦列傳第九。（太史公自序）

蘇秦列伝の論賛では、蘇秦が庶民の出身でありながら、六国を合縦させたことを高く評価している。またその事績を時間の順に配列して、悪名を受けないようにしたという。太史公自序では、天下が秦の連横をわずらい、蘇秦がよく諸侯を合縦させて秦を抑えたので、列伝を作ると述べている。そして張儀列伝の論賛によれば、蘇秦の死後に張儀がその事績を悪く伝えたことを述べて、むしろ蘇秦を弁護している。このような評価にそって、蘇秦列伝の故事の配列をみると、秦王に説く故事では蘇秦の出自と性格を表わし、燕王に説く故事は、すぐれた能力をもって登場する効果を生み出している。つづいて諸国を合縦する故事は、いうまでもなく蘇秦の代表的な事績であり、六国の相印を帯びることはいわば全盛といってよいであろう。ここに周を通過する説話がある。しかし燕易王が即位したのちは、合縦策の失敗とその弁解をとりあげ、最後の段階では蘇秦の死にいたる説話を配列している。したがって司馬遷は、蘇秦を有能な人物として顕彰しながら、讒言や私事の失敗で失脚に至るまでの経過を叙述したことになる。

このように故事の配列をみると、これまでの『史記』列伝と同じように、蘇秦の登場から全盛・失脚までの過程を、故事や説話の配列によって描いていることになろう。この点において、司馬遷が人物を描く編集手法は一貫している。それでは司馬遷は、このような人物評価だけによって、蘇秦列伝を作成したのだろうか。

戦国故事の配列をみると、もう一つ注目すべきことがある。それは蘇秦の遊説には、一定の時間と地理的な位置づけをしているということである。たとえば『戦国策』による蘇秦の遊説は、つぎのようになる。

①蘇秦は秦王に説いて用いられず、周に帰った。　②燕から趙王に説いた。
③趙王が盟主となり、韓・魏・斉に合縦を説いた。　④趙から楚に行く途中で、周の雒陽を通過した。

これによれば蘇秦は、趙王から派遣されて放射状に遊説していることがわかる。表5―図1は、これを示したものである。ところが司馬遷は、蘇秦列伝ではこれらの故事を組み込むとき独自の考えで配列している。図2は、これを示したものである。ここでは『戦国策』秦策一の説話を二つに分割し、前半の秦王に説いて用いられないことを述べたあと、燕に行くまえに趙を通過したという記事を記している。つづいて燕で用いられ、趙王を盟主として諸国に合縦を説く際に、その順序を韓から魏、斉、楚の順に並べている。そして周の洛陽を通過する秦策一の後半部分は、楚王に説いたあと趙に帰るときのこととして、『戦国策』の通過路線とは反対になっている。つまり司馬遷は、蘇秦の

表５　戦国中期の合従と連衡

前	秦	蘇秦と張儀の事績			燕
		A《蘇秦列伝》			
		周王に説き失敗			
337	恵文君	秦恵王に説き失敗			文公
		趙に説き失敗			
334	〃	燕文侯に説き成功			〃
		趙粛侯と盟約	《張儀列伝》		
328	〃	張儀を秦に行かせる	秦相となる		易王
		六国合従の成立			
		趙粛侯に報告			
		合縦がくずれる			
		斉宣王のとき客卿			
324	恵文王		秦が王号を称す		〃
323	〃	斉湣王が即位	斉・楚と会盟		〃
320	〃	市場で車裂		B《蘇秦の修正》	王噲
314	〃			斉が燕を攻撃する	〃
313	〃		この頃、連衡		〃
309	武王		魏で死ぬ	賢者を招く	昭王
				〔蘇秦が燕に入る〕	
293	昭王			燕から斉に行く	〃
				斉の外交官となる	
				燕・趙などで外交	
288	〃			秦と斉が帝号	〃
287	〃			五国が秦を攻める	〃
286	〃			斉が宋を滅ぼす	〃
284	〃			五国が斉を攻める	〃
				〔蘇秦の死〕	
279	〃			田単が故地を回復	〃

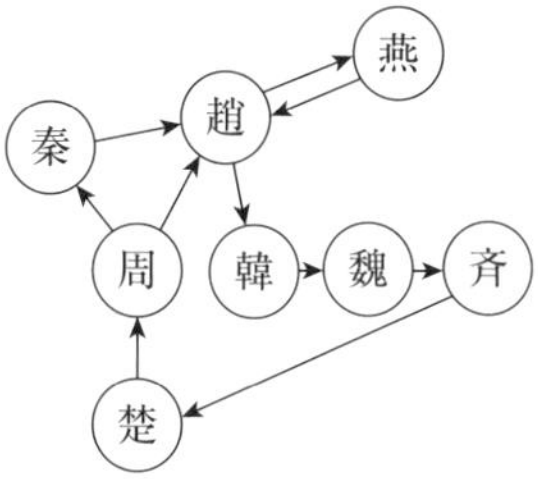

図２『史記』の蘇秦遊説

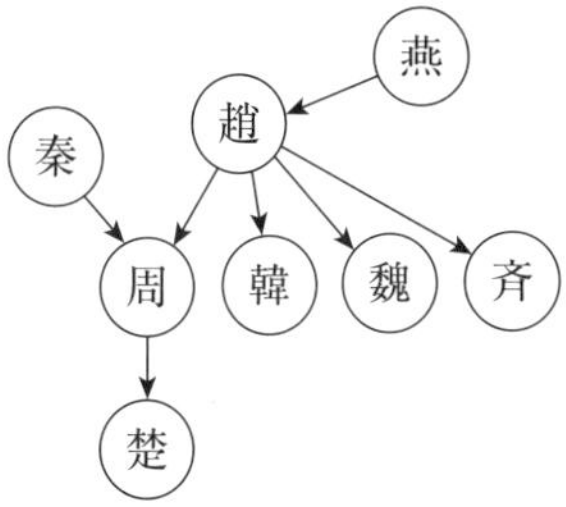

図１『戦国策』の蘇秦遊説

遊説を描くときに、それぞれ個別の故事を並べて配列しているのではなく、当時の交通路と遊説の順序にしたがって復元しようとしたことが推測される。また趙で奉陽君に反対されたという伝えは、その編年はともかくとして、帛書『戦国縦横家書』や『戦国策』に奉陽君と蘇秦の関係を示す故事があることから、司馬遷の創作によるものではない(38)。したがって司馬遷は、列伝の戦国故事を編集する際に、交通上の実状に即して合理的に解釈しようとしている。これは古代中国の各地を旅行して、その交通ルートを知っている者ができることである(39)。また蘇秦列伝には、かれの活動に関する現地の見聞はみられず、現地の取材による素材を利用した形跡もない。このように司馬遷は、蘇秦の人物象と、代表的な事績、死にいたるまでの経過を合理的に理解し、その功罪を評価しようとしていることがわかるであろう。

蘇秦列伝の構成を検討してみると、ここには明確な戦国紀年がなく、その大半が戦国故事で構成されているという特徴がみられた。その結果、司馬遷は蘇秦の事績を、別の時代に編年するという編集ミスをおかしている。その誤解をまねいた原因の一つは、張儀列伝にみえる二人の説話である。もう一つは、『戦国縦横家書』や『戦国策』に収録された戦国故事に、本来は歴史背景となる紀年を記さないことや、王名や人名が不明なことがあげられる(40)。ただし司馬遷は、ただ戦国故事を誤って配列したのではなく、その事績を諸国の交通路と活動の順序にしたがって復元し、しかも全体を一貫した個人の伝記に編集したことがうかがえる。これは司馬遷が、蘇秦列伝の編年に失敗したとしても、その編集の慎重さを示すものとして注目すべきであろう。

以上のように、『史記』蘇秦列伝は、一部に先行する蘇秦の資料をふくみながら、歴史的にはまったく異なる時代に編年された一篇であり、この意味において蘇秦列伝をそのまま戦国史料とすることはできない。これは戦国中期の情勢を位置づけるうえで、大きな混乱をもたらしている。また蘇秦事績の復元に関して注意すべきことは、蘇秦列伝の末尾に付載されている蘇代の伝記である。なぜなら帛書『戦国縦横家書』などによって復元される蘇秦の事績は、『史記』では蘇代の活動と一部が類似しているからである。この点について、戦国中期の国際情勢を考えてみよう。

四　戦国中期の合縦と連衡

これまで張儀列伝と蘇秦列伝の構成を検討し、その特徴をみてきた。そこでは司馬遷が、その人物の登場から全盛と失脚までを描くという歴史観によって、蘇秦列伝を編集しているが、そのとき張儀列伝のように確実な紀年を入手できなかったために、年代的な配列を誤っていることを論じた。それでは戦国中期における張儀と蘇秦の事績は、どのように復元できるのであろうか。これについては帛書『戦国縦横家書』が重要な手がかりとなり、これまで楊寛、馬雍、唐蘭氏らが蘇秦の事績を考察している。(41)ここでは、これらの研究を参考にしながら、縦横家としての張儀と蘇秦を位置づけてみよう。

まず張儀が活躍する背景には、戦国前期（前四〇三〜三五〇）における諸国の政治的な変化がある。すなわち前期の末には、三晉諸国が山西省の汾水流域から、それぞれ遷都しており、これらは諸国の政策変化を反映しているとおもわれる。(42)たとえば趙は前三八六年に邯鄲に遷都し、魏は前三六一年あるいは前三四〇年に大梁に遷都し、韓は前三七五年に新鄭に遷都している。ただし趙の場合には、邯鄲に遷都した後の前三五三年に、魏に占領される情勢になっており、邯鄲の動向が定まるのはこの時期より以降である。一方、秦においても先に櫟陽城の建設があり、そのあと前三五〇年に咸陽に遷都するというように、まだ政治の中心が定まるまで流動的な情勢であった。したがって前期は、全体として都城の遷都と領域形成の転換期にあたるとおもわれる。

この時期には、秦孝公の商鞅変法がよく知られているが、諸国では富国強兵の変法が行われ、政治的な内政改革が行われていた。しかしこの時期には、諸国の戦争や会盟、使者の派遣などがあったにもかかわらず、まだ外交は重要な課題となっていないようである。それは秦孝公が即位したとき、諸侯の会盟に参加していなかった秦が、商鞅の変法より以降に諸侯と対等になったと記していることからもうかがえる。(43) また『戦国縦横家書』や『戦国策』では、商鞅の変法までの記事がきわめて少なく、外交と国策にかかわる進言と、書信形式の戦国故事は、この時期より以降に多くみられるようになる。このことは、こうした諸国の内政や外交の状況を反映しているとおもわれる。(44) そして諸国の外交政策が大きな問題となるのは、張儀が客卿となった秦恵文王の時代である。

それでは秦恵文王の時代に、なぜ外交政策が重要な課題となったのであろうか。その背景としては、戦国中期（前三五〇～二八四）に諸国があいついで王号を称したことに一因があると考えている。すなわち中期には、魏と斉や、楚などの国は王号を称していたが、つづいて前三二四年に秦恵文君が王号を称して改元した。また六国年表などによると、翌年には韓と燕、中山が王号を称している。前三一八年には、小国である宋国までが王号を称するようになり、ここに戦国七国だけでなく宋と中山をふくむ称王の情勢が出現している。(45) このように王号を称するということは、ただ称号の問題だけではなく、それにともなう王畿の形成や、地方行政機構の整備を意味するとおもわれる。

たとえば秦恵文王は、称号にともない改元をしているが、そのほかに王畿（関中、内史の地）の領域を定め、県制機構や関所の制度を整えて、その文書行政を進展させたと推測される。(46) それを示すのは、睡虎地秦簡の法令と、秦代の里耶秦簡にみえる文書システムである。(47) 里耶秦簡では、統一直後の長江以南で郡県制が厳格に運営されており、簡牘には文書伝達と情報処理の機能を備えている。これは秦の統一以前の戦国時代に、郡県制と文書システムが形成されていることを示している。また他の諸国においても、戦国楚では各国が王号を称する懐王期に、地方統治の機構と文書システムを備えている。(48) 懐王六年（前三二三）には、鄂君啓のために金節を鋳造しているが、その交通路は都城の郢と、封邑の鄂を中心とする王畿の領域を反映しているとおもわれる。つまり楚からみれば、山脈を越えて秦と国境を直接に接し、また北方では韓や魏、宋、泗上の諸侯と国境を接する時期に、領域と関所の再確認をしたことになる。同じように趙からみれば、北方では中山と燕に接し、南方と東方は魏や衛、斉などと国境を接することになり、ここに初めて領土国家としての領域と交通路の争奪が始まると考えられる。したがって秦や韓、燕などが王号を称する時期には、各国内の機構の充実が予想されると同時に、諸国の外交政策が本格化するのではないかとおもわれる。(49)

張儀の登場は、この諸国の外交が重要な課題となる最初の時期にあたっている。すなわち『史記』張儀列伝の事績をみると、張儀は当初から連衡策に従事しているわけではない。すでにみたように張儀は、秦恵文君が王号を称する以前では戦争に功績をあげ、恵文王の改元後に魏と楚の客卿となっている。また『戦国縦横家書』にみえる張儀の評価においても、同じように魏と韓、楚との外交にかかわる位置づけをしているが、これは直接的に秦と領域を接している国との外交である。(50) そして秦の連衡策で活躍するのは、恵文王の末年のことである。これは一つに、蘇秦の死後に功績があったといわれているが、他の時代背景として、これまで述べてきた諸国の領域形成と関連しているのではないかと考えられる。つまりこの時期には、各国の領域形成と行政機構の整備にともない、境界や外交問題を解決するために、あらためて使者の派遣や会盟などが重要になったと考えるのである。

このように想定すれば、秦孝公のときに内政改革の変法を行ない、諸侯と対等になったといわれる商鞅の功績につづいて、張儀の事績は、秦の対外的な勢力を拡大することに功績があったと位置づけることができよう。しかしこれは秦の発展からみれば、その一段階にすぎない。秦では、つづく武王の時代に樗里子と甘茂を任用し、昭王の時代には穰侯や白起などを任用した領土拡大の時期がある。

秦昭王の時代は、恵文王以降の王畿の形成と、その県の機構整備が進展した時期とみなされるが[51]、また外交政策として、封邑をふくむ領地や交通路の獲得が重要な問題になったとおもわれる[52]。すなわち秦では、王畿の領域形成とともに、その周辺の地を獲得する政策をとっており、その路線上には封邑が置かれることがある。たとえば孝公の時代には、商鞅に商の地を封邑としている。昭王十六年（前二九一）には、東南の国境付近に宛や鄧・穰の地を封邑としている[53]。一方、他国においても封君が勢力をもち、交通路線上の地を領有するという形態がみられる。その一例は、斉の薛公（孟嘗君）であり、また『戦国縦横家書』や『戦国策』によれば、趙の奉陽君の存在が重視される。とくに薛公は、「食客三千人」といわれる家臣を集めたことで有名であるが、これは王国の官僚機構の整備に対して、封邑の官僚機構を整えつつあるとみなすことも可能である[54]。そこで各国の王国や封邑が領域を拡大するにつれて、その交通路線上の交錯する地域がさらに争奪の焦点となってくる。その代表的な地域が中山国と宋国であり、この情勢は『戦国縦横家書』の戦国故事でも詳しく論じられている。なかでも天下の交通の中心といわれる宋は、斉から魏に出奔して魏相となった薛公や、趙の奉陽君、秦の穰侯などが等しく封邑として獲得しようとしており、このような封邑の獲得が諸国の領域を拡大することにつながっている。このような背景において、前二八八年に秦と斉の二大国が帝号を称して、すぐに取りやめるという事件があった。これ以後に、諸国は秦と斉のいずれかと連合する問題が生じることになる。この合縦と連衡の動向のなかで、前二八六年に斉が宋を滅ぼした[55]。このような情勢が、復元された蘇秦の活動と関係している。

蘇秦の活動は、秦と斉が強国となり、諸国が合縦と連衡をどのようにするかという情勢と深くかかわっている。それは『戦国縦横家書』などの考証によって、つぎのように復元できる[56]。

帛書四章は、蘇秦とおもわれる人物が燕王に送った書信である。この歴史背景は、前三一四年に燕が斉に大敗したあと、燕昭王が即位し、郭隗の進言によって賢者を集めたといわれる時期以降にあたっている。このときに蘇秦は、他の人物たちと同じく燕に入ったようである。四章の書信は、この人物が燕と斉の外交に従事する経過や、具体的な活動を述べている点で貴重である。ここでは燕の質子が斉に行ったあと、燕王の命令で斉に使者となり、「五年間ほど斉との外交に従事した」という。その目的は、表面上は、斉と趙を連合して秦に対抗するという名目である。しかし実際には、斉に燕を攻撃させないようにしながら、斉と趙の間を離反させて、燕の領地の回復を謀っていた。これは燕王の大事を成功させることになる。そこで蘇秦は、まず斉の外交使者となって燕と趙に派遣された。ところが秦昭王十九年（前二八八）に、秦と斉が帝号を称するという事態がもちあがり、蘇秦は急いで斉の国境にある阿の地で、斉と趙の会盟に参加し、帝号を止めて秦を攻撃する約束をさせたと述べている。このような活動は、趙の奉陽君が、斉と結んで宋の地に自己の封邑を獲得しようとしている主張と一致しており、楊寛『戦国史』では、これを蘇秦が画策した五国連合と考証している。(57) ここに年代の明らかな事件をふくんでおり、その活動時期がわかる。帝号の事件は、秦昭王十九年十月（秦は十月が年初）であり、ここから五年を逆算すれば、蘇秦が斉の外交を始めたのは、およそ秦昭王十四年、燕昭王十九年（前二九三）頃となる。このとき中山国は滅んでおり、この年に秦の白起が伊闕を破っている。これから秦が東方に進出し、帝号の事件は、秦と斉が優勢になった情勢を象徴している。

しかし秦を攻撃することには各国の反対意見もあり、その代表は魏にいた薛公（孟嘗君）と、趙将の韓徐為である。薛公は、斉を出奔して以来、斉に対して怨みをもっていたといわれる。帛書三章と四章の書信では、薛公は趙将の韓徐為とともに斉の攻撃を主張し、自己の封邑を獲得しようとしたことがうかがえる。そして蘇秦もまた、表面は秦の攻撃を主張しながら、秦を攻撃する際に、成皐に集結した斉軍が宋国を攻撃したことをきっかけとして、その裏で秦をふくむ連合軍で斉を攻撃することを謀っている。そして蘇秦は、この情勢をたえず燕王に書信を送って連絡しており、蘇厲などの人物を配下としてその外交を展開している。したがって蘇秦は、かれの外交に反対する勢力が燕にあり、また斉王の使者として斉にも動向を知らせるという情勢のなかで、基本的には燕王の外交官であることが明らかである。これが後世に、蘇秦が燕と斉との二重スパイであるという評価をもたらしたのであろう。(58) しかし当時は、このような蘇秦の活動は密かにすすめられており、諸国には実状がわからなかったと推測される。

以上は、『戦国縦横家書』によって明らかになった蘇秦の活動である。このように帛書の書信や奏言には、『史記』にはみえない蘇秦の活動と、各国の複雑な外交の一端がうかがえるのである。

その後の情勢で重要な事件は、前二八四年に五国の攻撃によって、斉の都の臨淄が陥落したことである。この事件は、戦国後期（前二八四～二二一）への重要な転換期となっており、また諸国の外交関係にも大きな変化をもたらしている。すなわち斉の敗北は、結果として斉と秦の二大強国の構造から、相対的に秦が優勢となることを意味している。そして実際に、この時期以降から秦の東方進出が活発となり、天下統一までの情勢はこの時期に始まるとみなされよう。したがって蘇秦の事績は、強国の秦に対する合縦策といわれるが、その本質は、燕の領土の防衛と、斉から領地の回復にあり、直接的に秦の東方進出に対抗する外交ではない。しかし結果として、斉の都城が陥落することによって、相対的に秦の勢力が増すことになり、これが秦史とのかかわりで重視されることになる。

このように戦国中期の動向のなかで、張儀と蘇秦の合縦と連衡をみると、かれらは従来まで言われているような弁舌の遊説家ではなく、秦に任用された外交官と、燕と斉に任用された正式な外交官であるといえよう。かれらの活動は、書信や進言によって展開され、その書信を伝達する者も決められている。また蘇秦は、燕王や斉王の使者と連絡をとりながら、さらに配下の使者をふくむ集団として外交策を実行している。(59) これらの背景は、戦国中期に諸国の機構を整備して、まさに領土国家に変貌しつつある情勢に対応していることがわかる。

以上のように、蘇秦の活動は修正されることになるが、さらに残された問題は、蘇代の伝記の史料的性格である。なぜなら蘇秦列伝には歴史的な誤りがあり、その戦国故事の編年に問題があることをみてきたが、これに対して蘇代の伝記は、むしろ復元された蘇秦の事績に一致する部分をふくんでいるからである。

表6は、蘇代の伝記を示したものである。これによると蘇代の部分は、四つの戦国故事と、それを接続する語句で構成されている。最初は、蘇秦の死後に、弟の蘇代と蘇厲が世に出ることを述べている。つづいて蘇代が燕王噲に説いて、斉に人質を送らせる故事がある。この1の戦国故事は、『戦国策』燕策一にほぼ同文があり、ここでは文中に「臣、東周之鄙人也」とある記述が注意される。(60) このあと蘇厲が、その人質によって斉王に任用されている。しかし燕王噲が、斉王の使いとなった蘇代の言に対して、子之に禅譲したことをきっかけとして、燕に大乱が起こり、斉に伐たれる事件があった。そこで蘇代と蘇厲は、ともに斉に仕えて外交に従事したことを記す。この2の故事は、『戦国策』燕策一にほぼ同文がある。(61) ただし燕の内乱の部分は概略である。つづいて斉が宋を伐つ際に、3蘇代が燕昭王に送った書信を載せている。この故事は、『戦国縦横家書』二〇章と『戦国策』燕策一にほぼ同文がある。帛書二〇章では、文頭の「斉伐宋、宋急、蘇代乃遣」という字句がなく、また「燕王」とする相違がある。(62) そして最後に、斉湣王が出奔する事件を記したあと、4に秦が燕王を来朝させようとする故事を載せている。この故事は、『戦国策』燕策二にほぼ同文がある。したがって蘇代の伝記では、接続の語句をのぞけば、すべて『戦国策』と共通する故事で編集されていることが確認できる。

ところがこの戦国故事には、いくつかの問題点がある。たとえば1の故事は、蘇秦の死後であり、燕王噲の時代に編年しているが、その内容は、むしろ『戦国縦横家書』八章にみえるように、燕昭王の時代に斉が宋を攻撃する状況と似ている。(63) したがってこの故事が、帛書のように本来は「曰、……」だけの進言であったとすれば、この内容は後

表6　『史記』蘇代列伝の構成

蘇秦既死、其事大泄。斉後聞之、乃恨怒燕。燕甚恐。
蘇秦之弟曰代、代弟蘇厲、見兄遂、亦皆学。

1及蘇秦死、代乃求見燕王。曰……燕王曰……　(燕策一)

燕乃使一子質於斉。2而蘇厲因燕質子而求見斉王。……(燕策一)

3斉伐宋、宋急。蘇代乃遺燕昭王書曰……(帛書二〇章、燕策一)

燕昭王善其書曰、先人嘗有徳蘇氏、子之之乱而蘇氏去燕。
燕欲報仇於斉、非蘇氏莫可。乃召蘇代、復善待之、与謀伐斉。
竟破斉、湣王出走。

久之、4秦召燕王。燕王欲往、蘇代約燕王曰……　(燕策二)

世の情勢を述べていることになる。つづく2の故事では、蘇秦の死後に蘇厲が斉に任用されることになっている。しかし帛書一四章には「臣、蘇厲をして楚王に告げしめて曰く……」とあり、蘇秦とおもわれる人物は、蘇厲を使者として楚の動静を探らせている。これによれば、蘇秦と蘇厲は同時代に活躍しており、故事にはなんらかの誤りをふくむことがわかる。(64) また3の故事は、帛書二〇章と共通しており、武帝期までの先行資料を利用したことが明らかであり、この部分は司馬遷の創作ではない。しかしその性格については、後世の偽作とする説や、蘇秦の時代とする説などがあり、故事としての信頼性にはなお問題がある。(65) ただし少なくとも、この資料には五国が斉を攻撃する以前の情を示している。そして4の故事は、斉が宋を滅ぼし、その後に大敗したあとの事件と位置づけられている。この情勢は、他の資料ともほぼ合致するものである。

このように蘇代の伝記は、2の故事に誤りをふくむことをのぞけば、あとはすべて復元された蘇秦の活動と一致する内容となっている。そして問題となるのは、戦国故事に付けられた歴史背景となる語句であり、ここでは蘇秦が亡くなった後と記している。したがって故事の内容に即していえば、司馬遷が、蘇代と蘇厲を蘇秦の死後に活躍した人物としたのは修正されるが、復元された蘇秦の事績は、むしろ蘇代の伝記に原型をとどめていることがわかる。この意味において蘇秦の事績は、『史記』蘇秦列伝の蘇代の伝記にその一部を伝えていることが指摘できる。そして帛書一四章で蘇秦と蘇厲が一緒に行動していることから、蘇代も同時期に活躍した可能性がある。このような『史記』における蘇秦と蘇代の混乱は、燕世家と蘇秦列伝だけでなく、他の戦国世家や戦国列伝にもしばしば散見している。そしてこの蘇秦と蘇代の事績が、『史記』戦国史資料のなかでもっとも大きな錯誤となっており、今後とも史料批判を必要とする部分である。

以上のように、縦横家としての張儀と蘇秦の事績を検討すると、大局的には戦国中期以降に秦が優勢となり、やがて天下を統一するという歴史の流れにとって、ともに転換期となる事件の中心的な役割を担っている。ただしその役割は、本来は同じ時期の活動ではなかった。すなわち張儀は、秦恵文王が王号を称したあとに、その領域や外交問題を解決するために諸国に使者となり、直接的に秦の領土拡大に貢献した。しかし蘇秦は、直接的に秦の拡大を阻止したのではなく、燕と斉の領土争奪を解決するための外交策において、燕と趙・秦などの諸国が斉を大敗させることに貢献した人物である。そこで斉の敗北を別の観点からみれば、東西における秦と斉の二大勢力のうち、斉の勢力が弱まることになり、結果として秦の東方進出と天下統一の背景となっている。したがって張儀と蘇秦は、同時代に活躍した合縦と連衡にかかわる弁舌の遊説家ではなく、戦国中期以降における諸国の領域形成の転換期に、あらたに生じた外交問題に従事した外交官であったと考える。ここに他国人が任用されている。その事績は、戦国時代では先駆的なものであり、その後の外交政策に影響を及ぼしたことと、世襲的な封君以外の人物の出世物語を生み出した点において、その活躍が後世にさまざまな形で伝えられたのではないかとおもわれる[66]。そして蘇秦の事績は、今日では『史記』蘇秦列伝ではなく、むしろ蘇代の伝記として、その一部をほぼ実状に近い形で収録しているのである。

おわりに

本章では、縦横家といわれる『史記』蘇秦列伝と張儀列伝の構成と編集について考察した。また『史記』の史料的性格とあわせて、戦国中期の秦や、東方の燕と斉、趙の動向を考えてみた。その要点は、つぎの通りである。

一、張儀列伝の構成は、冒頭の蘇秦と張儀をめぐる説話をのぞけば、全体はおおよそ紀年資料と戦国故事を二大資料として構成されている。その紀年は、直接的に『編年記』と比較することはできないが、秦国に関する人物として位置づけられていることから、ほぼ信頼できる秦紀年と考えられる。また戦国故事の部分は、一部に疑問とされる記事をふくんでいるが、編年と内容の誤りに注意すれば、比較的信頼できる資料に属するとおもわれる。

二、しかし蘇秦列伝では、張儀列伝にくらべて明確な紀年がなく、その大半が戦国故事で構成されているという特徴がある。そのため司馬遷は、蘇秦の事績を編年する基準として、張儀とライバルであるという説話を採用し、その活動を張儀の連衡より以前に誤って位置づけることになったと推測される。その誤解をした原因は、一に、前三一八年の五国が秦を攻める事件を意識したことである。二に、戦国故事が本来は歴史背景や人名・王名を記さないことから、それが燕王と斉王や蘇秦・蘇代などの人名の混乱をもたらし、蘇秦の故事を別の時代に編年したと考えられる。ただし司馬遷の編集では、その誤りだけを批判するのではなく、独自の観点から叙述している点が大切である。つまり蘇秦の事績を、諸国の交通路と活動の順序を復元して配列し、しかも全体を一貫した個人の伝記として構成しようとした手法は評価されるべきであろう。

三、蘇秦列伝と張儀列伝の素材と編集パターンを整理すれば、つぎのようになる。

蘇秦列伝：戦国故事から推測した紀年と、戦国故事＋説話の形式。これに接続と評価の語句がある。

張儀列伝：秦紀年＋戦国故事＋説話の形式。これに接続と評価の語句がある。

年代の信頼性は、まず紀年資料の性格による。張儀列伝では、秦紀年と共通している。しかし蘇秦列伝では、戦国故事から推測した紀年を記して、基本的に明確な紀年がないとおもわれる。これは張儀列伝のほうが年代の基準となる。つぎに『戦国縦横家書』や『戦国策』と共通する戦国故事は、ほぼ同じ構文をそのまま書写するものがあり、一部の書信や奏言は、国策に関する文書にもとづく可能性がある。しかし別の戦国故事には、あたかも話をダイジェストしたような形式があり、これは文書よりも説話に類似するといえよう。出土資料にみえる説話では、すでに書写された文章に異聞が多く、それは説話が変化する過程を示唆している(67)。

四、こうして張儀と蘇秦の事績を再検討してみると、それは戦国中期における諸国の動向と、秦の領域形成に対応しているとみなすことができる。すなわち秦では、孝公時代の商鞅変法によって、諸侯の会盟に仲間入りするという評価が与えられていた。それにつづく張儀の活動は、秦恵文王が王号を称して王畿の領域を定めようとする以降のことであり、諸国でも同じように外交が重要となる時期にあたっている。これに対して蘇秦の活動は、秦昭王の時代に、穰侯や白起などによる東方進出の時期に、とくに燕と斉・趙の外交に従事するものであった。そして蘇秦は、直接的に斉の臨淄を陥落させ、燕の領地を回復するという貢献があったが、結果として、秦の相対的な勢力を上昇させ、天下統一の背景を生み出したことになる。したがって蘇秦と張儀は、これまでのように弁論術によって策謀を説いた遊説家とするのではなく、戦国中期に王権が進展してくる過程において活躍した外交官として位置づけることができる。

ただし以上の論証によって、張儀と蘇秦の事績がすべて修正されたわけではない。これについては今後とも、戦国封君との関係や、蘇代と蘇厲との関連をはじめ、当時の国際情勢を考察する必要がある。

注

（1）拙著『史記戦国史料の研究』（東京大学出版会、一九九七年）、同『《史記》戦国史料研究』（上海古籍出版社、二〇〇八年）の第一編「戦国史資料の基礎的研究」、第二編「戦国七国の史料学的研究」。

（2）その代表は、銭穆『先秦諸子繫年』考辨、巻三蘇秦攷（一九三五年初版。香港大学出版社、増訂本、一九五六年）などの説である。『戦国策』三三篇は、前漢末に劉向が「国策」「国事」「短長」「事語」「長書」「脩書」などをもとに編纂したもので、後漢時代の高誘が注を付けている。しかし漢代の原本は、宋代に一部が散佚したといわれ、北宋の曾鞏が『戦国策』三三巻本に復元した。現在の今本『戦国策』は、これを祖本として宋代以降に再編集された姚宏本と鮑彪本の二系統がある。近藤光男『戦国策上』解説（全釈漢文大系、集英社、一九七五年）、拙著『史記戦国史料の研究』第一編第六章「『戦国策』の性格に関する一試論」など。

（3）拙著『史記戦国史料の研究』第一編第三章「『史記』戦国紀年の再検討」。

（4）湖南省博物館・中国科学院考古研究所「長沙馬王堆二・三号漢墓発掘簡報」（『文物』一九七四年七期）、湖南省博物館・湖南省文物考古研究所編『長沙馬王堆二・三号漢墓』（文物出版社、二〇〇四年）、馬王堆漢墓帛書整理小組編『馬王堆漢墓帛書〔参〕』（文物出版社、一九八三年）。帛書の全訳注は、佐藤武敏監修、工藤元男・早苗良雄・藤田勝久訳注『馬王堆帛書戦国縦横家書』（朋友書店、一九九三年）がある。『戦国縦横家書』には、主に一〜一四章の前半部分に蘇秦に関する戦国故事を収録しており、これによって蘇秦の活動時期を修正して、『史記』蘇秦列伝の叙述が再検討されている。拙著『史記戦国史料の研究』第一編第五章「馬王堆帛書『戦国縦横家書』の構成と性格」など。

（5）戦国時代の合縦連衡については、楊寛『戦国史』（初版一九五五年、増訂本、上海人民出版社、一九九八年）の概説がある。

（6）この当時は趙粛侯の時代であり、ここで「趙王」とする情勢とは異なっている。したがってこの説話の信頼性は、なお不明であるといえよう。これまでの歴史と文学の観点では、『史記』『戦国策』の蘇秦事績に疑問があることを認めながら、蘇秦と張儀の年代を『史記』蘇秦列伝によって、遊説の士、弁論術、権謀術数、策謀などと関連させているものが多い。増淵龍夫「春秋戦国時代」「蘇秦」（『アジア歴史事典』平凡社、一九六〇年）は、この点に注意しながら説明している。

（7）羅振玉編『鳴沙石室佚書』（一九一三年）の解説によれば、『春秋後語』佚文は、晉の孔衍が『戦国策』と『太史公書（史記）』とを参照して編纂したもので、これまで三種類がある貴重な戦国故事の輯本となっている。その一は『春秋後国語』略出残巻（趙語第五、韓語第六、魏語第七、楚語第八の四巻）で、その二は『春秋後秦語』第一残巻である。三は『春秋後魏語』残巻であり、呉起、孫臏、公孫鞅などにかかわる戦国故事を収録している。張儀列伝と密接に関連するのは、二の『春秋後秦語』残巻であり、ここに張儀の戦国故事七篇と、樗里子・甘茂にかかわる戦国故事三篇の計十篇がみえる。しかも張儀にかかわる七篇の故事は、すべてが『史記』張儀列伝と重複しており、列伝冒頭の楚相に関する故事をのぞけば、連衡に関する遊説の順序も同じである。このことから唐代写本の『春秋後語』は、宋代に散佚して復元された今本『戦国策』よりも早く、比較資料として価値が高いようにみえる。しかし注目されるのは、この『春秋後秦語』残巻が純粋な戦国故事の輯本ではなく、多分に『史記』を参照した戦国故事の輯本であるということである。これは『史記』『戦国策』の張儀故事と比較してみると、その相違がよくわかる。すなわち『春秋後語』が、本来『戦国策』に収録された戦国故事を引用したのであれば、帛書『戦国縦横家書』や今本『戦国策』のように、基本的な書信と奏言形式の戦国故事をふくむはずである。しかし『春秋後語』残巻では、故事を接続する語句や、紀年を説明する表現があり、その紀年は『史記』張儀列伝だけにみえる紀年である。このような戦国故事の編年は、すでに『史記』戦国史料の研究で指摘したように、司馬遷独自の編集によるものであり、『戦国策』の編集形態ではない。したがって『春秋後語』は、孔衍が『戦国策』と『太史公書』を参照して編纂したと述べているように、戦国故事の輯本として比較することはできるが、その構文は『史記』を参照していることが注意される。また羅振玉輯『鳴沙石室佚書、附続編』（古佚小説会、一九九〇年）、王恒傑編校『春秋後輯考』（斉魯書社、一九九三年）がある。

（8）銭穆『先秦諸子繫年』考辨、巻三蘇秦攷では、『史記』蘇秦列伝に述べる蘇秦の活躍時期の検討や、六国合縦の事実について詳細な考察があり、蘇秦と張儀の遊説故事に誤りをふくむという指摘がある。さらに後世の評価も考察しており、その論点には従うべき点が多い。

（9）　アンリ・マスペロ「蘇秦は史的人物なりや、小説的人物なりや」（『史学雑誌』四〇―五、一九二九年）、馬司帛洛（H. Maspero）・馮承鈞訳「蘇秦小説考」（『国立北平図書館館刊』七―六、一九三三年）では、蘇秦列伝の素材を『漢書』芸文志にみえる「蘇子三十一篇」とし、その記述にもとづく蘇秦を小説的人物と位置づけている。また小川環樹氏の『史記列伝（五）』解説（岩波文庫、一九七五年）も、小説的要素を指摘している。

（10）　拙稿「戦国秦の領域形成と交通路」（一九九二年、『中国古代国家と郡県社会』第一編第二章、汲古書院、二〇〇五年）。

（11）　楊寛『戦国史』（初版一九五五年）や、徐仲舒「論《戦国策》的編写及有関蘇秦諸問題」（『歴史研究』一九六四年一期）などの説。その考証の概略は、楊寛『戦国史』第二版三四二～三頁、増訂本の第八章「合縦、連横和兼並戦争的変化」四を参照。

（12）　馬雍「帛書《別本戦国策》各篇的年代和歴史背景」（『文物』一九七五年四期、のち改題して馬王堆漢墓帛書整理小組『戦国縦横家書』文物出版社、一九七六年、『西域史地文物叢考』文物出版社、一九九〇年）、唐蘭「司馬遷所没有見過的珍貴史料――長沙馬王堆帛書《戦国縦横家書》」（同『戦国縦横家書』一九七六年）、前掲『馬王堆帛書戦国縦横家書』訳註の序文、拙稿前掲「馬王堆帛書『戦国縦横家書』の構成と性格」など。また周鵬飛「蘇秦張儀年輩問題考辨」（『人文雑誌』一九八五年六期）は蘇秦を張儀より後の人物とするが、范祥雍「蘇秦合縦六国年代考信」（『中華文史論叢』一九八五年四期）、張烈「戦国縦横家辨――兼与徐仲舒諸先生商榷蘇秦問題」（『社会科学戦線』一九八六年三期）、平勢隆郎『新編史記東周年表』（東京大学出版会、一九九五年）三一～三三頁は、『史記』蘇秦列伝の活動時期をほぼ正しいとする。

（13）　『戦国縦横家書』一二章に、蘇秦とおもわれる人物が、秦で張儀と同時代の人物である陳軫に説いて、魏王が秦の張儀と結んでいると指摘している。また二四章も、韓王に秦の張儀と講和することを進言しており、これを楚が憂えたことになっている。これらの故事によると、張儀は魏と韓・楚との外交にかかわっており、蘇秦とおもわれる人物は張儀より遅れて活動していることがうかがえる。

（14）　『史記』巻四〇楚世家の懐王十一年条に、「蘇秦約従山東六國共攻秦、楚懷王爲從長。至函谷關、秦出兵撃六國、六國兵皆引而歸、齊獨後」とあり、これは六国年表の同年条に「撃秦不勝」とある記事に対応する。

（15）蘇秦の事績を後世とする説は、銭穆前掲「蘇秦攷」に具体的な考証がある。

（16）『史記』巻六秦始皇本紀、太史公論賛の末尾に引用された賈誼「過秦論」に、

孝公既沒、惠王・武王蒙故業、因遺冊、南兼漢中、西擧巴蜀、東割膏腴之地、收要害之郡。諸侯恐懼、會盟而謀弱秦、不愛珍器重寶肥美之地、以致天下之士、合從締交、相與爲一。當是時、齊有孟嘗、趙有平原、楚有春申、魏有信陵。此四君者、皆明知而忠信、寬厚而愛人、尊賢重士、約從離衡、幷韓・魏・燕・楚・齊・趙・宋・衛・中山之衆。於是六國之士有寧越・徐尚・蘇秦・杜赫之屬為之謀、齊明・周最・陳軫・昭滑・樓緩・翟景・蘇厲・樂毅之徒通其意、呉起・孫臏・帶佗・兒良・王廖・田忌・廉頗・趙奢之朋制其兵。……於是從散約解、爭割地而奉秦。

とあり、ここでは秦恵王・武王より以降に諸侯の合縦があるとし、そのなかに六国之士として蘇秦を位置づけている。ただし反対に、戦国四君や兵法家としての呉起・孫臏を同時代の人物として並べるなどの混乱がみられる。

（17）『春秋後語』秦語第一残巻では、『史記』張儀列伝とほぼ同じ配列で戦国故事を記しながら、この故事は張儀の死後に置かれている。またこの部分は、『戦国縦横家書』『戦国策』の戦国故事のように進言や書信の形式とは異なり、全体が説話の形式となっていることが注意される。その構成は、

張儀本魏人也。始與蘇秦倶學於鬼谷先生。既而遊説於諸侯、……（璧の故事）……。其妻笑曰、在耳。儀曰、足矣。乃用於秦。乃爲尺二檄告楚相曰、……由是務欲困楚終如其志。

とある。ここには梁玉縄『史記志疑』巻二九で誤りとする「張儀既相秦」の語はふくまれていない。

（18）『史記』太史公自序に、

自司馬氏去周適晉、分散或在衞、或在趙、或在秦。……在秦者名錯、與張儀爭論。於是惠王使錯將伐蜀、遂拔、因而守之。

（19）『春秋後語』秦語第一残巻は巻首が欠落しているが、『史記』張儀列伝と対照させてみれば、冒頭部分は魏王への奏言とわかる。ただしこの奏言は「□……□□倦而至。梁南與楚境、北與趙境、東與」で切れており、つぎの行は、張儀列伝の蘇秦の死後にみえる楚王への奏言末尾を記している。いま羅振玉編『鳴沙石室佚書』の写真版によると、ここには紙面接合のあ

とがみえており、切断によって魏王への奏言後半と楚王への奏言前半が省略されていると推測できる。

(20) この戦国故事と同じ内容は『史記』楚世家にみえるが、末尾の鄭袖の言が省略されている。また『戦国策』楚策二に、故事の後半部分はみえるが前半は省略されており、その構成は異なっている。

(21) ただし張儀の卒年は、『史記』では魏襄王十年にあたるが、『史記』張儀列伝の索隠引く『竹書紀年』には「梁安僖王九年五月卒」とするなど相違がある。この相違は魏王の在位年数の理解にも関連しており、詳しくは小沢賢二「史記会注考証校補弁証一」(『双文』一、一九八四年)参照。また梁玉縄『史記志疑』巻二九では、張儀列伝の紀年にみえる事件の誤りを指摘している。佐藤武敏「司馬談作史考」(一九九二年、『司馬遷の研究』汲古書院、一九九七年)では、談の字を諱んでおらず、事件の年代が相違することから、張儀列伝は司馬談の作ではないかと想定している。

(22) 拙著『史記戦国史料の研究』第一編第三章「『史記』戦国紀年の再検討」、第二編第一章「『史記』秦本紀の史料的性格」など。

(23) 銭穆『先秦諸子繫年』考辨、巻三蘇秦攷に、張儀の進言に時代的な矛盾があるという具体的な考証がある。

(24) そのほかに張儀の人名が異なっている例として、『戦国策』秦策一では張儀の奏言とする戦国故事が、同じく『韓非子』初見第一にみえており、これは韓非の言とみなされている。また人名を誤る可能性として、『史記』巻七九范雎蔡沢列伝にみえる張祿(范雎)の場合が考えられるかもしれない。また注目すべきことは、すでにみたように『史記』張儀列伝の故事七篇が『春秋後語』の唐代写本と重複しており、そこでは蘇秦にかかわる記事が省略されている例がある。たとえば冒頭の故事は、楚相にかかわる記事だけであり、蘇秦とライバルである説話をふくんでいない。また最初の魏王への進言は、その一部が楚王への進言と結びついて『春秋後語』にみえているが、「蘇秦」の記事は欠落している。さらに連衡策となる楚王への進言では、

凡天下而以信約従親相堅者蘇秦、封武安君相燕、即陰與燕王謀伐破齊而分其地。乃詳有罪出走入齊、齊王因受而相之。居二年而覺、齊王大怒、車裂蘇秦於市。夫以一詐僞之蘇秦。

という蘇秦の死にかかわる一文が欠落している。ほかにも張儀列伝の趙王への奏言では、末尾に「趙王曰、先王之時、奉陽

君専権擅勢……」という字句を省略しており、構文の相違を示唆している。このことは今本『戦国策』に収録する故事に蘇秦の死を伝えていても、別本の故事では蘇秦の記事がない可能性があり、すでに蘇秦に関する記述に混乱がみられる傍証となろう。

(25) 張儀の活動時期とその範囲は、『戦国策』にみえる戦国故事をふくめて、戦国中期の国際関係のなかで位置づける必要がある。

(26) 『史記』張儀列伝の末尾には、さらに陳軫、犀首の列伝がある。これは付伝であると同時に、張儀の事績や人物評価と関係があるが、ここでは後者を切り離して考察した。

(27) 『戦国策』秦策一では、冒頭に「蘇秦始将連横説恵王曰、……」とあり、まず秦恵文王に対する長文の対話が記されている。そのあと秦王に用いられず帰宅することになっており、ここで蘇秦列伝と共通した挿話がある。しかしその後、蘇秦列伝では周王・秦王に遊説して失敗するのに対して、秦策一ではすぐに趙王に説いて相の印を受けている。そして趙から楚に行く途中で洛陽を通過するとき、父母や妻などが態度を変えたという記述で終っている。蘇秦列伝では、この部分を六国合縦のあとに配列し、しかもその字句にはかなり異同がある。

　蘇秦喟然歎曰、此一人之身、富貴則親戚畏懼之、貧賤則軽易之、況衆人乎。且使我有雒陽負郭田二頃、吾豈能佩六國相印乎。於是散千金以賜宗族朋友。

(28) 『戦国策』燕策一では、冒頭に「燕文公時、秦恵王以其女爲燕太子婦。文公卒、易王立。齊宣王因燕喪攻之、取十城。武安君蘇秦爲燕説齊王、……」というほぼ同じ背景を記すが、燕易王が蘇秦を責める言はみえない。また燕策一では、蘇秦の言に若干の字句の相違があり、末尾には「以金千斤謝其後、頓首塗中、願爲兄弟而請罪於秦」という字句が多い。

(29) 『戦国縦横家書』五章では、蘇秦列伝と類似の議論をしているが、進言者の人名を記さず楚と秦の現実的な情勢を述べている。また『戦国策』燕策一には、その進言者を蘇秦とする故事と、蘇代が燕昭王に進言する二種類の故事がみられ、歴史的な位置づけが異なっている。帛書の構文は、蘇代の故事にやや近い。

(30) 『太平御覧』巻六三三引く『説苑』佚文に、

蘇秦至齊、齊王厚待之。諸大夫嫉之、使人刺秦而不死。齊王出珍寶賞募求賊不得。……齊王從其言、裂屍而詢之。刺秦者果出求賞。

(31) 『史記』における燕の紀年については、「今王喜」の記載があることから、司馬遷は燕紀年を利用できたとする説がある。しかし胡平生・田中幸一訳「阜陽漢簡『年表』整理札記」(『史泉』七〇、一九八七年)によれば、一本の竹簡に複数国の紀年を記し、その国とは異なる「今公」「今王」の記載をふくむことから、他国についても同時代の「今王」の記載があることがわかる。したがって燕紀年は、『史記』の構成によって再検討すべきである。

(32) たとえば燕世家にみえる「易王初立……」の記事は『戰国策』燕策一の故事と共通し、「燕噲既立……燕噲三年……燕君噲死……」などの紀年は、同じく燕策一の故事と共通するものである。したがって燕世家には、王侯の死亡や新王の即位を記しているが、これは紀年資料ではなく、戦国故事にふくむ記事に属している。

(33) 『史記』六国年表の秦恵文王更元七年（前三一八）条に「五國共擊秦、不勝而還」とあり、同年の魏・韓・趙・楚・燕表にも「擊秦不勝」とある。この年から十五年を遡れば、燕文公二十九年（前三三三）となり、それ以前に文公に蘇秦が説いたとすれば二十八年頃ということになる。また六国年表には、復元された前二八七年の合縦を記さないことから、司馬遷は五国合縦の事件を前三一八年にみなしたと推測される。

(34) 『史記』戦国紀年の修正は、楊寛『戦国史』戦国大事年表中有関年代的考訂などがあり、諸説については、拙稿前掲「『史記』戦国紀年の再検討」で紹介している。また平勢隆郎『新編史記東周年表』は、いくつかの原理を設定して、戦国紀年を修正している。その一つは、戦国中期に諸国が王号を称するまでは、君主の卒年と即位が同年である立年称元であり、その後、君主が亡くなった翌年に即位する踰年称元に変わったが、それを司馬遷はすべて踰年称元と理解したとする。これに関連して、小沢賢二『中国天文学史研究』第四章「春秋の暦法と戦国の暦法」、第五章「『顓頊暦』の暦元」(汲古書院、二〇一〇年) の考察がある。

(35) 伐燕の考証は、楊寛前掲『戦国史』戦国大事年表中有関年代的考訂、金谷治「戦国年表雑識」(『集刊東洋学』八、一九六二年)、前掲『馬王堆帛書戦国縦横家書』一五章の訳注などで説明している。

（36）斉王の在位に関する考証は、武内義雄『諸子概説』六国年表訂誤（弘文堂書房、一九三五年）や、楊寛前掲『戦国史』戦国大事年表中有関年代的考訂などにみえており、楊寛氏は蘇秦の死を斉湣王の時代とする。

（37）戦国故事は書写され伝えられて行く過程において、歴史背景や人名・王名が誤って記される場合があり、それが燕王・斉王や蘇秦・蘇代などの人名の混乱をもたらし、蘇秦に関する戦国故事の編年を困難にしたと考えられる。また帛書では、蘇秦とおもわれる人物の書信に「燕王」とあり、燕文公の時代ではないことがわかる。

（38）『戦国縦横家書』一、二、三、四、七、八、一一、一二、一四章に、奉陽君に関する記載がある。ただし奉陽君の事績は、復元された蘇秦の活動と同じように前二八八年前後の時期である。

（39）司馬遷の旅行ルートや、その見聞と体験については、拙稿「司馬遷の旅行と取材」（『愛媛大学法文学部論集』人文学科編八、二〇〇〇年）、拙著『司馬遷の旅』（中央公論新社、二〇〇三年）で説明している。

（40）『戦国策』では、蘇秦・張儀の戦国故事が年代配列の転換期となっており、これ以降の戦国故事が多く収録されている。拙稿前掲「『戦国策』の性格に関する一試論」。

（41）注（11）論文。また楊寛「馬王堆帛書《戦国策》的史料価値」（一九七五年、『楊寛古史論文選集』巻二、上海人民出版社、二〇〇三年）、同「戦国中期的合縦連横戦争和政治路線闘争――再談馬王堆帛書《戦国策》」（『文物』一九七五年三期）、馬雍「帛書《別本戦国策》各篇的年代和歴史背景」（一九七五年、前掲『戦国縦横家書』一九七六年）、唐蘭「司馬遷所没有見過的珍貴史料――長沙馬王堆帛書《戦国縦横家書》」（前掲『戦国縦横家書』一九七六年）。これらの説は、前掲『馬王堆帛書戦国縦横家書』で紹介している。

（42）各国の都城遷都とその構造については、拙稿「戦国・秦代の都市水利」（『中国水利史研究』二〇、一九九〇年）、江村治樹『戦国秦漢時代の都市と国家』（白帝社、二〇〇五年）などがある。

（43）『史記』巻五秦本紀に、

孝公於是布惠、振孤寡、招戰士、明功賞。下令國中曰……。……鞅聞是令下、西入秦、因景監求見孝公。二年、天子致胙。……十九年、天子致伯。二十年、諸侯畢賀。秦使公子少官率師會諸侯逢澤、朝天子。

(44)　拙著『史記戦国史料の研究』第一編第六章「『戦国策』の性格に関する一試論」、終章「史料学よりみた戦国七国の地域的特色」。

(45)　楊寛『戦国史』増訂本、第八章の一「魏和斉・秦大戦以及魏・斉・秦等陸続称王」三五〇～三五一頁では、『戦国策』中山策の「中山與燕・趙爲王」という記載から、中山も王号を称したと考えている。したがって諸国の領域は、戦国七国のような大国だけではなく、宋や中山のような小国でも同じように問題となる。

(46)　王国の制度は、称号だけでなく、領域・機構・行政など多方面に及ぶのではないかと推測される。その一例として『周礼』や『荀子』王制篇などには、当時の王制に関する意識がみられ、このような理念と現実とのかかわりが問題となろう。秦の称王と領域形成については、拙稿前掲「戦国秦の領域形成と交通路」、大櫛敦弘「統一前夜――戦国後期の『国際』秩序」（『名古屋大学東洋史研究報告』一九、一九九五年）がある。また鶴間和幸「秦帝国による道路網の統一と交通法」（池田温編『中国礼法と日本律令制』東方書店、一九九二年）は、統一による領土内の事業を考察している。

(47)　拙著『中国古代国家と社会システム――長江流域出土資料の研究』（汲古書院、二〇〇九年）第三章「戦国秦の南郡統治と地方社会」、第四章「里耶秦簡と秦代郡県の社会」、第五章「里耶秦簡の文書形態と情報処理」、第六章「里耶秦簡の文書と情報システム」など。

(48)　鄂君啓節の研究は、拙著『中国古代国家と郡県社会』第一編第四章「戦国楚の領域形成と交通路」（汲古書院、二〇〇五年）で紹介している。鋳造の年代は「大司馬昭陽敗晉師於襄陵之歳」とあり、『史記』楚世家の記述から楚懐王六年と推定されている。これは秦・韓・燕などが王号を称した時期とほぼ一致しており、楚においても王国の領域を再確認したのではないかとおもわれる。楚の体制は、陳偉『包山楚簡初探』（武漢大学出版社、一九九六年）、拙稿『中国古代国家と郡県社会』第一編第五章「包山楚簡にみえる戦国楚の県と封邑」、拙著『中国古代国家と社会システム』第二章「包山楚簡と楚国の情報伝達」など。

(49)　戦国中期に各国の変化があることは、王権と領域形成にとどまらない。このほか岡村秀典「秦文化の編年」（『古史春秋』二、一九八五年）、黄暁芬「秦の墓制とその起源」（『史林』七四―六、一九九一年）は、この時期以降に秦の墓葬に変化があることを指摘している。宮本一夫『中国古代北疆史の考古学的研究』第七章「戦国燕とその拡大」（中国書店、二〇〇〇年）は、三晉と秦に戦国後半期の変遷がみられることに関連して、燕においてもこの時期に王権の存在を想定している。また間瀬収芳「戦国楚国包山大墓の位置づけ」（牧野修二編『出土文物による中国古代社会の地域的研究』科学研究報告書、愛媛大学、一九九二年）では、戦国中期以降に楚の王権や墓葬などの方面で、政治・文化的な変化がみられると指摘している。

（50）拙稿前掲「戦国秦の領域形成と交通路」。

（51）戦国秦の県制は、睡虎地秦簡『秦律十八種』などによって、工藤元男『睡虎地秦簡よりみた秦代の国家と社会』第一章「内史の再編と内史・治粟内史の成立」、第十章「戦国秦の啬夫制と県制」（創文社、一九九八年）、飯尾秀幸「中国古代における国家と共同体」（『歴史学研究』五四七、一九八五年）の考察がある。また拙著『中国古代国家と郡県社会』第一編第一章「中国古代の関中開発」、拙稿前掲「戦国秦の南郡統治と地方社会」など。

（52）本書の第二章「『史記』穰侯列伝の編集方法」。

（53）『史記』巻五秦本紀の昭襄王条に、

十六年、左更錯取軹及鄧。冄免。封公子市宛、公子悝鄧、魏冄陶、爲諸侯。

とある。これは戦国中期の楚の領域では、西北部の南陽盆地にあたる。これ以降に秦は南下して江陵の郢を奪取し、南郡を設置している。

（54）守屋美都雄「中国古代の官僚と豪族」（『歴史教育』一三―六、一九六五年）。

（55）『戦国縦横家書』一～一四章の故事で、宋をめぐる動向が焦点の一つになっている。これについて、楊寛前掲「戦国中期的合縦連横戦争和政治路線闘争」は、前三一〇頃に孟嘗君・薛公が斉で権力を握っていた時期から、前二八四年に燕将・楽毅が斉を破るまでの約三〇年間が、もっとも合縦連衡の戦争が激しかった時代と位置づけている。その一因として、宋をめぐる各国封君の思惑をあげている。①は、斉の孟嘗君が韓・魏と結んで楚・秦を攻めたが、その目的は宋を破り淮北を取ること、②は、趙・奉陽君が武霊王を死に追いやり政権を担当したあと、斉・秦と連合して宋を破り、宋地の一部を封邑にしようとしたこと、③は、薛公が魏へ出奔したあと、秦の穰侯は秦と斉が帝号を称すると同時に、五国が連合して趙を攻めることを謀ったが、その目標は宋国に集中していると指摘している。また『史記』では斉が宋を滅ぼしているが、『漢書』巻二八地理志下、宋地の分野説では「宋自微子二十餘世、至景公滅曹、滅曹後五世亦爲齊・楚・魏所滅、參分其地」とあり、宋は斉と魏・楚に三分されたことになっている。

(56) 詳細は、前掲『馬王堆帛書戦国縦横家書』訳註の一〜一四章を参照。四章には、

●自齊獻書於燕王曰、燕齊之惡也久矣。臣處於燕齊之交、固知必將不信。臣之計曰、齊必爲燕大患。臣循用於齊、大者可以使齊毋謀燕、次可以惡齊（趙）之交、以便王之大事、是王之所與臣期也。臣受教任齊交五年、齊兵數出、未嘗謀燕。……臣秦（拜）辭事。王怒而不敢強。（趙）疑燕而不（攻）齊、王使襄安君東、以便事也。臣豈敢強王（哉）。齊（趙）遇於阿、王憂之。臣與於遇、約（攻）秦去帝。雖費、毋齊趙之患、除羣臣之（恥）。

(57) 楊寛前掲『戦国史』増訂本、第八章の一、三八六〜三八八頁。

(58) 蘇秦の評価は、燕と斉の伝えによって視点が異なるようである。楊寛『戦国史』第二版三四二〜四三頁では、蘇秦死後の評価にかかわる語を分析しており、『荀子』臣道篇には「故齊之蘇秦、楚之州侯、秦之張儀〔張祿〕、可謂態臣者也」とあり、『呂氏春秋』審分覧知度篇には「宋用〔唐鞅〕、齊用蘇秦、而天下知其亡」、『説苑』尊賢篇に「宋用唐鞅、齊用蘇秦、秦用趙高、而天下知其亡也」とある。これらは斉国の立場から、蘇秦を否定する資料である。しかし反対に、銀雀山竹簡『孫子兵法』用間篇（『銀雀山漢墓竹簡』文物出版社、一九八五年）一五三簡に「燕之興也、蘇秦在齊、唯明主賢將能▨」とあり蘇秦を評価している。楊寛氏は、この部分を戦国末期の兵家が補足したものとする。また『淮南子』説林訓に「蘇秦以百誕成一誠」とあり、これらの資料は燕国の立場から蘇秦を肯定しているという。このほか『史記』巻八三鄒陽列伝の上書には、「是以蘇秦不信於天下、而爲燕尾生。……何則。誠有以相知也。蘇秦相燕、燕人惡之於王、王按劍而怒、食以駃騠」とあり、天下に信じられず、燕人に悪くいわれても、燕王に忠誠をつくしたと述べている。このように蘇秦の立場は、後世の燕にとっては良く評価され、斉にとっては悪臣であると評価されており、蘇秦の任務が両国にまたがる複雑な外交であったことをうかがわせる。

(59) 『戦国縦横家書』によると、蘇秦は燕王や斉王と連絡をするとき、それぞれ一定の使者によって書信を伝達している。拙著

『中国古代国家と社会システム』第十二章「中国古代の書信と情報伝達」。

(60) 司馬遷は『史記』を作成するとき、個人の経歴を記した系譜を利用した可能性があるが、ここでは『戦国策』燕策一の故事にみえるように、内部の記載によって経歴を復元した場合があると推測している。また故事にみえる斉が楚・秦と戦争する期間は、『戦国縦横家書』八章にも同じ表現がみえている。

(61) ここでは蘇厲の伝記と『戦国策』燕策一ともに、蘇厲が燕の質子によって斉王に任じられたことになっている。燕が斉に質子を送っていたことは、『戦国縦横家書』一一章にみえている。

(62) 蘇代の伝記と『戦国策』燕策一では、ともに冒頭に「齊伐宋、宋急。蘇代乃遺燕昭王書曰……」とあるが、『戦国縦横家書』二〇章では「●謂燕王曰……」とあるだけで、歴史背景と人名を記さない。

(63) 前掲『馬王堆帛書戦国縦横家書』八章の訳註。

(64) 前掲『馬王堆帛書戦国縦横家書』一四章の訳註。

(65) ここでは秦と燕・趙が三帝を立てることを想定しており、唐蘭氏はこの記述をもって後世の模作ではないかと推測している。故事の年代などについては、前掲『馬王堆帛書戦国縦横家書』二〇章の訳注を参照。

(66) 『漢書』巻三〇芸文志、諸子略、縦横家では、蘇子、張子などの十二家百七篇の目録のあと、「縦横家者流、蓋出於行人之官」という。この説明によれば、当初は外交に関する現実的な書信や奏言が、のちに思想の一学派として発展してゆく過程が想定される。谷中信一「漢代縦横家考」(『東洋の思想と宗教』五、一九八八年)は、その一端を考察している。また『史記』において外交に従事した行人で早い例は、春秋末に呉王闔廬に仕えた伍子胥の例があり、同じく他国人として軍事に活躍した孫武と共に行動している。

(67) 本書の第一章「『史記』諸子列伝の素材と人物像」。

第四章　『史記』戦国四君列伝の史実

はじめに

戦国中期には、各国が王号を称して君主権力と官僚制を発達させ、地方行政では中央集権的な郡県制が展開している。これが戦国後期の国家形成と、秦の統一に結びついている。しかし一方で、各国には封君と封邑の存在がある。これについて内藤湖南『支那上古史』（一九四四年）は、興味深い指摘をしている。[1] ここでは文化中心の移動によって、戦国時代をほぼ三期に区分している。第一期は、魏文侯より以来、魏が文化の中心で、第二期は、斉の威王、宣王、湣王の時代を文化の中心とする。そして第三期は、楚の春申君の時代とする。ただし章の項目には、游士の活躍、四君時代、秦孝公と趙武霊王などをあげている。このうち游士の活躍は、孔子の弟子にはじまり、蘇秦と張儀が代表となる。戦国四君の時代と、春申君の位置づけは、封君の役割に注目するものである。

楊寛『戦国史』第六章では、戦国封君の特徴を述べ、巻末の「戦国封君表」には魏、趙、韓、斉、楚、燕、秦国の封君を記している。[2] 秦の封君では、商鞅、樗里疾、張儀、穰侯（魏冄）、白起、范雎、蔡沢などをあげている。しかし秦以外の諸国でよく知られているのは、戦国四君であろう。

戦国四君とは、斉の孟嘗君、趙の平原君、魏の信陵君（魏公子）、楚の春申君である。かれらは秦に対する諸国で活躍した封君として有名であり、『史記』列伝でも大きく位置づけられている。とくに孟嘗君は、「鶏鳴狗盗」などのエピソードが有名である。(3) また戦国四君は、「食客三千人」という表現に代表されるように、かれらは君主に対して独自の家臣団を形成していた点でも注目されている。(4) しかし実際の歴史背景からいえば、斉の孟嘗君は、秦の穣侯とほぼ同時代の人で、戦国中期から後期に活動した人物である。他の三人の封君は、やや遅れて戦国後期に活躍している。いま秦王の在位を基準とすれば、戦国四君に関する年代はつぎの通りである。

秦穣侯：秦昭王十二年（前二九五）に秦相となる～昭王四十二年（前二六五）に亡くなる。

孟嘗君：秦昭王八年（前二九九）に秦の客卿となる～昭王二十三年（前二八四）斉の臨淄が陥落する。

平原君：秦昭王四十二年（前二六五）に趙孝成王の相となる～昭王五十五年（前二五二）に亡くなる。

信陵君：秦昭王三十一年（前二七六）に魏の信陵君となる～始皇四年（前二四三）に亡くなる。

春申君：秦昭王四十五年（前二六二）に楚相となる～始皇九年（前二三八）に亡くなる。

このように戦国四君の事績は、中期以降の郡県制と封邑や、新しい人間関係の形成として注目されている。しかし戦国四君の事績は、文学的な評価によって一緒に理解するのではなく、その歴史背景とあわせた位置づけが必要である。そのとき問題となるのは、『史記』列伝の史料的性格である。これについては前章までに、『史記』穣侯列伝、白起列伝と、蘇秦列伝、張儀列伝の構成を検討してきた。そこでは『史記』戦国列伝が、基本的に「紀年資料＋記事資料」という編集パターンをもち、その配分に差があることをみてきた。また列伝の信頼性は、秦紀年を基準とする割合と、記事資料（戦国故事、説話）の信頼性によることを指摘した。それでは斉や趙、魏、楚の封君の列伝は、どのような特徴をもつのだろうか。

本章では、『史記』戦国四君列伝の素材と編集を分析し、司馬遷の人物評価との関係を考えてみたい。ただしその考察は、先に巻七八春申君列伝の編集を対象とする。春申君列伝の年代は、戦国後期のもっとも遅い時期であるが、秦との関係が深いために紀年資料の性格が検討できる。また列伝には利用されていないが、帛書『戦国縦横家書』に春申君に関する二篇の戦国故事がある。したがって春申君列伝は、『史記』列伝の編集と史実を知るうえで貴重な一篇となっている。つづいて巻七五孟嘗君列伝、巻七六平原君列伝、巻七七魏公子列伝をとりあげ、『史記』の歴史叙述と史実との関係を考えてみよう。

一　春申君列伝の構成と編集

春申君すなわち黄歇《こうけつ》は、広く学識があり、楚の頃襄王（前二九八～前二六三在位）に仕えた。のちに考烈王（前二六二～前二三八在位）のとき宰相となり、戦国末期に寿春に遷都した楚国の勢力維持に貢献している。

表1は、春申君列伝の構成を示したものである。冒頭は、春申君が楚人で、姓は黄氏という経歴がある。かれは頃襄王のときに秦国への使者となり、ここに上書を中心とした戦国故事がある。

その背景には、秦将軍の白起が、楚の鄢と郢の地を奪取して秦の南郡を設置した事件がある。これは前二七八年のことで、これが長江流域の楚文化にとって大きな転換期となる。(5)そこで楚は、東方の陳県に遷都した。この時期には、前二七三年に秦の白起が韓と魏を華陽に破っている。列伝では、このとき黄歇が使者として秦に赴き、秦が韓や魏と共に楚を攻撃しようとする計画を聞いて、秦昭王に上書した内容を記している。この上書には『詩』『易』の言葉を利用しながら、楚と親交を結ぶ利益を説いている。この記事は『戦国策』秦策四と『新序』善謀篇に、ほぼ同文の戦国故事①がある。(6)いま春申君列伝とあわせて、上書の前後を対比すれば、つぎにようになる。春申君列伝の〔　〕は、『史記』で付加した説明である。

頃襄王二十年、秦白起拔楚西陵、或拔鄢・郢・夷陵、燒先王之墓。王徙東北、保于陳城、楚遂削弱、爲秦所輕。於是白起又將兵來伐。楚人有黄歇者、游學博聞、襄王以爲辯、故使於秦。說昭王曰、……此四國者、不待痛而服矣。

（『戦国策』秦策四）

楚使黄歇於秦。秦昭王使白起攻韓・魏、韓・魏服事秦。秦昭王方令白起與韓・魏共伐楚、黄歇適至聞其計。是時、秦已使白起攻楚取數縣、楚頃襄王東徙。黄歇上書於秦昭王、欲使秦遠交楚、而攻韓・魏以解楚。其書曰、……此四國者、不待痛而服矣。昭王曰、善。於是乃止白起、謝韓、魏。發使賂楚、約爲與國。黄歇受約歸楚。解弱楚之禍、全彊秦之兵、黄歇之謀也。

（『新序』善謀篇）

春申君者、楚人也、名歇、姓黄氏。游學博聞、事楚頃襄王。頃襄王以歇爲辯、使於秦。秦昭王使白起攻韓・魏、〔敗之於華陽、禽魏將芒卯〕、韓・魏服而事秦。秦昭王方令白起與韓・魏共伐楚、未行、而楚使黄歇適至於秦、聞秦之計。當是之時、秦已前使白起攻楚、〔取巫・黔中之郡、拔鄢郢、東至竟陵〕、楚頃襄王東徙〔治於陳縣〕。黄歇見楚懷王之爲秦所誘而入朝、遂見欺、留死於秦。頃襄王、其子也、秦輕之、恐壹擧兵而滅楚〕。歇乃上書說秦昭王曰、……昭王曰、善。於是乃止白起而謝韓・魏。發使賂楚、約爲與國、黄歇受約歸楚。

（春申君列伝）

『戦国策』秦策四では、最初に楚頃襄王二十年（前二七九）に秦の白起が西陵を破ったことを記し、黄歇の経歴のあと「説昭王曰……此四国者、不待痛而服矣」とする。ここでは春申君列伝の冒頭にみえる黄歇の経歴が、戦国故事の一部であることが注目される。『新序』善謀篇では、最初に楚が黄歇を使者として秦に派遣したことや、その歴史背景を述べて、「其書曰……此四国者、不待痛而服矣」とあり、さらに「昭王曰、善」などの文を追加している。これをみれば『戦国策』秦策四と『新序』善謀篇は、黄歇の上書が原形であり、その前後に歴史背景や、結末を付加したことが推測される。そして上書の構文は、いくつかの字句を除いて基本的に同じであり、書写の変化が少ないことを

表１　『史記』春申君列伝の構成

黄歇の経歴、秦昭王への上書

> 故事①：……昭王曰、善。於是……黄歇受約帰楚。
> （秦策四、『新序』善謀）

楚使歇與太子完入質於秦、秦留之数年。

> 説話②：応侯と黄歇の対話。……秦因遣黄歇。

歇至楚三月、楚頃襄王卒、太子完立、是為考烈王。
考烈王元年、以黄歇為相、封為春申君、賜淮北地十二縣。……
〔説明の語句〕
春申君為楚相四年、秦破趙之長平軍四十餘萬。五年、囲邯鄲。……
〔説話：趙平原君使人於春申君、春申君舍之於上舍。……〕
春申君相十四年、秦荘襄王立、以呂不韋為相、封為文信侯。取東周。
春申君相二十二年、……楚考烈王以咎春申君、春申君以此益疏。

> 故事③：朱英が春申君に進言　（韓策一）

楚於是去陳徙壽春。……

> 故事④ＡＢ：春申君の殺害に関する故事
> Ａ李園と春申君の対話、陰謀の結果
> Ｂ朱英と春申君の対話。……於是遂使吏盡滅春申君之家。
> 而李園女弟初幸春申君有身而入之王所生子者遂立、是為楚幽王。
> 是歳也、秦始皇帝立九年矣。……而呂不韋廢。
> （楚策四、『列女伝』嬖孽）

示している。『史記』では、これと共通する戦国故事を利用した可能性がある。

つぎに秦と同盟を結んだ楚は、黄歇と一緒に太子完を質子として秦に送り、二人は数年のあいだ留められた。このとき楚頃襄王が病となり、列伝では黄歇が応侯（范雎）に働きかけ、太子完を無事に楚に帰国させるやりとりを記している。この記事②は、帛書『戦国縦横家書』や『戦国策』の対話形式と似ているが、さらに秦昭王、太子完をふくむ複雑なエピソードであり、説話の形式となっている[7]。ここでは、説話の前に編年されていない。

楚使歇與太子完入質於秦、秦留之数年。楚頃襄王病、太子不得歸。而楚太子與秦相應侯善、於是黄歇乃説應侯曰、……（以下、対話）……應侯以聞秦王。秦王曰、……。黄歇爲楚太子計曰、……。楚太子因變衣服爲楚使者御以出關、而黄歇守舍、常爲謝病。度太子已遠、秦不能追、歇乃自言秦昭王曰、……、昭王大怒、欲聽其自殺也。應侯曰、歇爲人臣、出身以徇其主、太子立、必用歇、故不如無罪而歸之、以親楚。秦因遣黄歇。

この記事資料につづいて、列伝の後文では、楚の紀年を記した簡略な記事が並んでいる。これを楚紀年と呼んでおこう。この楚紀年は、太子完が即位して考烈王となり、黄歇を宰相として春申君に封じた年に始まっている。そして秦昭王四十七年（前二六〇）に、春申君が長平の戦いで趙国を援助した功績などによって、楚国は再び富強となり、春申君の封邑も繁栄したと記している。しかし考烈王二十二年（前二四一）に、楚王が五国合縦の長となって秦を攻めた際に、春申君はその失敗によって楚王に疎まれ、わずかな年代の間に事態は一変する。これらの楚紀年は、「考烈王元年……後十五歳……春申君為楚相四年……五年……春申君相楚八年……春申君相十四年……春申君相二十二年」とあるように、必ずしも連続していない。しかもその紀年は、考烈王元年と五年をのぞいて、そのほかは春申君が楚相となった年数を記している。〔　〕は説明の語句と、短い説話である。

歇至楚三月、楚頃襄王卒、太子完立、是爲考烈王。考烈王元年、以黄歇爲相、封爲春申君、賜淮北地十二縣。後十五歳、黄歇言之楚王曰、淮北地邊齊、其事急、請以爲郡便。因并獻淮北十二縣。請封於江東。考烈王許之。春申君因城故呉墟、以自爲都邑。

〔春申君既相楚、是時齊有孟嘗君、趙有平原君、魏有信陵君、方爭下士、招致賓客、以相傾奪、輔國持權。〕

春申君爲楚相四年、秦破趙之長平軍四十餘萬。

五年、圍邯鄲。邯鄲告急於楚、楚使春申君將兵往救之、秦兵亦去、春申君歸。

春申君相楚八年、爲楚北伐滅魯、以荀卿爲蘭陵令。〔當是時、楚復彊。〕〔趙平原君使人於春申君、春申君舍之於上舍。趙使欲夸楚、爲瑇瑁簪、刀劍室以珠玉飾之、請命春申君客。春申君客三千餘人、其上客皆躡珠履以見趙使、趙使大慙。〕

春申君相十四年、〔秦莊襄王立、以呂不韋爲相、封爲文信侯。取東周。〕

春申君相二十二年、諸侯患秦攻伐無已時、乃相與合從、西伐秦、而楚王爲從長、春申君用事。至函谷關、秦出兵攻、諸侯兵皆敗走。楚考烈王以咎春申君、春申君以此益疏。

ここでは「後十五歳」に春申君が呉に封邑を移したときに、戦国四君の説明がある。しかしこれは概略を述べたものであり、かれらの活動年代が違うことは先にみた通りである。また「相楚八年」には、荀卿（荀子）を蘭陵令にした記事と、平原君の使者が春申君の客舎に来て、その豪華さに驚いたという短い説話がある。(8)「相十四年」には、秦王が即位して呂不韋が相になった記事がある。

このあと列伝では、ふたたび戦国故事③の引用がある。ここでは朱英が春申君に説いて、秦の攻撃を避けるために、楚都を徙すように進言するものである。これは『戦国策』韓策一の故事とほぼ同文である。その結果、楚は都を陳から寿春に遷したという。しかし六国楚表では、考烈王十年（前二五三）に鉅陽に遷都している。これによれば楚は、この年に鉅陽から寿春に遷都したことになる。そして春申君は、呉の封地において楚相の任務を行なっている。

〔戦国故事③：客有觀津人朱英、謂春申君曰、……先君時善秦二十年而不攻楚、何也。……〕楚於是去陳徙壽春。而秦徙衞野王、作置東郡。春申君由此就封於呉、行相事。

列伝の最後は、春申君の殺害に関する長文の戦国故事④A、Bで構成されている。

A楚考烈王無子、春申君患之、求婦人宜子者進之、甚衆、卒無子。趙人李園持其女弟、欲進之楚王、聞其不宜子、恐久毋寵。李園求事春申君爲舍人、已而謁歸、故失期。還謁、春申君問之狀、對曰、……園女弟承閒以說春申君曰、……今君相楚二十餘年、而王無子。……楚王召入幸之、遂生子男、立爲太子、以李園女弟爲王后。楚王貴李園、園用事。李園既入其女弟、立爲王后、子爲太子、恐春申君語泄而益驕、陰養死士、欲殺春申君以滅口、而國人頗有知之者。

この故事は歴史背景と、李園と春申君の対話、陰謀の結果を記しており、『戦国策』楚策四にほぼ同文がある。(9)その内容は、考烈王に子供が無いため、春申君が李園の謀を聞いて、李園の妹を楚王に進めたものである。このとき李園の妹は、すでに春申君の子を身ごもっており、生まれた男子は太子となった。李園の妹は王后となり、李園も位が高くなった。しかし李園は、春申君の口から漏れるのではないかと恐れ、春申君を殺そうとした。ここまでが前半である。ここには「今君相楚二十餘年」という年数が故事のなかにある。

故事の後半Bは、考烈王が病気になったときに朱英と春申君の対話がある。朱英は、李園を殺すことを進言する。しかし春申君は朱英の言を聞かず、朱英は危険を感じて逃亡した。そして最後は、春申君が李園に殺されるという結末である。(10)この故事には「春申君相二十五年……君相楚二十餘年」とあることが注意される。

B春申君相二十五年、楚考烈王病。朱英謂春申君曰、……（以下、対話）……曰、君相楚二十餘年矣、雖名相國、實楚王也。……朱英知言不用、恐禍及身、乃亡去。後十七日、楚考烈王卒、李園果先入、伏死士於棘門之內。春申君入棘門、園死士俠刺春申君、斬其頭、投之棘門外。於是遂使吏盡滅春申君之家。而李園女弟初幸春申君有身而入之王所生子者遂立、是爲楚幽王。是歲也、秦始皇帝立九年矣。嫪毐亦爲亂於秦、覺、夷其三族、而呂不韋廢。

さらに戦国故事の末尾には「是歲也、秦始皇帝立九年矣」とあり、この事件を秦紀年と比べ、呂不韋の失脚とあわせて記述している。(11)

以上が『史記』春申君列伝の構成である。この列伝には、つぎのような特徴がある。

第一に、穣侯列伝と同じように「紀年資料＋記事資料」で構成されている。また引用した記事資料は、その前後に編年をしている。ただしこの編集では、戦国故事の編年を省略したり、楚相の年数で表記している。たとえば列伝の冒頭にみえる故事①では、『戦国策』秦策四に「頃襄王二十年」と記しているが、列伝では華陽の戦い以降であることを記して編年にかえている。また秦の質子となっていた太子が、楚に帰国する記事②は、その後文に「(黄歇)至楚三月、楚頃襄王卒、太子完立、是為考烈王」と記すことで編年にかえている。さらに遷都の故事③では、「春申君相二十二年」とあるように、楚相の年数で記している。そして最後の故事④では、「春申君相二十五年」の表記と、秦紀年による呂不韋の失脚で位置づけている。したがって春申君列伝では、利用した故事に一定の編年をしているが、穣侯列伝が秦紀年を主体とする編集パターンとは少し異なっている。

第二に、春申君列伝は紀年資料のほかに、戦国故事を引用する分量が多い。たとえば穣侯列伝は、全体の約六〇％が戦国故事で構成されているのに対して、春申君列伝では戦国故事が約七〇％ほど利用されている。これに説話や説明の記述をふくめると、全体の約八〇％が記事資料となる。もっとも多いのは、黄歇が秦王に説いた上書と、最後の結末である。これは先行する素材と編集意図の関係を考える必要がある。

二　春申君列伝の紀年と記事資料

ここでは列伝にみえる紀年資料と、記事資料の位置づけを検討してみよう。春申君の事績に関する主な紀年は、六国年表の楚表と、楚世家の楚紀年である。ただし『史記』戦国紀年には錯誤があるといわれており、これを補足するために睡虎地秦簡『編年記』と六国秦表を参考とする。

表2は、六国秦表と六国楚表、楚世家、春申君列伝の紀年を一覧表したものである。その年代は、楚頃襄王三十六年（前二六三）から楚考烈王二十五年（前二三八）までの二十六年間を対象とした。この戦国紀年をみると『史記』の楚紀年には、六国楚表と楚世家でも不連続で限られた年の記事しかない。また春申君列伝の紀年も、ほぼ共通しているが、三者の楚紀年は必ずしも一致していない。これは、どのように考えたらよいのだろうか。

まず六国楚表の内容は、大きく二種類に分けることができる。その一は、秦国と楚国とが関係する記事である。たとえば楚考烈王元年には、秦が楚の州を取っている。考烈王六年と七年の記事は、秦が趙国を攻めたとき救援する記事である。しかも考烈王六年に、春申君が趙を救う記事は、『編年記』と六国秦表にみえる記事と一致しており、信頼できる事件である。このような特徴は、六国年表における他国の紀年と同じように、秦国の記録を基礎とすることが一因であろう(12)。すなわち六国年表は、司馬遷が序文で述べているように、「秦記」を各国の年表に分散した構成となっており、六国楚表にも秦国でわかる楚国の記事をふくむと考えられる。そのため年表では、毎年の記事がなく、限られた不連続な年の記事だけになると推測している。

その二は、楚国の大事である。それは考烈王八年の記事や、十年の鉅陽への遷都、十二年の柱国の死、十四年の魯国が滅ぶ記事、十五年の春申君の封地への移転、二十五年の春申君の殺害に関する記事などである。これは秦国との関係ではなく、楚の国内に関する情報である。また「二十五年」は、春申君の戦国故事にみえていた紀年である。これは秦紀年とは別の資料によるものであろう。したがって六国楚表では、一に秦国との関係記事と、二に楚国の大事に関する記事がある。そしてこの二種類の紀年資料を合わせて、不連続な九ヶ年の記事となっている。そのほかの年は、楚王の在位年数を記すだけで、記事は空白である。

表２　『史記』戦国紀年の比較

六国秦表	六国楚表	楚世家	春申君列伝
（昭王）44 攻韓、取南陽。	（頃襄王）36	三十六年、頃襄王病、太子亡歸。秋、頃襄王卒、太子熊元代立、是為考烈王。考烈王以左徒為令尹、封以呉、號春申君。	（黄）歇至楚三月、楚頃襄王卒、太子完立、是為考烈王。＊
45攻韓、取十城。	楚考烈王元年、秦取我州。黄歇為相。＊	考烈王元年、納州于秦以平。＊	考烈王元年、以黄歇為相、封為春申君、賜淮北地十二縣。
46王之南鄭。	2		
47白起破趙長平、殺卒四十五萬。	3		↑〔誤写〕
48	4		春申君為楚相四年、秦破趙之長平軍四十餘萬。＊
49	5		五年、圍邯鄲。邯鄲告急於楚、楚使春申君將兵往救之、秦兵亦去、春申君歸。＊
50王齕・鄭安平圍邯鄲、……拔新中。	6春申君救趙。＊	六年、秦圍邯鄲、趙告急楚、楚遣將軍景陽救趙。＊	↓〔誤写〕
51	7救趙新中。＊	七年、至新中。秦兵去。＊	
52取西周。王稽棄市。	8取魯、魯君封於莒。		春申君相楚八年、為楚北伐滅魯、以荀卿為蘭陵令。
54	10徙於鉅陽。		
56	12柱國景伯死。	十二年、秦昭王卒、楚王使春申君弔祠于秦。＊	
秦孝文王元年	13		
秦莊襄王楚元年、蒙驁取成皐・滎陽。初置三川郡。呂不韋相。取東周。	14楚滅魯、頃公遷卞為家人、絶祀。		春申君相十四年、秦莊襄王立、以呂不韋為相、封為文信侯。取東周。＊
2蒙驁撃趙楡次・新城・狼孟、得三十七城。	15春申君徙封於呉。		後十五歳……因并獻淮北十二縣。請封於江東。
3王齮撃上黨。初置太原郡。……	16	十六年、秦莊襄王卒、秦王趙政立。＊	
始皇帝元年、……	17		
5蒙驁取魏酸棗二十城。初置東郡。	21		
6五國共撃秦。	22王東徙壽春、命曰郢。	二十二年、與諸侯共伐秦、不利而去。楚東徙都壽春。＊	春申君相二十二年……楚於是去陳徙壽春。……
7……蒙驁死。	23		
8嫪毐封長信侯。	24		
9……嫪毐為亂、遷其舍人于蜀。……	25李園殺春申君。	二十五年、考烈王卒、子幽王悍立。李園殺春申君。	春申君相二十五年、楚考烈王病。……於是遂使吏盡滅春申君之家。……是為楚幽王。

＊秦紀年と関連

つぎに楚世家の紀年は、六国楚表にみえる楚国の大事をのぞけば、基本的に同じ範囲にある(13)。たとえば考烈王元年、六年、七年の記事は秦国との戦争であり、六国楚表と同一である。また考烈王二十二年に、諸侯と共に秦を攻める記事は、六国楚表にみえないが、六国秦表に「五国共撃秦」とあり、六国年表と共通する記事である。頃襄王三十六年と考烈王二十五年にみえる楚王の死は、六国楚表で在位年数で示されている内容をその前年に記したものであり、基本的に同一とみなされる。ただし考烈王十二年条に、春申君が使者となって秦国に弔祠する記事は、列伝にみえない春申君の事績として注意される。

それでは春申君列伝の楚紀年は、六国楚表や楚世家の紀年と、どのような関係にあるのだろうか。まず楚頃襄王が亡くなり考烈王が即位する記事は、六国楚表や楚世家と一致している。つぎに考烈王元年に黄歇が相となる記事は、六国楚表と同一であり、楚世家の前年の記事とも一致している。ただし列伝では、淮北十二県の封地を記し、後文に「後十五歳」として江東（呉）に春申君の封地を徙したことを述べているが、この記事は六国楚表の考烈王十五年条にみえる呉への封地移転の記事に対応しているとみなされる。つづいて楚相八年に魯国を滅ぼす記事は、六国楚表の考烈王八年条と同一である。また楚相二十二年に都を寿春に徙すことは、楚世家の考烈王二十二年条と同一である。そして楚相二十五年の春申君の殺害は、六国楚表、楚世家の考烈王二十五年条と共通している。

このように春申君列伝の楚紀年は、九ヶ年のうち六ヶ年の記事が、六国楚表もしくは楚世家の紀年と共通している。とすれば春申君列伝では、六国楚表や楚世家と異なる記事は「楚相四年、五年」の記事だけである。しかしこの二ヶ年の記事には、年代上の問題がある(14)。

それは一に、楚相四年（前二五九）の記事は、秦が趙国を長平において破ったという内容である。しかしこの長平の戦いは、『編年記』と六国秦表によれば秦昭王四十七年（前二六〇）のことである。楚の紀年でいえば、考烈王三年にあたる。したがって春申君列伝の「楚相四年」は「三年」の誤りであり、しかもこの記事は楚の記事ではない。二に、五年の記事は、秦が邯鄲を包囲した際に、春申君が兵を率いて趙国の救援に行く内容である。これは『編年記』や六国秦表、六国楚表、楚世家ともに、考烈王六年（前二五七）の事件としている。したがってこの記事も、春申君列伝の誤写ということになる。つまり以上の二ヶ年の記事は、一見すると独自の楚紀年のようにみえるが、その年代を修正すれば、他の楚紀年と一致する記事であることとわかる。

以上のように『史記』の楚紀年は、すでに六国楚表と楚世家において不連続な戦国紀年しかみられなかった。それは一に、秦紀年にもとづく記事と、二に、楚国の大事や戦国故事にみえる記事という二種類の内容がある。春申君列伝は、こうした『史記』の楚紀年をそのまま転記したものであり、ここでは編年のために創作された紀年資料はみられない。ただし春申君列伝では、「紀年資料＋記事資料」を主な素材にするという手法は、穣侯列伝と同じであるが、楚相としての紀年を記す点が違っている。これは春申君が、考烈王元年に楚相となっているために、考烈王の在位と春申君の相としての紀年が一致することも関係しているであろう(15)。

つぎに春申君列伝では、どのような基準で記事資料を選択したかを考えてみよう。すでに穣侯列伝の編集では、司馬遷が太史公自序や、列伝の論賛で評価している代表的な事績を選んだと推測したが、春申君列伝の場合はどうであろうか。春申君列伝の論賛には、つぎのように述べている。

太史公曰、吾適楚、観春申君故城、宮室盛矣哉。初春申君之説秦昭王、及出身遣楚太子歸、何其智之明也。後制於李園、旄矣。語曰、當斷不斷、反受其亂。春申君失朱英之謂邪。（春申君列伝、論賛）

以身徇君、遂脱彊秦、使馳説之士南鄉走楚者、黄歇之義、作春申君列傳第十八。（太史公自序）

列伝の論賛では、司馬遷が春申君の故城を訪れて、宮室が盛んであったことを述べ、最初に秦昭王に説いて、楚太子を帰国させたことを評価している。しかし最後に、李園の謀によって殺害される結末は「旄《おいぼれ》たり」と突き放し、朱英の進言を聞かなかった結果としている。太史公自序では、やはり主君を秦から脱出させ、遊説の士を派遣して楚に従わせた功績を評価している。これらは春申君の大事とみなすことができよう。

この評価によれば、列伝の戦国故事①と記事②は、春申君が歴史に登場する代表的な事績である。また戦国故事③は、楚の都城を寿春に遷す転機となる記事であり、戦国故事④は、春申君の失脚と殺害にいたる内容であり、論賛の評価と対応している。したがって春申君列伝では、論賛で評価している代表的な事績が選ばれているといえよう。そして時期の早い記事は登場を示し、春申君の全盛のあと、晩年の戦国故事は失脚と滅亡を位置づけている。

このとき注意されるのは、春申君に関する戦国故事の性格である。列伝にみえる戦国故事は、『戦国策』や『新序』などと共通している。『戦国策』と『新序』は、ともに劉向が編纂した書物であり、司馬遷の時代より後の資料である。そこで司馬遷が、これらの書物のもとになった資料を利用できたかは証明できない。しかしその一部は、馬王堆帛書『戦国縦横家書』によって、司馬遷の時代より前に存在したことが確認された。穰侯列伝の場合には、明らかに『戦国縦横家書』と共通する戦国故事を利用している。(16) したがって戦国故事の一部は、司馬遷が利用できた系統にふくまれる。

また春申君列伝に利用されていないが、『戦国縦横家書』二三章には春申君に関する故事がある。(17) その内容は、ある人が春申君に進言して、封地を楚都から遠くに移すほうが安泰であることを述べている。これは『戦国策』楚策四にほぼ同じ故事があり、また韓策一にも部分的に共通する語句がある。したがって春申君に関する戦国故事も、一部は『史記』の成立よりも早く存在していたことがわかる。したがって『史記』と『戦国策』にみえる故事の一部は、司馬遷が創作した物語ではなく、先行する戦国故事を収録したことが証明できる。このような戦国故事の形式をみるとき、司馬遷が『戦国策』と共通する記述を独自に創作することは困難であろう。

ただし故事④Bは、『戦国策』楚策四と共通しているが、その形式と内容に問題がある。故事④の前半Aは、李園と春申君の対話であり、この形式はほかにもみえている。しかし故事④Bは、朱英と春申君の対話を中心としているが、冒頭に「春申君相二十五年」とあり、末尾に「是爲楚幽王。是歳也、秦始皇帝立九年矣。嫪毐亦爲亂於秦、覺、夷其三族、而呂不韋廢」という評価の語句をふくんでいる。これは『史記』列伝の形式からいえば、「春申君相二十五年」の表記が共通しており、むしろ司馬遷の評価を反映している可能性がある。したがって『戦国策』との対応は、故事の形式について個別に判断する必要がある。[18]

同じように『説苑』『新序』も、今日では一部が出土資料と共通しており、『史記』に先行することが証明できる。[19]ただし『説苑』正諫篇の伍子胥説話は、「呉以伍子胥・孫武之謀、西破強楚、北威齊晉、南服越。……三年」のように、司馬遷の説明と編年を示す語句をふくんでいる。[20]説話の性質には、なお注意が必要である。

以上のように、春申君列伝の紀年資料は、『史記』にみえる秦紀年と共通する紀年と、戦国故事にみえる紀年で構成されている。また紀年の間にある記事資料は、春申君に関する戦国故事や説話のなかから、代表的な事績を選択して編集している。その編集の手法は、早い時期の登場と、全盛のあと、遅い時期の失脚と殺害に結びつけ、春申君の人物評価を示している。そして春申君列伝の場合は、とくに失脚にいたった原因を朱英の進言を聞かなかった結果としており、ここに運命を位置づける視点がみえている。

三　孟嘗君列伝の構成と編集

孟嘗君は、本名を田文という。また斉の封邑にちなんで薛公《せっこう》といい、戦国四君の代表的な人物である。表3は、その伝記を記した『史記』孟嘗君列伝の構成である。ここで注目されるのは、構成が二つに分かれていることである。伝記の部分は「(田）文卒、謚爲孟嘗君。……孟嘗絶嗣無後也」で一度は終わっている。しかし孟嘗君の死後に、ふたたび長文の説話を補足している。そこで先に伝記の特徴をみて、そのあとで補足の説話を考えてみよう。

列伝の冒頭では、父の田嬰の経歴と斉威王・宣王時代の事績を記している。これは田文の事績ではなく、田嬰が湣王三年に薛に封ぜられるまでの歴史である。[21] ただし戦国斉の紀年では、威王・宣王・湣王の在位が修正されており、その事績には注意が必要である。[22] この紀年と記事は、田嬰の経歴であり、孟嘗君の事績に関する紀年ではない。以下の列伝では、一ヶ年の紀年をのぞいて、すべて記事資料で構成されている。そこで記事資料の性格と編集が問題となる。

最初は、田文が薛公となるまでに二つの説話がある。説話Aは、田嬰の四十余人におよぶ子のなかで、その賤妾の子である田文が五月五日に生まれたため、育てないように命じたが、母はその子を成長させて面会した話である。[23] ここでは田文が人の運命は天から受けると主張している。説話Bは、田文が父に説いて、私家の財産を積むよりは、士を養うことを勧めたものである。そこで田嬰は賓客を接待し、その名声が諸侯に広まった。そして諸侯は、田文を太子とするように望み、田文は父の死後に薛公となった。これは孟嘗君が、すぐれた能力をもって登場すると位置づけられているといえよう。

表３　『史記』孟嘗君列伝の構成

孟嘗君名文、姓田氏。父の靖郭君・田嬰に関する経歴。
斉威王、宣王時代の事績。湣王が即位、田嬰が薛に封ぜられる。

初。…田嬰の子に関する説話Ａ、田文が薛公となる説話Ｂ

孟嘗君が薛で諸侯の賓客、亡人有罪者を招致する。

「食客数千人」を均しく待遇した説話（１、２）

故事①　蘇代が孟嘗君に進言。	（斉策三、『説苑』正諫）

斉湣王二十五年、孟嘗君が秦に入り、秦昭王が秦相とする。

説話：函谷関を抜ける「鶏鳴狗盗」のエピソード

〔孟嘗君が、趙を通過する時の短い説話〕
斉湣王が、孟嘗君を斉相として政務を担当させる。

故事②　蘇代が薛公に説く故事	（西周策）
説話：孟嘗君の舎人が税を取り立てるエピソード	

故事③　蘇代が孟嘗君に呂礼の不用を説く	（東周策）
故事④　孟嘗君が秦穣侯へ送った書信	（秦策三）

斉湣王が宋を滅ぼした後、孟嘗君は魏に行き、魏の相となる。
斉湣王が亡くなった後、独立を保ち、襄王と和親する。
田文が無くなり、孟嘗君と謚する。斉と魏が薛を滅ぼす。

> 於是嬰迺禮文、使主家待賓客。賓客日進、名聲聞於諸侯。諸侯皆使人請薛公田嬰以文爲太子、嬰許之。嬰卒、謚爲靖郭君。而文果代立於薛、是爲孟嘗君。

ただし二つの説話は、『戦国策』などの他資料にはみえない。また内容は、年月をへたエピソードとなっており、帛書『戦国縦横家書』の書信や進言の戦国故事とは異なっている。これは説話の形式の特徴である。

つぎに列伝では「孟嘗君在薛、招致諸侯賓客及亡人有罪者、皆歸孟嘗君」とあり、孟嘗君が薛において、諸侯の賓客や、罪を得て亡命した者などを招致したと記している。これは孟嘗君が客に対する総括となっている。

これ以降は「孟嘗君舎業厚遇之、以故傾天下之士」で始まり、孟嘗君が客を応対する短い説話がある。一は、孟嘗君が客と面会するとき、屛風の後ろに常に侍史がいて、客の親戚の居所をうかがい、その客が去ったすぐ後に親戚に贈り物をしたという話である。二は、食事に不満をもった客が、孟嘗君の食事をみるとまったく同じであり、恥じて自殺をしたという話である。これらのエピソードは、いずれも孟嘗君が客を応対する態度を示しており、人心を得る象徴的な話となっている。

これまでは孟嘗君が薛公となり、食客に応対する説話で構成されている。しかしここからは『戦国策』と共通する戦国故事を利用した孟嘗君の事績と、食客に関する説話が交互に記述されている。

戦国故事①には、「秦昭王聞其賢、乃先使涇陽君爲質於齊、以求見孟嘗君」という背景がある。秦が涇陽君を斉に人質とする事件は、秦本紀では昭王六年（前三〇一）とし、六国斉表では湣王二十四年（前三〇〇）としている。そこで孟嘗君が秦に入ろうとするとき、蘇代が進言して「木禺人と土禺人」の比喩によって、秦に行くことを止めている。この記事は、『戦国策』斉策三とほぼ同じであるが、斉策三では「蘇秦」とするなど、字句に少し相違点がある。(24) また『説苑』正諫篇にも同じ記事がある。その構文は『戦国策』に近いが、進言者を「客」として字句もわずかに異なっている。(25) これは進言を原形とする記事が、のちに人名や、前後の歴史背景を追加して戦国故事となる過程を示している。

つぎの説話は、これにつづく内容である。ここで注意されるのは「斉湣王二十五年」という紀年である。このとき秦昭王は、ふたたび孟嘗君を秦に入らせて秦相とした。これは六国斉表で湣王二十四年に、涇陽君の人質を記したことから、その翌年としたものであろう。六国斉表では、同じように湣王二十五年としている。しかし秦本紀では、孟嘗君を秦相としたのは、昭王九年（前二九八）であり、六国斉表では同じ年の湣王二十六年に「孟嘗君歸相齊」と記している。ここには秦本紀と六国年表に、年代のズレがある。説話の内容は、孟嘗君が殺されそうになって、秦国を出国するために、白裘を盗ませて幸姫に献上し、関所を通過するために鶏の鳴き声をまねて脱出するというエピソードである。これは秦の難をのがれた「鶏鳴狗盗」の故事としてよく知られている。ここでは、この二人を客としたとき、初めは他の客が恥じたが、あとで客はみな感服した。これは孟嘗君が秦に入って秦相となり、その後、帰国して斉相になった事績をもとに作られた説話であろう。ただし史実として疑わしいエピソードも、函谷関を通過する通行証（伝）の使用には、秦漢時代の交通制度を反映している点が注目される。(26)

このあと孟嘗君は、趙を通過するとき平原君の客分となったが、笑いものになった。そこで客とともに数百人を撃殺し、一県を滅ぼして去ったという短い説話がある。

戦国故事②は、孟嘗君が斉に帰国したあと、斉相となった事績に関するものである。その内容は、斉が韓・魏と一緒に秦を攻撃しようとして西周に兵を借りようとした際に、蘇代が薛公に説いて、西周の援軍を止めさせるというものである。この進言では「薛公」と表現しており、「君以齊爲韓・魏攻楚九年、取宛・葉以北以彊韓・魏、今復攻秦以益之」という事績がうかがえる。この記事は『戦国策』西周策にほぼ同文がみえるが、その進言者を韓慶とするなど少し異なっている。(27)その結果、孟嘗君は秦の攻撃をとり止めた。この後は「是時、楚懷王入秦、秦留之、故欲必出之。秦不果出楚懷王」とあり、同じ時期を説明する語句がある。この事件は、秦本紀では昭王十年（前二九七）のことで、楚懐王は秦昭王十一年（前二九六）に秦で客死している。

孟嘗君が斉相のときには、舎人の魏子が封邑の収入を納れなかったが、それに関連した賢者が、のちに孟嘗君の無実を明らかにするために自殺するという説話がある。これも話のなかに「居数年」とあり、年月をへた説話の形式となっている。このあと孟嘗君は、病と称して薛に帰ったという説明がある。

戦国故事③と④は、いずれも呂礼に関する故事で、孟嘗君が秦と敵対する立場を示している。戦国故事③は、秦の亡将である呂礼が斉相となり、蘇代が苦しめられたので、蘇代は孟嘗君に斉と秦が連合しないように進言している。ここでは薛公は、斉と秦の連合を阻止しようとする立場である。この故事は、『戦国策』東周策にほぼ同文があるが、蘇代の名はみえない。(28) 戦国故事④は、孟嘗君が秦穣侯に書信を送って、斉を攻撃させ、斉と秦を連合しようとする呂礼の策を破るように進言するものである。これは『戦国策』秦策三にほぼ同文がある。(29) これらの二つの故事は、いずれも『戦国策』では「薛公」という表現を用いている。また反対に、『史記』では『戦国策』と共通する故事の部分のあとに「於是……」という結果を示す短い文を記している。

以上のような記述につづいて、最後の部分には、孟嘗君が斉を追われて魏の相となり、のちに秦と趙・燕などと連合して斉を攻め、斉湣王を死にいたらせる経過を簡略に記している。そして斉襄王が即位したあとに、孟嘗君は諸侯に独立の態度をとり、亡くなったあとに薛が滅んだことを記して終っている。

　後齊湣王滅宋、益驕、欲去孟嘗君。孟嘗君恐、迺如魏。魏昭王以爲相、西合於秦、趙與燕共伐破齊。齊湣王亡在莒、遂死焉。齊襄王立、而孟嘗君中立於諸侯、無所屬。齊襄王新立、畏孟嘗君、與連和、復親薛公。文卒、謚爲孟嘗君。諸子爭立、而齊魏共滅薛。孟嘗絕嗣無後也。

このように孟嘗君列伝の構成をみると、父の田嬰の経歴をのぞいて、紀年が少ないという特徴がある。孟嘗君の伝記は、大部分が戦国故事と説話の記事資料で構成されている。このうち戦国故事は、孟嘗君の事績に関する内容となっている。これは列伝と共通する『戦国策』西周策、東周策、秦策三の故事では「薛公」と記している。一方、説話の形式は、田文の生い立ちと、食客に関するエピソードが多い。ここでは「孟嘗君」と言っている。このような傾向をみれば、孟嘗君の話は、漢代までに食客に関するエピソードが好んで伝えられたようである。(30)

それでは司馬遷は、このような素材を利用して、どのように編集しているのであろうか。これを孟嘗君の経歴に即してみれば、つぎのような順序となる。

まず田文が、父の後を継いで薛公となるまでは、説話の形式だけである。薛公となってからは、食客数千人を招致したときの説話がある。

孟嘗君の事績が、最初に明らかになるのは、秦に行って秦相となり、帰国して斉相となることである。このときに戦国故事①と、「鶏鳴狗盗」の説話、趙を通過して帰国する説話がある。孟嘗君が秦に入る年と、帰国する年は、秦本紀や六国年表、孟嘗君列伝で少し相違はあるが、ほぼ秦昭王九年（前二九八）のことである。孟嘗君列伝は、これを「斉湣王二十五年」とするが、これは六国斉表の在位によって記したものであり、湣王の在位は修正されている。

孟嘗君が斉相のときには、韓・魏と一緒に秦を攻めるために、西周の兵を借りようとした戦国故事②がある。もう一つは、封邑の税を取り立てに関連して、孟嘗君の無実を訴えた賢者の存在を示す説話である。ところが、このあと孟嘗君は、謀叛の疑いは晴れたが、病と称して薛に帰ったという。ここから薛公として、斉王との関係が問題となる。

斉国での薛公の立場を示すのが、戦国故事③と④である。ここでは呂礼が斉相となって、斉と秦との交わりを進めようとしており、薛公の立場が悪くなっている。そこで薛公は、秦の穰侯に書信を送り、穰侯の立場を良くし、封地を得るためにも、斉を攻めることを要請した。しかし結果は、前二八六年に斉湣王が宋を滅ぼしたあとに、薛公は魏に亡命している。この年代は、六国斉表の斉湣王三十年（前二九四）に「相薛文走」とある。しかしこれは斉が宋を滅ぼす以前となり、薛公の出奔は修正する必要がある。たとえば列伝の戦国故事②には、「君以齊爲韓・魏攻楚九年、取宛・葉以北以彊韓・魏、今復攻秦以益之」とあり、斉相の期間を「九年」としている。孟嘗君が秦から帰って斉相となり、秦と斉が帝号を称するまでは約一〇年である。これは孟嘗君が斉相であったときの情勢と符合している。

このように孟嘗君列伝では、田文が薛公となり、秦国に行き、帰国してから斉相となり、ふたたび薛公として斉での地位を保つ事績のなかで、戦国故事と説話の形式をもつ資料を編集していることがわかる。その編集意図と人物評価は、論賛でつぎのように述べている。

太史公曰、吾嘗過薛、其俗閭里率多暴桀子弟、與鄒・魯殊。問其故、曰、孟嘗君招致天下任俠、姦人入薛中蓋六萬餘家矣。世之傳孟嘗君好客自喜、名不虛矣。（孟嘗君列伝の論賛）

好客喜士、士歸于薛、爲齊扞楚魏、作孟嘗君列傳第十五。（太史公自序）

司馬遷は、列伝の論賛で、孟嘗君が好んだのは虚名ではないと述べている。太史公自序では、賓客や士を好んで薛国に招致し、斉のために楚と魏をふせいだと評価している。これを列伝の構成とくらべてみると、孟嘗君が客を招いた説話や、斉相のときに楚を攻めた事績と一致している。したがって孟嘗君列伝は、薛公となって以来、その代表的な説話と戦国故事を利用して、その事績を位置づけている。しかし斉相としての全盛から、失脚して魏に行く動向では、そのきっかけとなる斉と秦の外交関係を示すだけで、とくに戦国故事や説話を利用していない。孟嘗君が斉を去って、魏に行ってからの動向は、あとでふたたび検討してみよう。

こうして孟嘗君の伝記をみると、その後半にある説話は、つぎのように理解することができる。この説話の内容は、孟嘗君の客のなかに馮驩という人物がおり、この人物のおかげで孟嘗君は薛での評判を得たこと、また秦との外交を背景に斉での地位を確立したことを記している。ここでは馮驩という人物を通して、孟嘗君と「食客三千人」との関係が述べられているといえよう。この記事は、『戦国策』斉策四の故事と類似しているが、その構文にはかなり異同がある。[31]また全体的に『史記』列伝のほうに付加した文章が多い。それは一に、馮驩が薛の負債を取り立てに行くときの状況と結末の表現が違っている。二に、『史記』では斉王が孟嘗君を秦にゆかせず、ふたたび斉で任用しているが、『戦国策』では魏に迎えられることも方策としており、馮驩のおかげで禍いがなかったと記している。これは『戦国策』のほうが話として一貫している。したがって列伝に補足された説話は、薛公の食客との関係を示し、斉国での立場を伝えるエピソードとみなされたのであろう。ただし両者とも「孟嘗君」と称しており、これは史実として検討が必要である。

四　平原君、魏公子列伝の構成

それでは『史記』平原君列伝、魏公子列伝の場合はどうであろうか。ここでも基本的に「紀年資料＋記事資料」という編集パターンで構成されている。しかし孟嘗君列伝と同じように、紀年はわずかにみえるだけで、大半は戦国故事と説話の形式である。ここでは、その要点をみておくことにしたい。

平原君の趙勝は、濁世の佳公子といわれる人物である。平原君列伝は、その前半が平原君の伝記であり、後半の虞卿の伝記とあわせて一篇となっている。表4は、平原君の部分を示したものである。

列伝の冒頭は、趙勝が趙の諸公子で、賓客を喜んだことを記している。これは経歴にあたる記事である。また趙勝は、趙恵文王と孝成王の時代に三たび相となり、東武城に封じられたと記している。

平原君趙勝者、趙之諸公子也。諸子中勝最賢、喜賓客、賓客蓋至者數千人。平原君相趙惠文王及孝成王、三去相、三復位、封於東武城。

つづく部分には、三つの説話を記している。説話①は、平原君の美人が足の悪い士を笑ったことに端を発して、その美人を斬るという内容である。その要点は、平原君が士を大事にしたことを示しているが、その形式は『戦国縦横

表4　『史記』平原君列伝の構成

平原君趙勝、趙之諸公子也。諸子中勝最賢、喜賓客。
賓客蓋至者数千人。
平原君相趙恵文王及孝成王、三去相、三復位、封於東武城。

説話①　平原君が士を喜び、美人を斬る説話

是時斉有孟嘗、魏有信陵、楚春申、故争相傾以待士。
秦之囲邯鄲、趙使平原君求救、合従於楚。

説話②　門下の毛遂のおかげで楚王と結ぶ説話

平原君既返趙、楚使春申君将兵赴救趙。
魏信陵君亦矯奪晉鄙往救趙、皆未至。

説話③　平原君が私財を士に与え、邯鄲を防衛する説話（『説苑』復恩）

故事④　公孫龍の言で、虞卿を退ける（趙策三）

平原君以趙孝成王十五年卒。子孫代、後竟与趙倶亡。
平原君厚待公孫龍。公孫龍善為堅白之辯、及鄒衍過趙言至道、乃出公孫龍。

家書』の故事とは異なる説話の形式となっている。そして歴史背景は、斉には孟嘗君、魏の信陵君、楚の春申君がおり、争って士を招いたというが、これは評価の概略である。

これに対して、説話②と③は、いずれも秦が趙の邯鄲を包囲する時期のものである。ここには紀年はないが、その年代が推定できる。その背景は、趙世家と白起列伝にみえるように、秦に攻められた韓の上党守の馮亭が、趙に帰属しようとし、それを平原君が賛成したことが原因である。[32]説話②は、秦が邯鄲を包囲したとき、平原君が楚に行って救援を依頼するもので、一緒に同行した毛遂のおかげで楚王に援軍を約束させるエピソードである。[33]説話③は、平原君が趙に帰国したあと、春申君と信陵君の援軍が趙に至らないとき、平原君が私財を士に与えて、邯鄲を防衛する説話である。ここでは邯鄲の伝舎の吏の子が平原君に進言したが、その李同という人物が戦死したので、父を李侯にしたという。この説話は、『説苑』復恩篇にほぼ同じ記事がある。(34) 秦が趙の邯鄲を包囲する事件は、秦本紀と六国年表、睡虎地秦簡『編年記』によれば、いずれも秦昭王五十年（前二五七）のことであり、このとき三人の封君が行動を共にしている。

邯鄲を防衛したあとは、戦国故事④がある。これは虞卿が平原君のために封邑を要請しようとしたとき、公孫龍が平原君に反対の意見を述べたため、平原君は虞卿の言を退けたというものである。この故事は、『戦国策』趙策三にほぼ同内容がみえるが、ここでは最初に虞卿が趙王に説く言があり、そのあと列伝と共通する公孫龍と平原君の対話である。また結末も、少し表現が違っている。

秦攻趙、平原君使人請救於魏。信陵君發兵至邯鄲城下、秦兵罷。虞卿爲平原君請益地、謂趙王曰、……趙王曰、善。將益之地。公孫龍聞之、見平原君曰、……平原君曰、謹受令。乃不受封。（『戦国策』趙策三）

虞卿欲以信陵君之存邯鄲爲平原君請封。公孫龍聞之、夜駕見平原君曰、……平原君遂不聽虞卿。（平原君列伝）

列伝の最後は、平原君が趙孝成王十五年（前二五二）に亡くなったこと、その子孫は趙とともに滅んだことを記して終っている。平原君の死は、六国趙表も同年としているが、趙世家では孝成王十四年条に「平原君趙勝死」とあり、六国趙表と一年の差がある。(35)

平原君以趙孝成王十五年卒。子孫代、後竟與趙俱亡。

平原君厚待公孫龍。公孫龍善爲堅白之辯、及鄒衍過趙言至道、乃絀公孫龍。

このあと列伝では、平原君が公孫龍を手厚く待遇したが、鄒衍が至道の言を述べると、公孫龍は退けられたことを追加している。これは一見すると平原君の事績ではない。しかし平原君列伝では、この記事があることによって、公孫龍の言を聞き虞卿を退けたのが誤りであったと示唆している。これは平原君列伝の後半部分に、虞卿の事績を評価していることからもうかがえる。列伝と太史公自序の論賛では、つぎのように述べている。

太史公曰、平原君、翩翩濁世之佳公子也、然未睹大體。鄙語曰、利令智昏、平原君貪馮亭邪説、使趙陥長平兵四十餘萬衆、邯鄲幾亡。虞卿料事揣情、爲趙畫策、何其工也。及不忍魏齊、卒困於大梁、庸夫且知其不可、況賢人乎。然虞卿非窮愁、亦不能著書以自見於後世云。（平原君列伝の論賛）

争馮亭以權、如楚以救邯鄲之圍、使其君復稱於諸侯、作平原君虞卿列傳第十六。（太史公自序）

太史公自序では、平原君が馮亭の申し出を受け入れたが、楚に行き援軍を要請して邯鄲の包囲を解いたと評価している。列伝の論賛では、濁世の佳公子であったが、馮亭の邪説を聞き、長平の戦いで敗れ、邯鄲を危うくさせたと批判している。列伝に利用された説話②と③は、邯鄲の防衛に関する話であるが、最後の戦国故事は、虞卿の進言を退けて平原君の誤りを示唆している。そして虞卿の評価では、優れた能力をもちながら、困窮に陥って著述を後世に残したと述べている。[36]このように平原君列伝では、説話や戦国故事を代表的な事績にあわせて編集しているが、虞卿の事績は、平原君の衰退を示唆するものとして一緒に位置づけていることがわかる。

つづいて魏公子列伝の構成を検討してみよう。魏公子（信陵君）は、平原君とほぼ同時代の封君であり、この列伝はとくに名文として知られている。[37]表5は、魏公子列伝の特徴を示したものである。

列伝の冒頭には、魏公子無忌が安釐王の異母弟であり、魏王の即位の年に信陵君となったことを記している。これは系譜と経歴にあたるものである。つぎに魏公子が封君となった時期に、秦の攻撃が激しくなる説明があるが、この歴史背景は正確ではなく、おおまかな概略となっている。[38]

以上のような記事に対して、魏公子の人柄と、食客を招いた説明がある。その要点は、1公子が士に下ること、2「食客三千人」が集まったこと、3諸侯は公子の賢明を知って魏を十余年攻略しなかったことである。[39]つづく部分は、

表5　『史記』魏公子列伝の構成

魏公子無忌者、魏昭王少子而魏安釐王異母弟也。昭王薨。
安釐王即位。封公子為信陵君。是時范睢亡魏相秦、以怨魏斉故。
秦兵囲大梁、破魏華陽下軍、走芒卯。魏王及公子患之。

説話①　公子の客によって北境の動向を知る話。

説話②前段：公子が隠士の侯生を上客とする説話
魏安釐王二十年。秦昭王已破趙長平軍、又進兵圍邯鄲。
中段：侯生が公子に策をさずけて自殺する説話
後段：公子が趙に滞在する説話

説話③　毛公・薛公の進言により魏に帰国するまでの説話

魏安釐王三十年。……当是時……故世俗称『魏公子兵法』。

故事④　晉鄙の客が魏王に讒言する故事　（魏策四）

秦聞公子死。……十八歳而虜魏王、屠大梁。
高祖始微少時、数聞公子賢。……世世歳以四時奉祠公子。

基本的にこの内容を裏づける三つの説話で構成されている。

説話①は、公子が魏王と六博をしていた際に、公子の客によって北辺国境の動向を知っていたという話である。このエピソードは、魏公子がすぐれた能力をもっていたことを示しているが、魏王は恐れて国政に任じなかった。

説話②は、隠士の侯生に関する長文の説話である。全体は、さらに三つの段落に分かれている。前段は、公子が士に下り、大梁の夷門の監（門番）であった侯生を上客とするまでの経過を述べている。つづく中段は、魏公子の姉が趙の平原君の夫人であることから、趙の邯鄲に救援に行く話である。その経過は、侯生に関する説話として連続している。しかし注目されるのは、中段との間に「魏安釐王二十年（前二五七）、秦昭王已破趙長平軍、又進兵圍邯鄲」という紀年資料を挿入していることである。これは説話を接続する説明となっている。この年は、秦軍が趙を長平の戦いで破り、そのあと邯鄲を囲む情勢であり、秦本紀などの秦昭王五十年（前二五七）と一致している。

中段の説話は、侯生が信陵君に趙軍の兵権を奪う策をさずけ、出発したあとに自殺するという約束を守ったことで結ばれている。後段は、魏公子が兵符を偽ったことを知った魏王が怒り、公子は趙に五城を封地として滞在することを述べている。これは別の説話のようでもあるが、兵符を盗み、魏将の晉鄙を殺す事件から連続しており、やはり一連の説話とみなすべきであろう。ただし、どのような典拠によるかは不明である。

説話③は、魏公子が趙の処士である毛公と薛公と交際したことによって、趙での評判が高まり、平原君の客までが魏公子のもとに行ったことを述べる。これにつづいて「公子留趙十年不帰」と記したのち、秦が魏を攻撃し始めたため、毛公と薛公の進言によって公子は魏に帰国する。そして魏王は魏公子を上将軍としている。この説話は、公子が士に下ることと、食客への対応をモチーフとしている。以上が列伝の大半を占める説話の概略である。

最後に「安釐王三十年（前二四七）」とある部分では、魏公子が五国の軍隊を率いて、秦軍を河外に破り、函谷関まで至ったと記している。そして諸侯の客が献じた兵法に公子の名をつけ、それが『魏公子兵法』という。

魏安釐王三十年、公子使使遍告諸侯。諸侯聞公子將、各遣將將兵救魏。公子率五國之兵破秦軍於河外、走蒙驁。遂乘勝逐秦軍至函谷關、抑秦兵、秦兵不敢出。當是時、公子威振天下、諸侯之客進兵法、公子皆名之、故世俗稱魏公子兵法。

ところが戦国故事④では、これを憂えた秦王が晉鄙の客を求めて、魏王に讒言したため、公子は失脚したと記している。そして毎日飲酒をして四年後に病死した。これは六国魏表では、安釐王三十四年（前二四三）のことである。

これに関連して『戦国策』魏策四には、信陵君が晉鄙を殺して、邯鄲を救ったときに、唐且と信陵君との対話がある。その内容は、趙王が自ら郊外に迎えた恩を忘れてはいけないというが、そのなかに人が憎むのを知らなければいけないという助言がある。これは信陵君と晋鄙に関する戦国故事が存在しており、『史記』の素材が必ずしも創作ではないことを示している。

列伝の末尾は、魏公子の死後に、秦が魏を攻めて東郡を設置し、大梁を陥落させて魏を滅ぼす記述がある。また漢の高祖が天子となったあと、魏公子を祭り、後世にも四時に公子を奉祀させたことを述べている。

このように魏公子列伝では、一に、信陵君の事績に関する紀年はきわめて少ないという特徴がある。二に、列伝の大部分は説話で構成されており、一部に『戦国策』と関連する戦国故事がある。これは信陵君の伝記として、おおまかな年代を位置づけることはできるが、その具体的な記述は、書信や奏言を原形とする戦国故事よりは、信頼性が劣る資料にもとづくといえよう。

魏公子列伝と太史公自序の論賛では、つぎのように述べている。

太史公曰、吾過大梁之墟、求問其所謂夷門。夷門者、城之東門也。天下諸公子亦有喜士者矣、然信陵君之接巖穴隱者、不恥下交、有以也。名冠諸侯、不虛耳。高祖每過之而令民奉祠不絕也。（魏公子列伝の論賛）

能以富貴下貧賤、賢能詘於不肖、唯信陵君爲能行之、作魏公子列傳第十七。（太史公自序）

列伝の論賛では、司馬遷は大梁を訪れて、侯生とのエピソードがある城の東門を確かめている。そして信陵君が、隠れ住む士や、身分の下の者とも交わり、諸侯に名声があることを実感している。太史公自序でも、同じように信陵君を評価している。そして列伝の説話と戦国故事は、このような評価に対応している。

以上のように、『史記』平原君、魏公子列伝の構成を検討してみると、趙と魏の封君の事績は、その基準とする秦紀年が少なく、またその中心となる記述も、説話の形式をもつ資料が利用されている。したがって「紀年資料＋記事資料」という編集パターンでは共通しているが、その信頼性は春申君列伝よりも劣るということができる。

五　戦国四君列伝の事績と史実

これまで『史記』孟嘗君、平原君、魏公子、春申君列伝の構成を検討して、その素材と編集について論じてきた。そこでは穣侯列伝と同じように、基本的に「紀年資料+記事資料」という編集パターンで構成されている。しかし孟嘗君列伝は、父の靖郭君の事績にみえる紀年と「湣王二十五年」のほかは、戦国故事と説話で構成されている。平原君列伝と魏公子列伝は、簡単な紀年をのぞいて、あとは記事資料である。これらの列伝は、大半が記事資料で構成されており、春申君列伝のように、秦紀年や楚国の記事をふくむ編集とは違っている。

このような特徴は、一に、秦国と楚や、斉、趙、魏との関係によることを示している。(40) たとえば春申君列伝に秦紀年をふくむ理由は、他の封君とくらべて秦との関係が深いからである。春申君は、かつて楚太子とともに秦に滞在したことがあり、また秦との戦争や外交に関係している。ここに秦紀年との接点がある。孟嘗君列伝では、秦の相となった事績に「湣王二十五年」との関係がある。ところが平原君と魏公子列伝では、秦が邯鄲を攻める前後をのぞいて、秦国とは直接的な交渉をもっていない。そのため秦紀年では、かれらの事績を復元することが困難であったとおもわれる。また『史記』戦国史料では、秦紀年のほかに、趙世家の敬侯元年（前三八六）以降に趙紀年をふくむと推測しているが、平原君列伝では趙紀年を利用した形跡がない。(41) したがって戦国四君列伝では、秦国と封君との関係が、紀年資料のあり方を規定しているとおもわれる。

二に、戦国四君列伝の記事資料では、歴史的な背景をもつ戦国故事と、物語のような説話が利用されている。『戦国策』の戦国故事は、一部が帛書『戦国縦横家書』と共通しており、その編纂のもとになった素材は司馬遷が利用できた可能性がある。(42)戦国四君列伝では、直接的に『戦国縦横家書』の戦国故事を利用していないが、『戦国策』と共通する戦国故事は、必ずしも司馬遷の創作ではなく、先行する資料が想定できると考えている。その戦国故事の信頼性は、書信と奏言の形式や、その内容にみえる事件を、他史料との比較によって判断しなくてはならない。

また封君の事績は、『戦国策』と共通する戦国故事にみえており、『戦国縦横家書』『戦国策』や孟嘗君列伝では同時代の「薛公」と記すものがある。(43)しかし説話は、「食客三千人」に代表される賓客に関するエピソードが多いという傾向がある。この説話では、死後の謚である「孟嘗君」と記している。もちろん『戦国策』の故事にも、「薛公」と書かずに「孟嘗君」と記すものがある。そこで戦国故事は、必ずしも歴史的に正しいとはいえないが、説話と区別される形式をもっている。また『戦国策』『説苑』『新序』などと共通する説話は、一部が戦国秦漢時代の出土資料にみえていることから、書写された異聞として存在したことが想定される。したがって戦国四君のうち、孟嘗君、平原君、魏公子列伝は、記事資料の性格が問題となり、春申君列伝は、紀年と記事資料の性格が問題となる。

それではこのような編集に対して、史実との関係はどのようなものだろうか。興味深いのは、戦国四君のうち三人について、司馬遷が旅行の見聞を記していることである。(44)太史公自序では、二十歳の旅行地について、つぎのように述べている。

二十而南游江・淮、上會稽、探禹穴、闚九疑、浮於沅・湘。北渉汶・泗、講業齊・魯之都、觀孔子之遺風、鄉射鄒・嶧。戹困鄱・薛・彭城、過梁・楚以歸。

二十のとき、南方の長江と淮水に旅して、会稽山に上り、禹穴（禹の墓）を探った。そのほか（舜が葬られた）九疑山を遠望し、沅水と湘水に（船で）浮かんだ。北方では、汶水と泗水を渡り、斉と魯の都で学業を講じた。そこでは孔子の遺風を観たり、鄒の嶧山で郷射の儀礼を学んだ。また鄱や薛・彭城の地では苦難にあった。そこから梁（魏）と楚の地域を過ぎて、（長安まで）帰った。

ここでは孟嘗君の封邑であった薛国を訪れている。長江と会稽山の間では、春申君の封邑であった呉（蘇州）を通過した可能性がある。また梁には、魏の大梁故城がある。これらの現地の見聞は、列伝の論賛にもみえている。

孟嘗君列伝では、薛の習俗として暴桀の子弟が多いため、司馬遷はその理由を現地で聞いている。

私は、かつて薛を通り過ぎたことがある。その風俗は閭里（集落）に暴桀の子弟が多く、鄒や魯の風俗とは異なっている。その理由を問うと、「孟嘗君が天下の任俠たちを招致したので、悪事をする者が薛の中に入ってきました。それは六万家くらいです」という答えであった。世間で孟嘗君が食客を好み、自ら喜んだと伝えるのは、まったく虚名ではなかったのだ。（孟嘗君列伝の論賛）

司馬遷は、孟嘗君が客を好んだことは虚名ではないと述べ、太史公自序で「鄒や薛・彭城の地では苦難にあった」という状況よりも、さらに詳しく客の招致を伝えている。列伝に「孟嘗君が薛で諸侯の賓客や、罪を得て亡命した者を招致した」と記述するのは、このような事情と一致している。

つぎに魏公子列伝では、司馬遷は魏の大梁故城を訪れ、信陵君の運命に想いをよせている。

私は大梁の廃墟を訪れて、夷門があったという場所を問い求めた。その夷門は、城の東門であった。天下の諸公子たちのなかにも、士を喜ぶ者は多くいる。しかし信陵君が岩穴に隠れるような隠者に接する態度や、下の者に交わって恥としないのは、理由のあることだった。諸侯の中で名声がトップであるのも、けっして虚名ではない。高祖は、この地を通り過ぎるたびに、民に奉祠させて絶えることがなかった。（魏公子列伝の論賛）

ここでは魏の大梁を訪れ、とくに信陵君と隠士の侯嬴にかかわる夷門（東門）に行っている。しかしもう一つ注意されるのは、漢の高祖（劉邦）が大梁を訪れるたびに、民に祭祀をさせたという伝えである。高祖と信陵君との関係は、列伝の末尾に記している。

高祖始微少時、數聞公子賢。及卽天子位、毎過大梁、常祠公子。高祖十二年、從擊黥布還、爲公子置守冢五家、世世歳以四時奉祠公子。

高祖は、若いときに信陵君が賢者であることを聞いており、皇帝となってからも大梁を通過するたびに祭祀をした。高祖十二年、黥布を破って帰還する際に、この地に五家の墓守を置いたという。そして代々、年ごとの四時に信陵君を祭ったと記述している。(45)とすれば司馬遷は、大梁を訪れて夷門を見ただけではなく、信陵君を祭祀する様子を見聞したはずである。これは司馬遷が、祭祀に関心をもつ例とみなすことができよう。

信陵君の伝えは、『史記』魏世家の論賛に別の印象を記している。

太史公曰、吾適故大梁之墟、墟中人曰、秦之破梁、引河溝而灌大梁、三月城壞、王請降、遂滅魏。說者皆曰魏以不用信陵君故、國削弱至於亡、余以爲不然。天方令秦平海内、其業未成、魏雖得阿衡之佐、曷益乎。

私が、魏の大梁の故城を訪れると、その廃墟の人々は、つぎのように言った。「秦が魏を破ったとき、黄河の運河を引いて大梁を水攻めにしました。三ヶ月たって城郭が壊れたので、魏王は降伏を請い、とうとう魏は滅びたのです」と。説明する者は誰も「魏王が信陵君を用いなかったので、国が削られて滅んだ」と言うが、私はそうは思わない。それは、まさに天が秦国に海内を平らげさせようとした時だったのだ。だから秦の功業が完成しないうちは、たとえ魏が阿衡（殷の伊尹）のように優れた補佐を得たとしても、どうして効果があっただろうか。

ここでは現地の人びとが言うように、たとえ信陵君を任用したとしても、魏は滅亡をまぬがれなかったと述べている。司馬遷は、まさに秦が天下を統一する情勢では、魏はどうすることもできなかったと考える。これは信陵君の人物評価とは別に、天命の移動によって歴史を位置づける視点である。(46)

春申君列伝では、故城を訪れた見聞を記している。ここでは故城の宮殿を見て、その全盛を実感するとともに、最後は李園に欺かれて殺される運命を位置づけている。

私は楚に行き、春申君の故城を観たが、その宮室は盛んであった。初め、春申君が秦の昭襄王に説いて、身体をはって楚の太子（考烈王）を帰国させたとき、その智恵は明晰であったが、あとで李園に（欺かれ）制せられたのは、おいぼれたからであろう。（春申君列伝の論賛）

このように司馬遷は、戦国四君にゆかりの史跡を訪れ、かれらの事績に関する現地の印象を記している。これらの見聞は、武帝が即位した時代よりも、約一四〇年から一〇〇年前の史実にもとづいている。そこで司馬遷が『史記』列伝を著述する際には、その人物に関する伝えが基礎となったはずである。したがって『史記』列伝では、紀年資料や記事資料の素材をもとに編集しながら、こうした見聞が封君の事績を認識させ、人物の評価にも反映しているのであろう。しかし注意されるのは、祭祀に関する伝承の一部は列伝の本文にみえるが、現地の見聞は、すべて論賛に記されていることである(47)。また列伝の本文には、薛や大梁、呉の取材による記述は、ほとんど見出すことができない(48)。これは『史記』列伝の取材が、基本的に文字資料によるものであり、旅行の取材とは区別されることを示している。

このほか戦国四君の史実は、考古調査と出土資料や、列伝のエピソードによって再検討することができる。孟嘗君の事績では、かれが封邑とした薛国故城が関連している。薛国故城は、山東省滕州市の南にあり、その城郭と内部の調査が進んでいる(49)。遺跡の報告によれば、故城の城郭は東西が約三・三キロで、南北が約二・三キロの不規則な長方形である。その周囲には壕がある。中央のやや高い所が宮殿区といわれ、城郭の東部に居住区、冶鉄工房、製陶工房、墓地が発見されている。この城郭の規模は、斉の臨淄故城（東西約三・〇キロ×南北約五・〇キロ）に匹敵する広大なものである。ちなみに戦国楚の紀南城（郢）は、東西四・五キロ、南北三・五キロと大きく、雲夢県の楚王城は、東西約一・九キロ、南北約一・〇キロである(50)。司馬遷の見聞では、この薛の領地に六万家が居住したと伝えている。『漢書』地理志の戸口統計でいえば、県令を置く大県は一万戸であり、一家の平均が五人家族として、六万戸は約三〇万人となる。もし一家が三〜四人としても約二〇万人である。これは漢代の社会でいえば、数県の戸口にあたり、郡・国レベルの領地である(51)。このような薛国故城の規模と戸口は、『史記』列伝に述べるように、たしかに諸侯のなかで独立した封邑となることがわかる。

こうした封邑では、「食客三千人」という言葉に代表されるような客は、その官吏と兵卒にあたる意味をもつのではないだろうか。その参考として、前漢末の東海郡の吏員と卒の人数を比べてみよう(52)。東海郡は、平均の約二倍の大郡で、尹湾漢墓の「集簿」（木牘一）によれば県と邑・侯国が三八ほど所属しており、戸数は二六万六二九〇戸である。その吏員は二二〇三人で、卒は二九七二人とあり、合計は五一七五人である。そこで六万戸を管轄する官吏と卒は、約四分の一として一三〇〇人くらいとなる。そのため「食客三千人」が比喩としても、多くの食客は、封邑の内政や外交に従事する官吏と、兵士をふくめた人数にあたることが予想される。

したがって薛国の領地を考えれば、孟嘗君の勢力は、けっして任侠や游侠の集団レベルではないことを示している。これまでの研究では、孟嘗君が食客を養った説話をもとに、主人と客の人的結合に注目している(53)。それは君主の家臣を説明する重要な側面である。しかし司馬遷が伝える薛国は、任侠や悪事を働く者、多くの戸口をふくみながら、官吏の機構をもつ封邑の体制であることを示唆している。

そこで薛国の運営が問題となる。これについて孟嘗君列伝では、文書の記録と情報の伝達を示すエピソードがある(54)。それは孟嘗君が客と面会するとき、屛風の後ろに常に侍史がいて、君と客との対話を記していた。そのとき親戚の居所をうかがい、その客が去ったとき、すぐに使いを派遣して親戚に贈り物をしていたという。この話は史実かどうか不明である。しかし『史記』をはじめ『戦国縦横家書』や『戦国策』の故事では、戦国時代の封君が、他国の君主や封君に書信を送った例が多くみえている。したがって孟嘗君のエピソードでは、この時代に書記などが文書を担当していたことが想定できる。また孟嘗君列伝には、客が宿泊する伝舎について、一般の伝舎や、魚が支給される幸舎、乗り物が支給される代舎、そして家族と共に暮らせる舎など、いくつかの等級がある説話がみえている。これもさまざまな客の宿舎があったことを示している。(55) このほか食客が税を取り立てることに関する説話は、当時の制度そのままではないとしても、そこには中国古代の史実を反映している可能性がある。(56) これらは薛国の運営に関するエピソードである。

また帛書『戦国縦横家書』では、孟嘗君の晩年の事績が追加される。『史記』列伝と年表では、斉湣王が宋を滅ぼすとき、前二九四年に孟嘗君が斉を去って、魏に行ったと記している。魏昭王は孟嘗君を相として、秦や趙・燕と連合して斉を破り、斉湣王は臨淄から莒に出奔して亡くなった。その後は、諸侯のなかで独立して、斉襄王とふたたび和親している。その後、亡くなって孟嘗君と諡された。しかし列伝では、孟嘗君が魏国でどのように行動したかは不明であった。これに対して『戦国縦横家書』には、孟嘗君の魏での動向を伝えている。(57)

帛書三章は、ある人が趙から燕王に送った書信である。この書信は、蘇秦が出したものと推定されている。このとき蘇秦は趙に滞在しており、斉と趙の関係を悪化させる工作をすすめていた。しかし斉王の使者の書信によって、燕王が蘇秦を見捨てて趙との関係を良好にしようとする事態を知った。そこで蘇秦は、ふたたび斉と趙の国交が悪化しなければ、燕の利益にならないと述べている。そのなかで「薛公・徐為を見る所、其の斉を攻むること益々疾《はや》し」とあり、薛公（孟嘗君）は韓徐為と一緒に、斉を攻めることを謀っている。これは書信にみえる趙の奉陽君（李兌）が、斉と結んで封邑を得ようとする状況とは違っている。(58) 韓徐為が斉を攻める事件は、『史記』趙世家の恵文王十三年

(前二八六)条に「韓徐為将攻斉」とあり、ここではそれ以前の状況となる。

帛書八章は、蘇秦とおもわれる人物が、斉王に進言したものである。その冒頭には、薛公が斉の政治を担当していた時代に対して、斉王の政策がすぐれていることを述べている。ここに薛公の事績を要約している。

薛公相齊也、伐楚九歳、攻秦三年、欲以殘宋、取淮北、宋不殘、淮北不得。以齊封奉陽君、使梁・韓皆效地、欲以取趙、趙氏不得。身率梁王與成陽君、北面而朝奉陽君於邯鄲、而趙氏不得。王棄薛公、身斷事、立帝、帝立。伐秦、秦伐。謀取趙、得。攻宋、宋殘。是則王之明也。

ここでは薛公が斉の相であったとき、九年にわたって楚を伐ち、三年にわたって秦を攻めたと述べている。この事績は、孟嘗君列伝と西周策の戦国故事に関連している(59)。そして斉王が薛公を捨てて親政をした後は、帝号を称し、ついで秦を攻撃し、さらに宋を敗北させたという。秦と斉が帝号を称するのは前二八八年で、斉が宋を滅ぼすのは前二八六年のことである。さらに進言では、燕と斉が連合して趙に対抗する取り決めを確認して、現状は「今、三晉の敢えて薛公に抛ると、敢えて抛らざるとは、臣、未だ之を識らず」とあるように、薛公の方策に従う可能性もあることを示している。

帛書一二章は、ある人が趙から斉王に送った書信である。ここでは斉王が趙の奉陽君に告げた内容を確認し、斉王に燕や三晉と連合して秦に対抗する策を進言している。この斉王の命令のなかに「韋非、梁王の令を以て、平陵を以て薛に毑《ま》し、陶を以て君に封ぜんと欲す。平陵はただ城のみにして、其の鄙は盡く梁氏に入る。寡人、之を許すのみ」とあり、魏王の命令で薛公に平陵の城を与えようとしていたことがわかる。

このように『戦国縦横家書』の戦国故事には、孟嘗君が魏に行き、斉の攻撃と、封邑の拡大を謀っていた情勢がうかがえる。そして諸国が連合して斉の臨淄を陥落させたあとも、薛の独立を保っていたことになる。

孟嘗君の活動と同じ時期では、趙の恵文王元年（前二九八）に平原君が封君となっている。しかし諸国が連合して斉を攻撃するときには、『戦国縦横家書』の戦国故事でみたように、趙では奉陽君が権力をもっていた。『史記』趙世家や平原君列伝でも、趙恵文王時代の事績はなく、趙孝成王の時代に、秦が趙の邯鄲を包囲した事件より以降を中心としている。この事件は、秦昭王五十年（前二五七）のことで、このとき信陵君と春申君が援軍として協力している。したがって平原君と信陵君、春申君は、戦国後期に活躍した人物である。

信陵君については、魏の大梁の調査が事績と関連している。魏の大梁は、今の河南省開封市である。この地は、黄河と運河を結ぶ交通上の要衝にあるが、また同時に黄河の扇状地でもあった。そこで黄河の氾濫によって戦国、秦漢時代の地層は、一五メートル以下にあると報告されている。[60] しかし司馬遷が訪れた夷門（東門）は、ちょうど小高い鉄塔の近くと推測されている。これは信陵君の封邑ではないが、魏の国都の立地がうかがえる。戦国韓の都城であった鄭韓故城（新鄭市）は、この開封市から西南に約八〇キロのところにある。また信陵君列伝には、趙から魏へ国家とは別ルートで情報を伝達したエピソードがある。その実情は不明であるが、これは国家と封君の情報伝達を考えるうえでも興味深いエピソードである。[61]

戦国楚では、寿春故城の復元が進んでいる。[62] 寿春故城は、今の寿県城の東南に広がっており、復元した規模は、東西約四・二五キロ、南北約六・二キロと推定されている。また春申君の封邑に関連して、江蘇省の蘇州や無錫では、春秋呉の都城の調査が行われている。[63] 最近では、無錫市と常州市の境界にある闔閭城遺址や、蘇州市の西南部に春秋晩期の性質を備えた大型城址が注目されている。これらは呉の都城の変遷とともに、春申君の宮殿がどこにあったかという問題とも関連している。

一九九二年には、蘇州市の西北にある滸関鎮から約一・五キロの大真山・小真山で、春秋・戦国時代の墓地が発見されている[64]。大真山の一号大墓は、春秋中晩期の呉王墓で、あるいは闔廬の祖父寿夢の墓ではないかと推測されている。これに対して小真山の一号大墓は、戦国晩期で「上相邦璽」の文字をもつ銅印を副葬していることから、戦国楚の春申君の墓かもしれないと推測されている。これらは春秋呉から戦国楚の社会状況を示す遺跡である。

春申君の事績では、『戦国縦横家書』二三章に関連する故事がある。その内容は、ある人が春申君に進言して、封地を楚都から遠くに移すほうが安泰であることを述べる記事である。これは『戦国策』楚策四にほぼ同じ故事があり、また韓策一にも部分的に共通する字句がある。したがって春申君に関する故事は、『史記』列伝には利用されていないが、漢代前期に事績を示す戦国故事が存在していたことを証明している。

また帛書二五章には、楚の李園が、秦将の辛梧に謂う戦国故事がある。李園は、すでに春申君列伝でみたように、春申君を殺害した人物である。しかし『史記』では、その後の情勢が不明であった。帛書二五章は、『戦国策』にみえない佚文で、李園は秦の辛梧に使者を派遣して、楚の攻撃を遅らせようとしている。その年代は、秦が魏と結んで楚を攻めようとしており、六国年表の始皇十二年（前二三五）の「発四郡兵助魏撃楚」と、楚表の幽王三年の「秦魏撃我」にあたると推定されている[65]。これによれば李園は、春申君を殺した四年後に楚の政権を掌握していたことがわかる。

それでは最後に、戦国四君の社会的意義を考えておこう。楊寛『戦国史』では、戦国封君の特徴として、①封邑から租税を徴収する特権、②封邑の内では国家の法令に従い、国君の命令を受けること、③趙や秦の国では「相」を中央から派遣して兵権を掌握したこと、④当時の封邑は伝統的には世襲であったが、三晉（韓、魏、趙）と斉、秦などの国で封じた功臣には世襲が少ないこと、⑤封君は私田を持つものが多く、戦国楚の鄂君のように経済上の特権をもつことなどをあげている。しかし『史記』列伝では、このほかにも注目すべき役割がある（表6）。

その一は、封君は戦争に従軍するとともに、各国の外交に従事している。たとえば平原君は、秦が邯鄲を包囲したとき、楚に使者となって援軍を要請している。孟嘗君列伝では、秦の涇陽君が人質となって斉に来たとき、秦に入って客卿となっている。春申君列伝では、楚の太子完が秦の人質になったとき、一緒に秦に滞在している。このように戦国時代では、各国の外交政策として、戦争と使者の派遣、援軍を要請するほかに、人質の派遣にともなう客卿の役割を担うことがある。このような封君と外交の側面も、さらに重視する必要がある。

この戦争と外交からみれば、戦国四君の事績は、つぎのように総括できる。斉の孟嘗君は、当初は斉と秦との同盟に貢献したが、斉相となってからは、楚との戦争を進めている。しかし魏に出奔したあとは、魏の相となり、斉を攻撃する方策をして、臨淄を陥落させることになった。その間、封邑の薛の経営をして、領地を拡大しようとしている。趙の平原君は、秦が韓の上党を攻めたとき、趙の領地とすることを進めた。しかしそれが契機となって、秦が邯鄲を包囲し、その防衛に魏と楚の援軍を要請することになった。魏の信陵君は、趙の邯鄲に援軍するとともに、五国の兵で秦を攻めた。楚の春申君は、楚の使者となって秦昭王に説き、楚の質子と共に秦に滞在していたが、その質子が楚王となってからは、楚相となって権力を握った。その主な政策は、趙に援軍することで秦と対抗し、また五国を連合して秦を攻めている。このような情勢では、戦国四君は、孟嘗君をのぞいて、おおむね秦に対抗する事績で知られていることになる。

その二は、自国の封君として封邑を経営するほかに、他国に封地をもつ場合がある。これには魏にいた薛公が、封地を求めた例がある。また信陵君は趙に湯沐邑を得て、十年も滞在を続けていた。このように戦国時代では、君主権力と郡県制の形成だけではなく、封君と封邑の存在も地域社会を考えるうえで注目されるものである。いいかえれば、戦国中期より以降の諸国では、郡県制の展開とともに、王族の封邑を拡大するという二重体制によって、領土国家を

表6　戦国四君の関連事績

秦王（前）	孟嘗君の事績	平原君の事績	信陵君の事績	春申君の事績
昭王 7（三〇〇）	秦の涇陽君が質子となる			
8（二九九）	秦の客卿となる			
9（二九八）	孟嘗君が斉相となる	（趙の相となる）		
11（二九六）				楚懐王が秦で客死する
12（二九五）		斉・燕と中山を滅ぼす		
13（二九四）	（孟嘗君が斉を出奔する）			
18（二八九）	〔薛公が魏に出奔〕			
19（二八八）	秦と斉が帝号を称す			
21（二八六）	斉が宋を滅ぼす			
23（二八四）	斉の臨淄が陥落する			
31（二七六）			魏の信陵君となる	
34（二七三）			秦が魏の華陽を攻める	黄歇が秦王に説く
42（二六五）		趙の相となる		〔太子が秦の質子となる〕
44（二六三）				太子を帰国させ、考烈王となる
45（二六二）			（姉が平原君に嫁す）	楚相となる
47（二六〇）		長平の戦いで敗北する		
50（二五七）		秦が趙の邯鄲を包囲	趙を救援する	春申君が趙を救援する
52（二五五）				（荀子を蘭陵令とする）
56（二五一）		平原君が亡くなる		
荘襄 2（二四八）				春申君が呉に封邑を移す
3（二四七）			五国が秦を攻める	
始皇 4（二四三）			信陵君が亡くなる	
6（二四一）				寿春に遷都、五国が秦を攻める
9（二三八）				春申君が李園に殺される

（　）は参考、〔　〕は復元

形成しようとしたことになる。

以上のように戦国四君の史実は、司馬遷の旅行による見聞や、考古調査と出土資料、列伝のエピソードによって再検討できることをみてきた。このほか中国古代史では、酈道元『水経注』の分析やフィールド調査によっても、『史記』列伝の研究を深めることができる。(66) こうした多面的な考察をふまえて、ふたたび『史記』列伝を読むとき、司馬遷の歴史叙述をこえて戦国社会の実情がみえてくると考えている。

おわりに

本章では、『史記』孟嘗君列伝、平原君列伝、魏公子列伝、春申君列伝を検討して、その編集と史実との関係を論じてきた。その要点は、つぎのようになる。

一、戦国四君列伝は、基本的に「紀年資料＋記事資料」という編集パターンで構成されている。しかし孟嘗君列伝は、父の靖郭君の事績にみえる紀年と、「斉湣王二十五年」の紀年以外は、戦国故事と説話で構成されている。平原君列伝は「趙孝成王十五年卒」の紀年をのぞいて、あとは記事資料である。魏公子列伝も「安釐王二十年」「安釐王三十年」の紀年をのぞけば、残りは記事資料である。これは三人の封君列伝が、記事資料を多く利用したことを示している。これは春申君列伝にみえる「秦紀年＋記事資料」のパターンとは少し違っている。このような違いは、秦国と斉、趙、魏、楚との関係のなかで、封君に関する紀年が少ないことによる。したがって戦国四君列伝では、とくに記事資料の性格が問題となる。

二、記事資料には、Ⅰ『戦国縦横家書』『戦国策』と共通して歴史的な実情をふまえた戦国故事と、Ⅱ複雑な構成による物語的な説話がある。さらに戦国故事では、①書信や奏言を原形とした史実に近い形式と、②歴史背景や対話などを付加した説話のような形式がある。これらは故事の内部にみえる事件などによって、その信頼性を検討する必要がある。また『説苑』『新序』と共通する説話は、その信頼性が不明である。しかし『説苑』『新序』にみえる説話の一部は、出土資料にみえており、司馬遷の時代より先に存在したことが証明できる。したがって『史記』列伝の記事資料は、文献史料や出土資料との比較によって、司馬遷が創作した可能性は少なく、先行する書写資料を利用したと推測している。そして戦国四君列伝では、その事績に関するものは戦国故事と共通し、「食客三千人」に関する著名なエピソードは説話の形式が多いという傾向がある。

三、司馬遷は、これらの素材をもとにして、代表的な事績にあたる記事資料を取捨選択して、一篇の伝記として編集している。それはあたかも、その人物の登場と、全盛、失脚にいたるまでを描いている。『史記』列伝が、先行する素材を編集した著述でありながら、生き生きとした歴史叙述となっている理由は、1に素材のおもしろさと、2に編集によって失脚までの人生を位置づけている点にある。とくに春申君列伝では、進言を聞かずに失脚する運命を強く位置づけている。『史記』列伝は、こうした司馬遷の人物評価を反映している。

四、戦国四君列伝の史実との関係では、司馬遷の旅行による見聞が注目される。司馬遷は、太史公自序や列伝の論賛で、孟嘗君と信陵君、春申君に関する印象を述べている。これらは時代をへているが、史実にもとづく現地の伝えである。したがって『史記』では、文字資料を編集するときに、このような伝えを人物評価に反映させているとおもわれる。そして孟嘗君の薛国では、任侠の者たちを招いたという習俗とともに、そこに居住した人びとを六万家と聞いている。これは漢代でいえば郡・国レベルの規模であり、諸侯王国にあたる領地である。ここから孟嘗君の社会的勢力は、任侠や人的結合に注目するほかに、封邑の経営と官僚制の問題を考える必要がある。

五、封君の史実に関しては、このほか考古調査と出土資料や、列伝のエピソードを再検討することを述べてきた。たとえば帛書『戦国縦横家書』三章、八章、一二章の戦国故事では、斉が宋を滅ぼしたあと、孟嘗君は魏に行き、斉を攻めて封邑を拡げようとする情勢がうかがえる。また帛書二三章は、『史記』にはみえないが『戦国策』と共通する春申君の戦国故事である。帛書二五章では、春申君を殺した李園が、その後に楚の政権を掌握した状況がわかる。これは春申君列伝の記述を補う資料である。戦国四君の事績では、封君が戦争に赴くほかに、援軍を要請し、人質にともなって他国に行くように、外交に関しても重要な役割をもつことを指摘した。

このように本章では、『史記』戦国四君列伝の考察をすすめてきたが、それは戦国史研究にとって基礎的な史料批判にすぎない。戦国四君の活躍した時代は、七国の君主が王号を称したあとのことで、時期的には君主権力の進展と同時代である。また戦国中期以降の合縦連衡がはげしくなる時期とも重なっている。そして封君と封邑の存在は、各国で領土国家を形成するときに、郡県制の展開と共に領地の拡大に影響している。したがって戦国四君の位置づけは、ただ封建勢力として客を養った点に求めるだけではなく、戦国諸国の王権の進展や、官僚制の形成と合わせて考察すべきであろう。

注

（1）内藤湖南『支那上古史』（弘文堂書房、一九四四年）第六章、戦国史。

（2）楊寛『戦国史』第六章の七「封君制的設置」（増訂本）では、戦国七国が郡県制を展開する一方で、これまでの貴族に対する封君制を設けて特権を認めたという。戦国封君の特徴は、①封邑から租税を徴収する特権、②封邑の内では国家の法令に従い、国君の命令を受けること、③趙や秦の国では「相」を中央から派遣して兵権を掌握したこと、④当時の封邑は伝統的には世襲であったが、三晉（韓、魏、趙）と斉、秦などの国で封じた功臣には世襲が少ないことをあげている。また⑤封君は私田を持つものが多いことや、戦国楚の鄂君のように商業の利益をあげるなど、経済上の特権をもつことを指摘している。また楊寛「従分封制到郡県制的発展演変」（『楊寛古史論文選集』巻二、上海人民出版社、二〇〇三年）は、地域社会の変化を分封制から郡県制への展開として説明している。

（3）青木五郎、中村嘉弘編著『史記の事典』（大修館書店、二〇〇二年）、宮城谷昌光『孟嘗君と戦国時代』（中央公論新社、二〇〇九年）など。

（4）増淵龍夫「漢代における民間秩序の構造と任俠的習俗」（一九五一年、『新版・中国古代の社会と国家』岩波書店、一九九六年）では、主人と客・舎人の人的結合関係を強調している。

（5）楚の動向については、拙著『中国古代国家と社会システム――長江流域出土資料の研究』（汲古書院、二〇〇九年）第一章「中国古代の秦と巴蜀、楚」、第三章「戦国秦の南郡統治と地方社会」で紹介している。

（6）戦国故事の分類は、便宜上、『戦国策』上中下（上海古籍出版社、一九七八年）による。

（7）馬王堆漢墓帛書整理小組編『馬王堆漢墓帛書〔參〕』（文物出版社、一九八三年）一章～一四章の戦国故事には、書信や奏言の形式のほかに、すでに対話形式の故事がみえている。拙著『史記戦国史料の研究』第一編第五章「馬王堆帛書『戦国縦横家書』の構成と性格」（東京大学出版会、一九九七年）。

（8）巻七四孟子荀卿列伝に、

荀卿、趙人。年五十始來游學於齊。……齊人或讒荀卿、荀卿乃適楚、而春申君以爲蘭陵令。春申君死而荀卿廢、因家蘭陵。李斯嘗爲弟子、已而相秦。荀卿嫉濁世之政、亡國亂君相屬、不遂大道而營於巫祝、信禨祥、鄙儒小拘、如莊周等又猾稽亂俗、於是推儒・墨・道德之行事興壞、序列著數萬言而卒。因葬蘭陵。

（9）『戦国策』楚策四に、以下のようにみえる。

楚考烈王無子、春申君患之、求婦人宜子者進之、甚衆、卒無子。趙人李園、持其女弟、欲進之楚王、聞其不宜子、恐又無寵。李園求事春申君爲舍人。已而謁歸、故失期。還謁、春申君問狀。對曰、齊王遣使求臣女弟、與其使者飲、故失期。

春申君曰、聘入乎。對曰、未也。春申君曰、可得見乎。曰、可。於是園乃進其女弟、即幸於春申君。知其有身、園乃與其女弟謀。園女弟承間説春申君曰、……今君相楚王二十餘年、而王無子。……。楚王召入、幸之。遂生子男、立爲太子、以李園女弟立爲王后。楚王貴李園、李園用事。李園既入其女弟爲王后、子爲太子、恐春申君語泄而益驕、陰養死士、欲殺春申君以滅口、而國人頗有知之者。

(10)『戦国策』楚策四に、

春申君相楚二十五年、考烈王病。朱英謂春申君曰、……（以下、対話）……曰、君相楚二十餘年矣、雖名爲相國、實楚王也。……朱英恐、乃亡去。後十七日、楚考烈王崩、李園果先入、置死士、止於棘門之内。春申君後入、止棘門。園死士夾刺春申君、斬其頭、投之棘門外。於是使吏盡滅春申君之家。而李園女弟、初幸春申君有身、而入之王所生子者、遂立爲楚幽王也。是歳、秦始皇立九年矣。嫪毒亦爲亂於秦。覺、夷三族、而呂不韋廢。

(11)『戦国策』楚策四と同じ説話は、『列女伝』孽嬖篇に異聞がみえている。ここでは『戦国策』の故事の概略となっており、文末に呂不韋の記事はない。下見隆雄『劉向「列女伝」の研究』（東海大学出版会、一九八九年）八七二〜八七七頁に訳注がある。この戦国故事は、『史記』呂不韋列伝にみえるように、始皇帝が公子の子楚の子ではなく、呂不韋の子とする説話と似ていることが指摘されている。佐藤武敏『司馬遷の研究』第七章「『史記』の編纂過程」（汲古書院、一九九七年）三二三〜三二七頁、大澤直人「『史記』春申君列伝に関する一考察――その編纂意図を探る」（『立命館史学』三〇、二〇〇九年）など。

(12)拙著『史記戦国史料の研究』第一編第三章「『史記』戦国紀年の再検討」。『史記』趙世家の孝成王条では、長平の戦いのあと秦が邯鄲を包囲したとき、趙が春申君に靈丘の地を封じたと記している。これは他国における飛地の封邑が存在することを示している。

(13)拙著『史記戦国史料の研究』第二編第五章「『史記』楚世家の史料的考察」。なお楚世家で、頃襄王三十六年条にみえる太子帰国と春申君を呉に封君とする記事は、他の楚紀年にみえない事項である。これは他史料の別の年にみえる内容を、この年に記したものとおもわれる。

(14)梁玉縄『史記志疑』巻三〇に「案、長平之戦在春申為相之三年、救邯鄲在六年、此皆誤」と指摘している。

（15）平勢隆郎編著『新編史記東周年表――中国古代紀年の研究序章』「矛盾解明の諸条件」4「相邦通年等」（東京大学出版会、一九九五年）二〇～二四頁では、相邦の紀年を史料にふくむ問題を説明している。

（16）拙稿前掲「馬王堆帛書『戦国縦横家書』の構成と性格」、本書の第二章「『史記』穰侯列伝の編集方法」。

（17）佐藤武敏監修、工藤元男・早苗良雄・藤田勝久訳注『馬王堆帛書戦国縦横家書』戦国略年表（朋友書店、一九九三年）に全訳注がある。以下の説明では、この訳注を参考にしている。

（18）『戦国縦横家書』と『戦国策』の戦国故事は、書信や進言、対話の形式を基本として、この前後に歴史背景や王名、人名、結果、評価の語を記している。しかし春申君列伝と共通する『戦国策』楚策四の故事のように、複数の故事を接続し、紀年をふくむ大局の評価を示す例は、きわめて少ない。これらの戦国故事は、司馬遷が複数の故事を配列した『史記』の記述を反映している可能性がある。このように想定すれば、春申君列伝にみえる二つの呂不韋の記述は、司馬遷の評価の語句となる。この形式は、本書の第二章の注（35）、第三章の注（7）で説明している。

（19）本書の第一章「『史記』諸子列伝の素材と人物像」。

（20）『史記』伍子胥列伝の素材と説話は、本書の第一章「『史記』諸子列伝の素材と人物像」で紹介している。

（21）孟嘗君列伝の冒頭に、

孟嘗君名文、姓田氏。文之父曰靖郭君田嬰。田嬰者、齊威王少子而齊宣王庶弟也。田嬰自威王時任職用事、與成侯鄒忌及田忌將而救韓伐魏。成侯與田忌爭寵、成侯賣田忌。田忌懼、襲齊之邊邑、不勝、亡走。會威王卒、宣王立、知成侯賣田忌、乃復召田忌以爲將。宣王二年、田忌與孫臏・田嬰俱伐魏、敗之馬陵、虜魏太子申而殺魏將龐涓。宣王七年、田嬰使於韓・魏、韓・魏服於齊。嬰與韓昭侯・魏惠王會齊宣王東阿南、盟而去。明年、復與梁惠王會甄。是歲、梁惠王卒。宣王九年、田嬰相齊。齊宣王與魏襄王會徐州而相王也。楚威王聞之、怒田嬰。明年、楚伐敗齊師於徐州、而使人逐田嬰。田嬰使張丑説楚威王、威王乃止。田嬰相齊十一年、宣王卒、湣王即位。即位三年、而封田嬰於薛。

（22）田嬰の事績は、大体において六国年表、田敬仲完世家の紀年と一致しており、一部に田嬰が斉相となる記載が相違している。戦国斉の紀年は、楊寛『戦国史』戦国大事年表、戦国大事年表中有関年代的考訂（一九五五年初版、増訂本、上海人民出版社、一九九八年）のほか多くの研究がある。系譜については、拙著『史記戦国史料の研究』第一編第四章「『史記』戦国系譜と『世本』」で紹介している。

（23）池田温「中国古代における重数節日の成立」（『中国古代史研究』六、研文出版、一九八九年）では、孟嘗君列伝のこの部分にみえる「五月五日生」のような重数節日に、後代の付加があると指摘されている。

（24）『戦国策』斉策三では、蘇秦が孟嘗君に行くのを止めさせようとして、人事（人間世界）ではなく鬼事（霊界）で比喩とすることを述べている。

（25）『説苑』正諫篇では、冒頭は『戦国策』斉策三と同じ状況で、「謁者入曰、有客以鬼道聞。曰、請客入。客曰……」とある。

（26）孟嘗君列伝には、つぎのような記述がある。

孟嘗君得出、即馳去、更封傳、變名姓以出關。夜半至函谷關。秦昭王後悔出孟嘗君、求之已去、即使人馳傳逐之。孟嘗君至關、關法雞鳴而出客、孟嘗君恐追至、客之居下坐者有能爲雞鳴、而雞齊鳴、遂發傳出。出如食頃、秦追果至關、已後孟嘗君出、乃還。

索隱の注では「更者、改也。改前封傳而易姓名、不言是孟嘗之名。封傳猶今之驛券」とある。秦漢時代では、関所の通過に伝（伝信）が必要であり、その規定は張家山漢簡「津関令」にみえている。敦煌懸泉漢簡には、御史大夫と地方官府が発給する伝の記録があり、孟嘗君列伝にみえる交通制度は、秦漢時代の事情を反映したエピソードとなっている。拙著『中国古代国家と社会システム』第十章「張家山漢簡『津関令』と漢墓簡牘」（汲古書院、二〇〇九年）、拙稿「漢代の交通と伝信」（『愛媛大学法文学部論集』人文学科編二六、二〇〇九年）。

（27）『戦国策』西周策は、「薛公以齊爲韓・魏攻楚、又與韓・魏攻秦、而藉兵乞食於西周。韓慶爲西周謂薛公曰……」とあり、その進言者を韓慶とする。

（28）『戦国策』東周策に「謂薛公曰……」とある。また『史記』には「於是孟嘗君從其計、而呂禮嫉害於孟嘗君」の部分が多い。

（29）『戦国策』秦策三に「薛公爲魏謂魏冉曰、文聞、秦王欲以呂禮收齊、以濟天下、君必輕矣。……」とある。『史記』には「於是穰侯言於秦昭王伐齊、而呂禮亡」の部分が多い。

（30）『戦国策』斉策三には、孟嘗君と舎人に関する故事があり、『説苑』善説篇には客を斉王にすすめる故事があって、客に関する説話が好まれたことがわかる。この点は孟嘗君だけではなく、戦国四君に共通して「食客三千人」の説話が好まれていることと関連があるとおもわれる。

（31）『戦国策』斉策四では、冒頭で馮驩を客とするいきさつのエピソードが違う。また孟嘗君列伝と斉策四では、以下のような相違がある。

A馮驩を伝舎に宿泊させ、伝舎長に様子を問い、最後は「孟嘗君不悦」とある。（孟嘗君列伝）

A孟嘗君が馮驩に老母があることを聞いて、食を給したため、歌わなくなった。（斉策四）

B「居朞年、馮驩無所言。孟嘗君時相齊、封萬戸於薛。其食客三千人、邑入不足以奉客、使人出錢於薛。歳餘不入、貸錢者多不能與其息、客奉將不給」とあり、薛で誰か債務の回収ができるかを問う。伝舎長の薦めで馮驩に依頼する。債券を焼いたことを聞くが、それが孟嘗君の名声を高めると知り、「孟嘗君乃拊手而謝之」とある。（孟嘗君列伝）

B「後孟嘗君……」とあり、馮驩が自分で希望する。債券を焼いて「義」を買ったと伝え、孟嘗君は喜ばなかった。「後」で斉王から罷免され、薛に帰ったとき民の出迎えを受け、馮驩に「義」を買ったことを今日見たという。（斉策四）

C「齊王惑於秦・楚之毀、以爲孟嘗君名高其主而擅齊國之權、遂廢孟嘗君。諸客見孟嘗君廢、皆去」とあり、斉王が孟嘗君を免職させた状況で、馮驩が秦に使者となり、孟嘗君を秦に迎えさせることにした。また斉王に秦の状況を伝え、ふたたび孟嘗君を斉相とさせた。孟嘗君は馮驩の助言で、去った客をふたたび応対した。（孟嘗君列伝）

C馮驩が魏に使者となり、孟嘗君を魏に迎えさせることにした。斉王はふたたび孟嘗君を任用し、また薛に宗廟を建てて、三つの基盤を確保した。末尾に「孟嘗君爲相數十年、無纎介之禍者、馮諼之計也」とある。（斉策四）

（32）本書の第二章「『史記』穰侯列伝の編集方法」三「白起列伝の構成と編集」。

（33）平原君列伝に、

秦之圍邯鄲、趙使平原君求救、合從於楚、約與食客門下有勇力文武備具者二十人偕。平原君曰、……平原君已定從而歸、歸至於趙曰、勝不敢復相士。勝相士多者千人、寡者百數、自以爲不失天下之士、今乃於毛先生而失之也。毛先生一至楚、而使趙重於九鼎大呂。毛先生以三寸之舌、彊於百萬之師。勝不敢復相士。遂以爲上客。

(34)『説苑』復恩篇では、この構成とほぼ同じであるが、「李同」を「李談」とするなど少し相違がある。

(35)拙著『史記戦国史料の研究』第二編第二章「『史記』趙世家の史料的考察」で論じたように、趙暦が秦暦と異なることに原因するとおもわれるが、このことから平原君列伝では秦紀年にもとづく六国年表の紀年を採用していることがわかる。

(36)佐藤前掲「『史記』の編纂過程」三六七〜三六八頁では、平原君虞卿列伝を、李陵の禍より後に作成されたと考えている。

(37)内藤戊申「信陵君」(『立命館文学』二六五、一九六六年)。宮崎市定『史記を語る』(一九七九年、岩波文庫、一九九六年)一八五〜一九二頁では、これ以下の部分を起・承・転・結の四段に分けて説明している。ただし侯生の自殺までを結の段として、その後の部分を説明していない。このように『史記』列伝の構成を起承転結によって説明することは、同「史記李斯列伝を読む」(一九七七年、『宮崎市定全集五』岩波書店、一九九一年)でも同様であり、とくに語り物を利用した点が強調されている。

(38)范睢が秦に相となるのは前二六五年のことで、前二七五年の大梁包囲、前二七三年の華陽の戦いより後である。このように概略では、必ずしも正確な時代背景を記していない。

(39)魏公子列伝に、

公子爲人仁而下士、士無賢不肖皆謙而禮交之、不敢以其富貴驕士。士以此方數千里爭往歸之、致食客三千人。當是時、諸侯以公子賢、多客、不敢加兵謀魏十餘年。

(40)拙稿前掲「『史記』戦国紀年の再検討」。

(41)拙稿前掲「『史記』趙世家の史料的考察」。

(42)拙稿前掲「馬王堆帛書『戦国縦横家書』の構成と性格」。

(43)帛書『戦国縦横家書』では、三章、四章、六章、七章、八章、一二章、一四章に、孟嘗君に関する記事がある。それはすべて孟嘗君が魏に行ったのちの事件とかかわるものであり、その関連で斉の事績を記している。したがって『戦国縦横家書』は、孟嘗君の晩年の事績を補うことができる。さらに『戦国縦横家書』の故事では、孟嘗君をすべて「薛公」と表記している。斉の田文は、死後に孟嘗君と謚されている。とすれば生前の孟嘗君の事績は、『戦国縦横家書』のように薛公と表記するはずであり、孟嘗君という表記を用いる故事や説話は、少なくとも後世において作成されたか、修正されたことになる。また平原君に関して、『戦国策』では趙策一、趙策三、中山策に長平の戦い前後の故事があり、また秦策三、韓策三、趙策四にも平原君の記事がある、信陵君に関しては、魏策四、斉策三に邯鄲の戦い前後の故事がある。

(44) 佐藤武敏「司馬遷の旅行」(前掲『司馬遷の研究』)、拙稿「司馬遷の旅行と取材」(『愛媛大学法文学部論集』人文学科編八、二〇〇〇年)、拙著『司馬遷の旅』(中公新書、二〇〇三年)。

(45) 高祖と信陵君との関係は、『史記』張耳列伝にもみえている。

張耳者、大梁人也。其少時、及魏公子毋忌爲客。張耳嘗亡命游外黄。……秦之滅大梁也、張耳家外黄。高祖爲布衣時、嘗數從張耳游、客數月。

張耳は、魏の大梁の人で、若い頃に魏公子毋忌(信陵君)の客であった。魏が滅んだあと張耳は外黄におり、劉邦は平民のときに、この張耳のもとで数ヶ月も逗留したことがある。これも高祖が信陵君を慕う一因かもしれない。

(46) 拙著『史記戦国史料の研究』第二編第四章「『史記』魏世家の史料的考察」。また今鷹真「史記にあらわれた司馬遷の因果応報の思想と運命観」(『中国文学報』八、一九五八年)は、戦国四君にふれたものではないが、司馬遷の人物描写が、その行為と結果との相互関係に対する思想にもとづくことを論じている。

(47) 信陵君や白起のように、祭祀に関する伝承は、本文に入れている場合がある。しかしこれは『史記』列伝の人物や事績の描写とは区別されるものである。

(48) 戦国四君列伝の説話は、秦が大梁を陥落させる記事が、秦本紀の一部にみえるほかは、封邑に関するエピソードはみえない。拙著『史記戦国史料の研究』第二編第一章「『史記』秦本紀の史料的考察」。

(49) 薛国故城の調査は、山東省済寧市文物管理局「薛国故城勘査和墓葬発掘報告」(『考古学報』一九九一年四期)、山東省文物考古研究所「薛故城勘探試掘獲重大成果」(『中国文物報』一九九四年六月二六日)、拙著『司馬遷の旅』などがある。

(50) 戦国の城郭は、江村治樹『春秋戦国秦漢時代出土文字資料の研究』第二部、表9「戦国都市遺跡表」(汲古書院、二〇〇〇

年）、同『戦国秦漢時代の都市と国家』（白帝社、二〇〇五年）など。

(51)　『漢書』地理志の戸口統計を平均すると、郡は一五県、一一九〇〇〇戸で、県は七七〇〇戸である。拙著『中国古代国家と郡県社会』第二編第四章「漢代郡県社会と水利開発」（汲古書院、二〇〇五年）。また『漢書』地理志にみえる前漢末の諸侯王国の県と戸口は、つぎの通りである。

国名	県	戸数	人口
趙国	4	84,202	349,952
広平国	16	27,984	198.558
真定国	4	37,126	178,616
中山国	14	160,873	668,080
信都国	17	65,556	304,384
河間国	4	45,043	187,662
広陽国	4	20,740	70,658
甾川国	3	50,289	227,031
膠東国	8	72,002	323,331
高密国	5	40,531	192,536
城陽国	4	56,642	205,784
淮陽国	9	135,544	981,423
梁国	8	38,709	106,752
東平国	7	131,753	607,976
魯国＊	6	118,045	607,381
楚国	7	114,738	497,804
泗水国	3	25,025	119,114
広陵国	4	36,773	140,722
六安国	5	38,345	178,616
長沙国	13	43,470	235,825

＊薛をふくむ

(52)　連雲港市博物館等『尹湾漢墓簡牘』（中華書局、一九九七）の「集簿」（木牘一正）に、以下のような吏員と卒がみえる。これによれば東海郡の吏員は二二〇三人、卒二九七二人の計五一七五人である。

縣・邑・侯国卅八。縣十八。侯国十八。邑二。……郷百七十□百六。里二千五百卅四。正二千五百卅二人。亭六百八十八。卒二千九百七十二人。郵卅四人。四百八如前。……吏員二千二百三人。大守一人。丞一人。卒史九人。属五人。書佐十人。嗇夫一人。凡廿七人。都尉一人。丞一人。卒史二人。属三人。書佐五人。凡十二人。令七人。長十五人。相十八人。丞卌四人。尉卌三人。有秩卅人。斗食五百一人。佐使亭長千一百八十二人。凡千八百卌人。侯家丞十八人。僕行人門大夫五十四人。先馬中庶子二百五十二人。凡二百廿四人。

(53)　増淵前掲「漢代における民間秩序の構造と任侠的習俗」など。

(54)　拙著『中国古代国家と社会システム』第十二章「中国古代の書信と情報伝達」。

(55) 拙稿前掲「中国古代の書信と情報伝達」。

(56) 岡田功「春秋戦国秦漢時代の貸借関係をめぐる一考察」(『駿台史学』七八、一九九〇年)は、孟嘗君列伝の説話を検討しているが、戦国中期に「貸銭」などの経済活動を想定することは、なお歴史的な背景が問題となろう。

(57) 前掲訳注『馬王堆帛書戦国縦横家書』。

(58) 趙の奉陽君・李兌は、『史記』蘇秦列伝では粛侯時代の人物とし、また趙世家では恵文王時代の人物とするなどの混乱がみられる。『戦国縦横家書』では、趙恵文王時代に秦と斉が帝号を称する時期や、五国が合縦して斉を攻撃する時期に活動する人物として、その事績や言動を記している。したがって奉陽君の事績は、戦国故事の再検討によって、秦穣侯や斉の薛公とあわせて位置づけることができよう。

(59) 斉での事績は、范睢列伝の進言に「且昔齊湣王南攻楚、破軍殺將、再辟地千里、而齊尺寸之地無得焉者、豈不欲得地哉、形勢不能有也。諸侯見齊之罷弊、君臣之不和也、興兵而伐齊、大破之。士辱兵頓、皆咎其王曰、誰爲此計者乎。王曰、文子爲之。大臣作亂、文子出走」とあり、『戦国策』西周策、韓慶の言に「君以斉爲韓魏攻楚九年、而取宛葉以北、以強韓魏。今又攻秦以益之」とある。ここでは薛公が九年ほど斉相となり、楚の攻撃に失敗して亡命したことになる。

(60) 魏の大梁の考古学的な報告は、劉春迎『北宋東京城研究』第一章「緒論」(科学出版社、二〇〇四年)に説明がある。

(61) 拙稿前掲「中国古代の書信と情報伝達」。

(62) 寿春故城の復元は、曲英傑「楚都寿春郢城復元研究」(『江漢考古』一九九三年三期)、劉和恵『楚文化的東漸』(湖北教育出版社、一九九五年)、村松弘一「中国古代淮南の都市と環境——寿春と芍陂」(『中国水利史研究』二九、二〇〇一年)などの研究がある。

(63) 蘇州、無錫の故城は、張敏「闔廬城遺址的考古調査及其保護設想」(『江漢考古』二〇〇八年四期)、江村知朗「呉国歴史地理研究序説——遷都問題に関する研究史的考察」(『歴史』一一二輯、二〇〇九年)、「蘇州発現超大型城址・古城考古取得階段性成果」(『中国文物報』二〇一〇年六月二五日)などがある。

(64) 蘇州博物館『真山東周墓地』(文物出版社、一九九九年)。

（65）『馬王堆漢墓帛書〔参〕』（文物出版社、一九八三年）の小組注釈、馬雍「帛書《別本戦国策》各篇的年代和歴史背景」、唐蘭「司馬遷所没有見過的珍貴史料——長沙馬王堆帛書《戦国縦横家書》」（馬王堆漢墓帛書整理小組『馬王堆漢墓帛書戦国縦横家書』文物出版社、一九七六年）など。

（66）北魏の酈道元『水経注』は、淮水以北の遺跡を踏査しており、中国古代の伝説と史跡について参考となる。ただし『水経注』には版本の問題があり、王国維『水経注校』（上海人民出版社、一九八四年）、酈道元注、楊守敬・熊会貞疏、段熙仲点校、陳橋駅復校『水経注疏』（江蘇古籍出版社、一九八九年）、全国公共図書館古籍文献編委会編『全祖望校水経注稿本合編』（中華全国図書館文献縮微複製中心、一九九六年）、陳橋駅『水経注校釈』（杭州大学出版社、一九九九年）などの研究がある。

終章　『史記』の歴史叙述と戦国史

はじめに

本書では、戦国史の基本となる『史記』列伝の史料的性格を考察し、諸国の体制と地域史を明らかにしようとした。そのテーマは、一に文献と出土資料をふまえて、司馬遷がどのような素材を取捨選択し、どのような歴史観で『史記』列伝を編集したかという問題である。二は、その編集手法を理解したうえで『史記』戦国史料の信頼性を考え、戦国時代の史実を復元することである。

序章では、『史記』の成立をめぐる学説史のなかで、とくに出土資料による研究方法について述べてきた。そこでは『史記』の素材と共通する資料だけではなく、司馬遷が利用しなかった系統の出土資料をふくめて、漢代までの情報を整理する必要性を指摘した。このような漢代の文字資料と、著述の背景を全体的に理解したうえで、司馬遷と『史記』の歴史観がわかるのではないかとおもう。しかし『史記』の史料研究は、文献と出土資料の考察だけで終わるのではない。楊寛『戦国史』（一九五五年初版、増訂本、一九九八年）では、この時代に中央集権的な官僚制度や、郡県制と税制・兵制、爵秩の規定、礼楽制度が整えられたとする。(1) したがって『史記』の性格を位置づけたあとに、新しい中国古代史を再構成することが目標である。

これまで秦統一までの概略は、拙著『史記戦国史料の研究』の終章「史料学よりみた戦国七国の地域的特色」と、同『中国古代国家と郡県社会』の終章で述べたことがある。(2) ここでは本書の考察をふまえて、『史記』戦国史料の構造と、戦国列伝の編集パターンを位置づけてみたい。つぎにフィールド調査や、拙稿『中国古代国家と社会システム』などの出土資料研究による成果をくわえて、司馬遷の歴史叙述の意義を述べ、そこからうかがえる戦国史の特色を展望してみよう。(3)

一　『史記』戦国史料の研究

戦国史の史料的制約は、楊寛『戦国史』の緒論に指摘がある。(4) これによると戦国史研究の史料には、『史記』や『戦国策』、諸子百家など多くの古典があり、また後世の佚文を集成した資料として『世本』『竹書紀年』などの文献が残されているにもかかわらず、いくつかの問題点がある。

その一は、春秋時代と戦国時代の間の史料が欠乏していること。その二は、『戦国策』や諸子文献には紀年のないものが多く、年代に混乱がある。また戦国紀年の基礎となる『史記』は、秦始皇帝の焚書によって「諸侯の史記」が焼かれたため、わずかに「秦記」だけを伝え、秦以外の他国の歴史叙述は簡略で混乱している。そこで晉代に汲県の魏墓から出土した『竹書紀年』を基準として、『史記』戦国紀年が考訂されたが、なお十分な成果をあげていない。その三は、『史記』は「秦記」など諸侯の記録のほかに、『戦国策』と共通する戦国故事を根拠としているが、これらはもと縦横家の学習資料に用いられたもので、後世の仮託と考えられる信頼性の疑わしい部分がある。その四は、戦国史料に系統的な整理がされていないということである。

このように戦国史では、豊富な史料がありながら、信頼できる部分は秦方面にかたより、そのほかの記事資料では信頼性が問題となっている。これについて拙著『史記戦国史料の研究』では、つぎのように総括している。

まず司馬遷は、戦国時代と秦代を連続して認識している。戦国時代の初期には、三晉（韓、魏、趙）と田斉の興起があり、とくに魏文侯のときに隆盛があった。これは孔子の弟子が魏文侯の師となったという記述によって、魏が晉を継承し、孔子の学業を継ぐ人物として位置づけている。そのあと斉威王と宣王が、桂陵と馬陵の戦いで魏を破ってからは、斉国が有力になったという。『史記』田敬仲完世家には、その前提として、魏文侯の要請によって、田和が周から諸侯になることが認められたという記事がある。そして斉威王・宣王の時代には、稷下の学士を招いたことが有名であり、儒林列伝では孟子や荀子などが学んだと評価している。

ところが『史記』周本紀や秦本紀、封禅書、老子列伝では、秦献公のとき周太史儋の予言によって、周の正統は秦に移ると位置づけている。これは六国年表の序文や、魏世家の論賛にも、秦の統一を天命とし、諸侯の滅亡はやむを得ないとする歴史観がみえている。これは周から秦帝国までの歴史を、天命の移動で説明したものである。しかし秦の天命は、始皇帝と二世皇帝の不徳によって、やがて項羽と劉邦にめまぐるしく移ってゆく。

従来までの戦国史は、基本的に『史記』の歴史観と共通して、初期に魏文侯の隆盛を認めている。ここでは魏文侯の人徳のほかに、人材登用が注目され、李悝の『法経』や農業生産の向上、西門豹の水利事業などがある。[5]その後は、斉の興起をへて、秦が商鞅変法のあと富国強兵を進めて、最終的に天下を統一するという秦中心の史観になっている。ただしその間に、胡服騎射を採用した趙武霊王の隆盛を指摘する場合がある。[6]

このような歴史に対して、『史記』秦本紀や戦国世家では、先行資料を利用した素材そのものに司馬遷の評価とは異なる時代の変化がみえている。また『史記』では魏や斉の王の系譜に混乱があり、その年代の修正が試みられている。したがって戦国史は、司馬遷の評価だけではなく、『史記』史料の変化からも復元する必要がある。その概略は、巻末に戦国略年表を付けているが、問題となるのは『史記』の紀年資料と系譜、記事資料の信頼性や、その編集上の特徴である(7)。

戦国時代の基準となるのは、『史記』六国年表である。その序文には、諸侯の「史の記」は秦を譏るために焚書の対象となって滅んだが、「秦記」と呼ばれる秦の記録だけは残っていたと述べている。そこで司馬遷は、この「秦記」によって周元王元年（前四七六）から二世皇帝三年（前二〇七）までの二七〇年間を、六国年表として作成したという。たしかに六国年表では、秦紀年に天文記事をふくむ豊富な記事があり、この秦国との関係を各国の欄に分散した形式となっている。しかし戦国初期には、記事を記した紀年資料は少なく、天命が移動すると予言された献公の時代からしだいに増えて、孝公元年（前三六一）より以降には、ほぼ毎年の記事がみえている。そして戦国後期では、秦と他国の記事が多くみられ、それは睡虎地秦簡『編年記』と共通する戦役をふくんでいる。これは秦紀年の信頼性が高いことを証明している。

『史記』秦本紀の戦国部分は、六国年表の秦紀年を基準として、わずかに孝公の命令や、商鞅変法の記事を収録して構成されている。したがって戦国前期の記事は少なく、献公、孝公からしだいに増えて、戦国中期から後期には、毎年の記事がある形式となっている。『史記』六国年表と戦国世家では、紀年資料は基本的に秦紀年にもとづき、秦との戦争などの記事を分散して引用したものである。そこで魏と韓、楚のように、秦に近い国は紀年資料がやや多い。反対に、秦から遠方にある斉の紀年資料は少なく、燕では紀年資料はほとんどみえない。

これに対して『史記』趙世家の紀年資料は例外である。『史記』六国年表と趙世家の敬侯以前では、基本的に秦紀年と共通している。しかし趙世家では、邯鄲に遷都した敬侯元年（前三八六）から、ほぼ毎年のように紀年資料がある。その内容は、秦や他国との関係だけではなく、趙国の内部に関する記事がある。しかも秦紀年との誤差をみると、趙紀年では十月から十二月の事件となっている。これは『史記』にみえる秦紀年が、睡虎地秦簡『編年記』や里耶秦簡と同じように十月を歳首とする秦暦に対して、趙紀年の暦が異なることを示唆している(8)。そのため一年の誤差が生じている。ただし六国年表の一部には、趙紀年や故事・説話にもとづく記事が転写されている。

このように『史記』の戦国紀年では、戦国時代を通した秦紀年と、敬侯元年以降の趙紀年の二種類しか連続した紀年を見出すことができない。そして今日では、『竹書紀年』佚文の魏紀年や、包山楚簡の楚紀年のように、諸国の暦を推測させる出土資料と比べても、秦と趙のほかに連続した紀年資料が入手できなかったことになる。

このような傾向は、『史記』にみえる系譜も同じである。たとえば六国年表と、秦本紀、戦国世家では、秦紀年にもとづいて分散した系譜と、各国の系譜を整理した資料が想定される(9)。したがって『史記』戦国史料では、秦紀年を基本として歴史の流れを位置づけることができる。しかしその内容は、やはり戦国前期の情報が少なく、中期以降では秦紀年と趙紀年の差異や、紀年と系譜の矛盾や誤りに注意する必要がある(10)。

『史記』の素材では、このほか戦国故事や説話などの記事資料を利用している。それは文献でいえば『呂氏春秋』と諸子、『説苑』『新序』に関連する説話や、『戦国策』と共通する戦国故事である。『史記』戦国世家では、基本的に先祖の功徳や、君主の徳と不徳によって、盛衰の原理を明らかにしようとする視点がうかがえる。しかし諸子の書物は、その成立年代と信頼性が問題となっている。また『戦国策』と『説苑』『新序』は、前漢末に劉向によって編纂されたものであり、その成立は『史記』の著述より遅い後世の書物である(11)。したがって司馬遷が、『戦国策』『説苑』『新序』と同じ戦国故事や説話を利用したかどうかは不明であった。

この点についても、出土資料は新しい情報を提供した。たとえば馬王堆三号漢墓の帛書『戦国縦横家書』は、楚漢の際までに書写された戦国故事二十七篇の輯本であり、帛書はそれを合わせて編集したものである。この墓主は、副葬された木牘によって、前漢の文帝十二年（前一六八）に亡くなった長沙国丞相の息子と考証されている[12]。この帛書に、『史記』や『戦国策』と共通する戦国故事があり、また一篇は『韓非子』と関連する内容であった。したがって武帝期に成立した『史記』が司馬遷の創作であるなら、この墓主はその文章を入手することは不可能である。これは司馬遷のほうが、『戦国縦横家書』と共通する戦国故事を素材として利用したことを証明している。それと同時に、前漢末に編集された『戦国策』も、その一部は漢代初期の戦国故事を収録したことが明らかになった。さらに阜陽双古堆漢簡には、『呂氏春秋』『説苑』と関連する資料があることから、劉向が編纂した『説苑』『新序』も、先行する説話を収録した可能性がある[13]。したがって文献にみえていた戦国故事や説話も、出土資料との比較によって、一部は司馬遷の時代より早く存在していたことが確認され、『史記』の素材との関係が考察できることになる。そこで『史記』戦国列伝の素材と構成をみれば、いくつかの編集パターンがある。

『史記』諸子列伝は、確かな紀年がなく、『呂氏春秋』『韓非子』『戦国策』などに関連する説話で構成している。その典型は、孫子（孫武）列伝であり、ここでは銀雀山竹簡『孫子』と類似の説話だけで構成されている。この事情は、春秋時代から戦国時代に活躍した諸子は、その書物が普及しているため、『史記』ではその代表的な事績を収録したと述べている。しかし諸子の伝記は、ほとんど活躍した年代が不明であり、『史記』では漢代に近い素材と共通する構成が多いことから、実際の活動から時間が経過した伝えとなっている。したがって戦国初期から中期にかけて、諸子の活動は伝来の書物や出土資料から再検討する必要がある[14]。

つぎに『史記』列伝では、「秦記」を利用したと述べている秦国の人物は、おおむね年代が明らかである。その典型となる穰侯列伝では、「系譜、秦紀年＋記事資料」を組み合わせた編集パターンとなっている。また白起列伝は、戦役に関する事績が多いため、秦紀年の比率が高くなっている。秦国の人物は、その割合の差はあるが、編集パターンはほぼ同じ形式である。ここでは秦紀年を基礎として、戦国後期に近いほど秦紀年が多くなり、その信頼性は高い。ただし記事資料の信頼性と、秦紀年と接合する際に編集ミスがあるかどうかに注意する必要がある。

戦国中期に活躍した『史記』蘇秦列伝は、明確な紀年資料がなく、その編年に誤りがあると指摘されている(15)。そこで馬王堆帛書『戦国縦横家書』と『戦国策』の故事によって、蘇秦の活動をめぐる情勢を復元すると、張儀よりも後に活躍したことがわかる。その事績の背景には、燕王噲が家臣に位を禅譲して国内が乱れたとき、斉が燕の領地を占領したため、それを回復しようとして燕昭王が賢者を招いた政策がある。このとき蘇秦は最初に燕に入り、そのあと斉王の外交官となって、趙王を盟主とした合縦を推進し、秦に対抗しようとした。これによれば蘇秦は、燕と斉にまたがる二重外交官であり、その情報をすべて燕王に知らせている。蘇秦の活動を誤った原因は、司馬遷が列伝の論賛で述べているように、漢代には別の活動年代に位置づける資料があり、それを採用したためと推測される。これは年代が混乱している人物について、編年を誤った例であり、諸子列伝の形式とよく似ている。ただし張儀は秦に入って活動しており、その伝記は、秦国の人物と同じように基準とすることができる。

秦国以外の諸国では、秦の事件と関係する封君の列伝は、ほぼ秦国の列伝と同じ形式である。ただし戦国四君の孟嘗君は、穣侯や蘇秦と同じ時代の人物であり、平原君、信陵君、春申君の三人は戦国後期に活躍している。戦国四君列伝の構成は、基本的に「紀年＋記事資料」を組み合わせた編集パターンとなっている。ここでは関連する紀年は少なく、戦国故事と説話が多く利用されているため、その信頼性に注意する必要がある。こうした戦国四君列伝からは、中期より以降に、秦国では王権と地方統治の郡県制に進展があるのに対して、東方の趙や魏、斉、楚の諸国では、なお封君の勢力が強く残っている情勢がうかがえる。

以上のように、『史記』戦国史料を分析してみると、その編集は、1紀年資料がなく、ほぼ記事資料だけの列伝と、

2「紀年資料+記事資料」を組み合わせたパターンに分けることができる。戦国列伝の全体では、秦国とその周辺に紀年資料が多く、史実に近いことがわかる。しかし秦国に遠く、紀年資料が少ない国の人物については、年代の混乱や、記事資料（戦国故事、説話）の信頼性が問題となっている。このような『史記』の構成は、巻末の『史記』列伝の素材で一覧している。これらを総合すれば、戦国時代はつぎのように区分することができる。

戦国時代の初期には、のちの戦国七雄（秦、韓、魏、趙、燕、斉、楚）だけではなく、まだ周王室は存在し、宋、魯、鄭、中山、衛、越などの小国が存在していた。これは領土国家の形態ではない。また魏文侯の時代は、山西省の汾水流域の安邑付近を拠点とする一諸侯国であり、領域を拡大するのは、東方へ遷都したあとである。三晉の諸国は、汾水流域から黄河扇状地へ拠点を移している。趙は、敬侯元年に邯鄲（河北省）に遷都し、この時から趙紀年がみえていた。韓は、哀侯二年（前三七五）に鄭を滅ぼして新鄭（河南省）とし、魏は大梁（河南省開封）に遷都している。[16] そして戦国秦は、孝公十二年（前三五〇）に雍城（陝西省鳳翔）から咸陽に遷都した。これらは各国が、都城と国家機構を整えて、積極的に領土を拡大しようとする情勢である。したがってこの時期は、諸国の国内改革の状況は不明であるが、秦紀年を基準として動向を理解することができる。そこで秦の商鞅変法と咸陽の遷都をもって、前期の区分とすることができ、それは中期の始まりとなる。

戦国中期の特徴は、各国が王号を称し、その後に合従と連衡が激しくなることである。最初に王号を称したのは魏と斉で、前三二四年には秦の恵文君がつづき、六国年表などによると、さらに韓と燕、中山が王号を称している。このとき各国は、この前後に王国の機構を整備して、お互いに領域を接する領土国家の形態になったとおもわれる。その一例として、戦国楚の寿春故城（安徽省寿県）で出土した鄂君啓節が傍証となる。[17] 戦国楚では、各国の称王とは別に、すでに楚王を称していたが、この鄂君啓節が発行された年代は、懐王七年（前三二二）と推定されている。この青銅製の割符は、封君である鄂君に対して輸送に従事する免税の特権を与えたものである。その形態は、北方の陸路に対する車節と、南方の水路に対する舟節があり、そこに交通上を関所を記している。その関所を結ぶと、国境にあたる楚の領域ラインがみえる。このように戦国楚で、この歳に免税の特権を示す節を発行しているのは、ちょうど各国が王号を称した時期に対応している。そこで『史記』楚世家では、懐王を衰退する君主と位置づけているが、この時期には南方の長江流域をほぼ掌握しており、秦や斉と並ぶ強国であると解釈している。(18) また当時は、秦と斉の二極構造であるが、大きくみれば合従の盟主となった趙、長江流域を掌握している楚を加えて、四極構造とみなすことができる。こうした情勢で、各国は郡県制と封建制の二重体制を進行させながら、領土国家を形成しようとしている。

戦国中期で、転換期となる大事件は、前二八八年に秦と斉が東西の帝号を称し、前二八四年に斉の臨淄が陥落したことである。これは蘇秦の活動と関連していたが、これによって斉国の衰退が始まり、さらに楚が東方に進出する契機となっている。そこでこの事件を、戦国中期の区分とすることができる。

このような状況は、記事資料の変化からも説明できる。たとえば『史記』戦国史料では、中期より以前には『呂氏春秋』『韓非子』『説苑』などと共通する説話が多く、中期以降になって奏言や書信、対話を原型とする歴史的な戦国故事の利用が多くなっている。その傾向は『戦国策』も同じで、前期は説話のような故事がわずかにみえているが、戦国中期より以後の故事が圧倒的に多い。これは各国で、中期以降に国家機構と文書・書籍などの資料が増加することに関係するとおもわれる。また戦争と外交は、交通による情報の伝達をうながし、それも『戦国策』の故事に反映していると考えている。したがって戦国中期の情勢は、秦国の歴史を基準として、各国の地域的な動向に注意する必要がある。

戦国後期は、『史記』戦国世家のほぼ全体において、秦紀年を基本としているために、大きな混乱はみられない。

また最終的に、戦国秦は諸国を滅ぼして天下を統一しており、この時期は『史記』の叙述を基礎にすることができる。ただしその評価は、秦国の興亡を中心としているため、他国の動向や外交関係には注意が必要である。なかでも前二七八年に、白起が楚の郢を陥落させて南郡を設置した事件は、秦が南方に領域を拡大する意義をもっている。そのため戦国楚は、長江流域の本拠地から東方の陳（河南省淮陽）に遷都し、最後は寿春に遷都して滅亡している。また前二六〇年には、秦が長平の戦いで趙を破り、これ以降に趙の勢力が衰えている。このように戦国後期では、斉が衰退したあと、秦国は楚と趙を攻撃して、相対的に優位を得ている。秦国は、前二四六年に秦王政（のちの始皇帝）が即位するまでに、天下のほぼ三分の一にあたる西方を領有しており、この地域に郡県制を施行している。[19] このような情勢は、始皇帝による天下統一と、滅ぼされた諸国の地域性を考える背景となっている。

二　『史記』の取材とフィールド調査

以上のように『史記』戦国史料の構成は、紀年資料や系譜、記事資料を中心として編集している。この戦国史料では、その全体の九割以上に、先行する文献や出土資料との関連を見いだすことができる。ここから『史記』の素材の大半は、文字に書かれた先行資料を取捨選択したもので、それを司馬遷は独自の歴史観から編集したと考えている。これに加えて漢代の伝承とおもわれる記述や、記事資料を接続する語句、状況を説明する語句がある。したがって残りの部分では、司馬遷の創作や、旅行による取材は、それほど多くないはずである。しかし一般には、物語的な叙述が多いため、司馬遷の発憤による創作の要素が多いといわれている。また武帝の時代には、文字に書かれた資料は少なく、口承と語り物の利用や、司馬遷の旅行による取材を強調する説がある。[20] こうした説明は、『史記』戦国史料の考察とは異なっており、この点を再検討する必要がある。

漢代の人びとによる伝承は、李長之、顧頡剛、沢谷昭次、佐藤武敏、李開元氏などの考察がある。[21] 司馬遷の著作は、父の遺業を継ぐといわれることから、『史記』には司馬談の執筆した部分がある。李長之『司馬遷之人格与風格』（一九四八年）は、とくに司馬談の手筆になる八篇を考察しており、佐藤武敏氏は先行する資料に注意して、父が著作した篇を復元している。[22] これらは『史記』を一体とみなすのではなく、父子二代にわたる著述として、その編集と特色を示すものである。

顧頡剛「司馬談作史」（一九五一年）は、司馬談が著述した五篇を考証するときに、司馬遷では年代があわない交遊関係をあげている。それは、①刺客列伝の論賛に、荊軻の秦王政（始皇帝）暗殺未遂は「余」が医者の夏無且と交遊があった公孫季功・董生から聞いたとする話や、②酈生陸賈列伝の論賛に、「余」が平原君・朱健の子と善しとする話、③樊酈滕灌列伝の論賛に、「余」が樊他広と通じ、高祖功臣の興った時を言う話などは、いずれも司馬談のこととする。④馮唐列伝に、武帝のとき馮唐の子の馮遂について「遂字王孫、亦奇士、與余善」とある「余」もまた司馬談のことで、趙世家と馮唐列伝の一部は、父が馮唐から聞いたものと推測している。趙人の馮唐は、祖父が趙将軍の李牧と交遊があったので、本国の故事を多く記憶しており、趙世家の論賛にみえる「趙王遷、其母倡也」と、馮唐列伝の「其後會趙王遷立、其母倡也」は、同一の来源による記述とする。また六国年表には「秦記」以外の「諸侯の史記」が滅んだと述べるが、戦国趙の記載だけは詳細であると指摘している。それは、1造父が周穆王の御者となって、西方に巡狩したこと、2屠岸賈が趙氏を滅ぼし、程嬰が孤児を立てて復興したこと、3趙簡子が夢で、帝の犬を賜ったこと、4趙襄子が、霍泰山の三神の令を拝受したこと、5武霊王が夢を見て、孟姚を得たことである。顧氏は、これらの「民間伝説」を司馬談が馮氏から得たものとしている。ただし注意されるのは、ここでは説話の一部にとどまっており、趙紀年の由来や特徴、秦暦との差異について全く述べていないことである。

このように司馬談の作史をめぐって、『史記』の取材をみると、交際があった人びとによる伝承はあまり多くないことがわかる。また指摘されている篇のすべてが、先行する書籍以外の伝承かどうかは別の問題である。これらは戦国世家と列伝でみたように、大半は秦紀年・趙紀年や、他の戦国故事・説話などの来源が想定できる。

そこで『史記』の取材で問題となるのは、司馬遷の旅行である。これについては、前提となる考察が必要である。一は、司馬遷の生年である。これは伝記の全体にかかわる問題であり、父と司馬遷の取材や、二十歳の旅行の社会背景にも関係している。二は、交通ルートの問題であり、これによって旅行による見聞の事情が違ってくる。(23)

一に、司馬遷の生年は、王国維のように景帝の中元五年（前一四五）とする説が有力であり、これによれば二十歳の旅行は武帝の元朔三年（前一二六）となる。しかし司馬遷の生年は、このほかに武帝の建元六年（前一三五）とする説がある。この説では、二十歳の旅行は十年おくれて、元鼎元年（前一一六）のことになる。拙著『司馬遷とその時代』（東京大学出版会、二〇〇一年）では、伝記の基準を武帝の在位と年齢にした。それは戦国史の記述を、秦紀年と秦王を基準にするのと同じように、司馬遷の生年にかかわらず、歴史の基準にできるからである。そして司馬遷の生年は、A説：前一四五年、B説：前一三五年として比較できるように工夫してみた。(24)しかし拙稿「司馬遷の旅行と取材」と拙著『司馬遷の旅』（中公新書、二〇〇三年）では、同じようにA説とB説を比べているが、B説：前一三五年のほうが妥当であると結論している。(25)その理由の一つは、司馬遷の旅行は、父の命による著述の取材といわれるが、A説では、王朝の図書収集（前一二四）や、天と地の儀礼の改革に先がけて、太史令が歴史の総括を志したことになり不自然だからである。しかしB説とすれば、漢王朝が儀礼の改革をはじめ、歴史の総括が要請された頃に司馬談の作史があることになる。また生年に関係なく、二十歳のときに私用で長期に旅行することは、当時の兵籍と徭役が無視できないことや、交通と伝（通行証）の制度からみても困難であったと考えている。これは個人の自由旅行とする説や、父の命による取材旅行という説と一致しないのである。そこで二十歳の旅行は、王国維や佐藤武敏氏のように、公的な費用による儀礼の学習が主体であり、旅行の主目的が『史記』の資料収集ではないと考えている。したがって『司馬遷の旅』では、司馬遷の生年を考証しているが、そこでは先行資料による編集とは別に、『史記』の取材を探ろうとするのが目的であった。それは旅行による取材が多いという説を検証するために、自分で司馬遷の旅行ルートをたどり、地域ごとに『史記』の各篇を確かめたものである。

二に、司馬遷の旅行では、交通ルートの復元が問題となる。たとえば二十歳の旅行では、いくつかの訪問地を述べており、王国維は、これを旅行ルート順に復元している。(26) しかし訪問先の現地と見聞が一致しなければ、それは『史記』の取材に関する証拠とはならない。『史記』孟嘗君列伝と太史公自序の論賛には、司馬遷が薛国故城を訪れ、薛と彭城で苦難にあったと述べている。その山東省の交通ルートを想定すれば、つぎのようになる。

歴城（山東省済南）―泰山（泰安）―魯（曲阜）―鄒、嶧山（鄒城）―薛（滕州）―沛―彭城（江蘇省徐州）

しかし『史記』斉太公世家の論賛では、泰山から琅邪に行き「北は海におよび、膏壌二千里」と述べている。これは泰山のふもとや、薛国故城の印象とは違っている。したがって司馬遷は、一般的に言われている斉の風土か、あるいは別の機会に山東半島に行った見聞を述べたことになる。ただし山東半島の海岸線は、海路で行けばゆっくり回れるが、「膏壌二千里」という印象にならない。また海岸線を陸路で行けば、山坂の多い道となり、これも「膏壌二千里」とならない。これは山東半島の中部にみえる印象に近いものである。このように『史記』の記述に旅行の取材がふくまれるかどうかは、各地の交通ルートを復元しながら、城郭などの遺跡を確認したうえで、はじめて比較できる。『司馬遷の旅』では、こうした『史記』の見聞についてフィールド調査を行っている。(27)

このような考証とフィールド調査をふまえた結論は、以下の通りである。まず『史記』戦国部分を例にとれば、旅行ルートと取材は必ずしも一致しないことが指摘できる。たとえば秦本紀と六国年表が「秦記」にもとづき、本拠地である関中を中心とするのは、漢王朝が秦の図書を収めた経過からみて当然の結果といえよう。また魏世家の情報が比較的多いのは、秦資料と趙資料の利用によると推測できるが、旅行のコメントは、本文の叙述ではなく、論賛の部分にみえている。これは『史記』の全体を通じても同じであり、旅行の見聞は、すべて論賛のコメントとなっている。そして『史記』の本文にも、わずかに現地の伝えがみえている。これらの見聞は、伝説の帝王ゆかりの地や、泰山・鄒山などの儀礼と祭祀、山川祭祀、彭城と薛などの古城、魯などの廟、古墓、汨羅、直道と長城、高祖ゆかりの沛である。また始皇帝の巡行ルートに近い。これは司馬遷の二十歳の旅行が、儀礼に関する学習を目的として、それ以降は、第三回の西南への旅行をのぞいて、すべて武帝の随行であることに関連している。

私は『司馬遷の旅』を刊行したあと、『項羽と劉邦の時代』（講談社、二〇〇六年）を執筆したが、このときも舞台となる各地のフィールド調査を行った。ここでは酈道元『水経注』にみえる史跡の伝承も参考となった[28]。そのとき気づいたことは、司馬遷の旅行では、古戦場に関する見聞がまったくないことである。たとえば、項羽と劉邦が対面した漢覇二王城（河南省滎陽）や、陳（河南省淮陽）、垓下の古戦場（安徽省霊璧県）と垓下故城（安徽省固鎮県）、そして項羽が亡くなった烏江（安徽省和県）をたどっても、現地の見聞は『史記』にみえない。ここで改めて、司馬遷の見聞が儀礼・祭祀を中心としており、古戦場に対する関心との相違を示していると感じた。

こうして『史記』戦国史料の情報をみると、単独の説話と各国の戦国故事をのぞいて、その大半は秦の本拠地（漢の京師）と、趙、魏などの西方周辺に集中している。これに対して、司馬遷が旅行したはずの四川省や長江流域の南方と、山東省、遼東など東方地域の情報がきわめて少ない。たとえば『史記』では、長江流域の巴・蜀や呉・越に関する記載が少ない。また『史記』燕世家と田斉世家では、紀年資料も少なく、記事資料にも混乱がみられた。これは孟嘗君列伝や魏公子列伝、春申君列伝のように、旅行の見聞がある列伝でも、同じように先行する素材が想定できるものであった。もし司馬遷が旅行先で各地の資料を収集したのであれば、こうした文字資料の素材のほかに、旅行した現地の記述が多いはずであろう。しかし『史記』の素材と、旅行の取材との関係をみると、その情報量の差異が明らかにみてとれる。したがって『史記』戦国部分に関連して、旅行の見聞と伝承は本文に利用された形跡が少ないのである。これは出土資料によって考察した『史記』の史料研究と同じ結果になっている(29)。

ただし司馬遷の旅行は、『史記』の著述のうえで大きく役に立っている。それは交通ルートと歴史地理や、現地での伝聞にもとづく人物評価などである。これらの体験は、司馬遷が『史記』の歴史を叙述するときに十分に生かされたと考えている。

このように『史記』の史料研究と、漢代の伝承、旅行の取材をたどることによって、司馬遷の創作部分は少なく、先行する文字資料を基本として編集したことが理解できる。それでは従来まで、なぜ司馬遷の創作や語り物の利用が強調されたのだろうか。その一つは、『史記』に記録とは異なる物語的な記述が多いことによる。もう一つは、武帝期には文字資料が少なく、そのため司馬遷は語り物や、旅行による各地の伝承を利用したとみなされている。しかし文字資料に関する想定は、中国の出土資料によって、その認識を改める必要がある。

中国の出土資料は、出土した地域や年代、出土状況が複雑で、その内容も豊富であるため、『史記』の素材と関連させて全体を理解することは容易ではない。これについては『史記戦国史料の研究』第一編第一章「『史記』と中国出土書籍」で、とくに古墓の書籍について整理した。これは『史記』の素材となった資料との関係が中心である。しかし『史記』(《太史公書》)は、前漢末まで中央をのぞいて世間に流布しなかったといわれている(30)。そこで武帝期より以降の出土資料でも、『史記』と類似の内容がある場合は、それは『史記』本文の一部ではなく、素材との関係を示す資料となる。したがって『史記』の素材では、漢王朝の図書整理がされる前漢末までの出土資料も対象となる。これによると戦国時代から秦漢時代には、すでに多くの書籍が竹簡・帛書に書かれて普及している。

また拙著『中国古代国家と社会システム』序章「中国出土資料と古代社会」では、漢代までの長江流域の出土資料を中心として、文書や記録などを整理している。[31] これは、おおむね『史記』が利用していない系統の行政文書や、裁判、財政などの資料に対応している。このように『史記』と関連する出土書籍と、司馬遷が利用しなかった系統の出土資料を全体的に俯瞰することによって、はじめて『史記』成立の背景となる漢代の資料学を考えることができる。このような資料学では、歴史に関する文字資料について、もう一つの側面がみえてくる。

中国の出土書籍は、これまで『漢書』芸文志の目録と関連して考察されてきた。また目録に見えない書物は、新しい佚文として注目されている。『史記』の素材を分析したときにも、『漢書』芸文志にみえる文献と共通する出土書籍がある。しかし伝来の文献と比較すると、文章の構文や字句が異なる場合がある。これについては、劉向の『管子』書録が参考になる。劉向は『管子』八六篇の定本を作成するとき、中外の書を収集した五百六十四篇を基礎として、その重複を除いて整理している。[32] これが、いわゆる古典の定本となる。

(王朝の)中なる管子書三百八十九篇、大中大夫卜圭の書二十七篇、臣富参の書四十一篇、射声校尉立の書十一篇、太史の書九十六篇。中外の書の合計は五百六十四篇。

これに対して、大中大夫や臣富参、射声校尉の書は、定本の八六篇に満たない異本である。しかし太史には、定本の分量よりも多い九十六篇の異本を収蔵している。このような図書整理の状況を、出土資料と比較するとき、前漢末より以前の古墓に副葬された書籍は、定本の基礎となった異本に類することがわかる。したがって司馬遷が利用した素材は、このような典籍の異本の一つであり、そのため古墓の異本と字句が異なる場合があると推測される。

つぎに『漢書』芸文志の分類は、六芸略、諸子略、詩賦略、兵書略、数術略、方技略であるが、武帝期に著述された『史記』（《太史公書》）は六芸略の春秋家に収録されている。その春秋家には、『春秋古経』『左氏伝』『公羊伝』『穀梁伝』や『国語』『新国語』『世本』『戦国策』『奏事』『楚漢春秋』の後に『太史公百三十篇』とある。これは漢代では、まだ「史」の部門が成立しておらず、《太史公書》が経書の春秋家と同じように、直筆と論断をする書物とみなされている。[33] しかし出土資料の全体では、後世に『隋書』経籍志の「史」に分類される歴史の資料がみえている。それは行政文書や、律令、官制、刑法、地理に関する資料である。したがって漢代では「史」の部門は独立していないが、歴史の素材となる資料は、すでに存在しているのである。つまり『漢書』芸文志は、書籍の形態となった資料を整理したのであり、そのため書籍となっていない文書や律令、官制、刑法、地理に関する資料を収録していないことがわかる。そこで司馬遷は『史記』を著述するとき、同じように書籍となっている資料を基本として、まだ書籍となっていない文書や記録が少ないという特徴がある。そして『漢書』では、芸文志に書籍の目録を記しながら、著述の素材には歴史に関する文書を収録している。これは『史記』と『漢書』の編集の違いを示している。

さらに興味深いのは、このような文書や書籍と、古墓の資料との関係である。漢代には、地下の官吏に通告する簡牘（告地策）があり、大庭脩氏は「冥土への旅券」と名づけている。[34] これは地上の制度と同じように、地下の世界に通行するとき、墓主が随行する人や車馬、物品などを記した文書を、地上の官吏が地下の官吏に通告する形式をとった擬制文書である。馬王堆三号漢墓では、物品のリスト（蔵物一編）を送るという文書を副葬しており、これは遺策に対応している。張家山漢墓の遣策では、携行品の一つとして竹笥に入れた書籍（書一笥）という表記がある。さらに古墓の文書や書籍には、地方官府とその周辺の資料と関連しており、伝達される資料を反映している場合がある。

たとえば里耶秦簡との比較では、古墓の資料は、伝達された公文書の原本ではなく、処理の控えと保存の副本や、文書の記録などのデータベース、法制資料などに限られている[35]。したがって古墓の資料は、現実に使用された文書や書籍が、保存し廃棄した資料の一部として所有され、墓主にとって個人的な携行品として副葬されたのではないかと考えている。それは地方官府の実務に関連する文書と法律、記録や、保存された書籍などと、通行に必要な随行の擬制文書を入れることによって、地上の制度を全体的に反映していると想定している。このように考えれば、司馬遷が利用した素材と、古墓にみえる文書や書籍が関連する理由が説明できよう。また古墓の資料と、『史記』の構文や字句が少し相違する原因についても、異本の系統が異なることによって理解できると考えている。

このように『史記』の研究では、出土資料とフィールド調査をあわせた考察を進めてきた。このフィールド調査では、今日の考古学調査の成果を利用できるという利点がある[36]。たとえば孟嘗君の都城・薛国故城がある。ここには現在も城壁が残っており、戦国斉の都城であった臨淄に匹敵する巨大な城郭都市であったことがわかる。この城郭の周辺をみれば、司馬遷の見聞とあわせて、薛国の規模と封邑の経営が具体的に実感できる。魏の大梁（開封市）は、すでに黄河の氾濫によって戦国、秦漢時代の地層は、一五メートル以下にあると報告されている。しかし司馬遷が訪れた夷門（東門）は、ちょうど小高い鉄塔の近くと推測されている。戦国楚では、一九五七年に寿県城の東門から二キロの地点、すなわち寿春故城の宮殿地区から鄂君啓節が発見された。この寿春故城も復元が進んでいる。また江蘇省の蘇州や無錫では、春秋呉の都城の調査が行われている。さらに秦漢時代では、考古発掘の成果が増えている。このような情報も、『史記』列伝の社会と人物を理解する手がかりとなるものである。

三　『史記』と戦国史の復元

それでは以上のような『史記』の史料研究をふまえて、戦国史の特色はどのように展望できるのだろうか。その論点は、周の封建制から秦の郡県制への変化とみなされている。それは一に、秦の統一と六国の地域性であり、とくに戦国諸国の郡県制と封邑が問題となる。二は、戦後日本の歴史学で問題となった戦国社会と秦帝国の構造である。ここでは秦漢帝国が成立する基盤として、旧来の氏族的な秩序が破壊され、新しく設置された新県に移住させることが指摘されている。また地方では、任俠的な人的結合を重視する説や、地縁的な里の父老に注目する説がある。このような問題について、ここでは『史記』にみえる戦国、秦代の地域社会を検討しておこう。

1郡県制と封邑

戦国時代では、君主権力の増大と、官僚制の発生が注目されている。官僚制については、世襲的な者を排除して、他国人を任用する新しい制度が想定されている(37)。ここでは『史記』列伝のエピソードに、その社会背景が反映されているのではないかという点を指摘しておきたい。

『史記』諸子列伝では、他国から来た人びとを任用するエピソードがある。その一つは、春秋時代の呉王闔廬が孫武と伍子胥を任用している。これはどこまで史実を反映しているか不明であるが、ここに興味深い特色がみえている。それは最初に他国人を任用するケースは、国の内政ではないということである。孫武は将軍であり、これは軍事関係である。伍子胥は、外交に従事しており、また軍事にも参加している。このように軍事関係や、外交の方面で他国人を任用する例は、ほかの『史記』列伝にもみえている。

たとえば軍事関係では、司馬穰苴列伝、呉起列伝、楽毅列伝、魯仲連・鄒陽列伝などがある。司馬穰苴は、斉景公のとき将軍となり、貴族である荘賈が約を守らなかったとして斬罪とした。また孫武は呉王の女官を訓練して、命令を聞かない隊長を処罰した。これらのエピソードでは「将、軍に在りては、君命も受けざる所あり」と述べている。呉起は衛人であるが、魏文侯に兵法で用いられ、のちに楚に行き変法をしたと伝えている。魯仲連は斉人で、趙に用いられている。外交に従事した例には、蘇秦列伝と張儀列伝がある。

また戦国秦で他国人を任用する例には、商君列伝がある。商君は衛人で、秦孝公のときに富国強兵の変法を行っている。これは内政であるが、法制と軍事にかかわる方面である。秦武王のときには、王族の樗里子と、他国の甘茂を左右丞相としている。これは内政であるが、王族と他国人の二重体制となっている。つづく昭王の時代は、樗里子の死後に、母方の王族である魏冄（穰侯）を秦相としているが、穰侯が失脚したあとは、魏人の范雎と、燕人の蔡沢を秦相としている。戦国中期より以降の秦国では、しだいに他国人を内政に任用する様子がうかがえる(38)。

このように大きくみれば、春秋末から戦国前期には、他国人の任用は軍事と外交の方面にみえており、戦国中期からしだいに内政に及ぶ傾向が読みとれる。これに加えて戦国諸国には、君主に対する封君の存在がある。ここでは「食客三千人」という言葉に代表されるように、それぞれの客に応対していた。それは封君と客の人的結合とみなされている。しかし孟嘗君列伝では、薛国は六万戸をふくむ封邑であった。そこで「食客三千人」が比喩としても、それは封邑の内政や文書行政、財政、外交に従事する官吏と、兵士をふくめた人数にあたり、独立した機構を備えていることを示している。これは周王室から諸侯が独立して王となったとき、その王の下に封君を位置づけたことになり、漢代でいえば諸侯王国に相当する体制であろう。ここから『史記』列伝のエピソードは、そのまま史実ではないとしても、このような社会情勢の変化を反映しているのではないだろうか。

つぎに秦が天下を統一する過程では、中央集権的な郡県制の施行が特徴とされている。[39]たとえば戦国秦では、商鞅の変法によって、旧集落を県として統括し、県ごとに令と丞を置いたという。そこでは賦税の徴収や、兵役、傜役などの負担があり、法制と軍事編成がおこなわれている。その後、秦国では占領した各地に郡県制を施行しており、昭王の時代に西方を領有したことは、よく知られている。その郡県制の実態は、睡虎地秦簡によって、県を基礎とする法制統治の一端がわかるようになった。また秦始皇帝陵の兵馬俑は、秦代の軍陣であるが、戦国時代の軍事編成をうかがうことができる文物である。ただし始皇帝陵の城内から出土した文官俑も、ズボン形式の胡服であることからすれば、胡服が騎射にともなう軍事だけのものではない。

これに対して、他の諸国では、どのような地方統治をしたのかは不明な点が多い。注目されるのは、李学勤氏や江村治樹氏などによる器物銘文の研究である。[40]ここでは武器や陶器などにみえる銘文によって、その製造の担当者と下部の機構を考察している。たとえば江村治樹氏は、戦国時代の三晉諸国では、兵器・陶器の製造や、貨幣の発行に関して、県に編成された都市の独立性が顕著であり、官僚制が発達した地域とする。しかし周辺の諸国では、国都をのぞいてそれほど都市の発達がみられないとする。このほかの研究では、戦国初期の燕国には、成公期から侯名をもって監造者名を記す武器銘文があらわれ、戦国中期の昭王までに、武器の鋳造や副葬品の復古的特徴などに王権の確立が見出せるといわれている。斉国では、都邑単位での政治機構が存在し、やはり戦国中期までに独自の習俗が進展したことが想定されている。趙国では、三晉に共通する特徴として、戦国中期以降に王権の進展と、独自の礼制を確立してゆくことが指摘されている。ただし楚国では器物銘文の情報が少なく、地方統治機構については詳しく知ることができなかった。

戦国楚については、包山楚簡の文書簡によって、戦国中期の地方機構がわかるようになった(41)。包山楚簡によると、懐王期の楚国では県レベルの機構をもとに運営されている。その機構には、長官のほかに莫囂、司馬、攻尹、司敗などの名称をもつ官吏がいる。また郡レベルの機構も想定されるが、明確な構成は不明である。かわって楚国では、郡県レベルで封君が多く置かれている。このような体制は、戦国秦が郡県制を基盤として、わずかに封君を置く体制とは異なっている。そして戦国楚の本拠地は、秦が占領したあと南郡を設置しているが、それは秦の領域内で施行した制度下に置かれたと推測される。その郡県制の体制は、秦代の里耶秦簡によって、すでに統一までに文書システムが成立していたことを示している。そこで包山楚簡にみえる戦国楚の体制は、遷都した東方で適用されたとおもわれ、秦の統一によって、ふたたび秦の郡県制下に置かれることになる。

これを総合すれば、戦国中期より以降に、各国は郡県制の展開と、王族の封邑による封建制の二重体制を進行させながら、領土国家を形成したことがわかる。もっとも中央集権的な郡県制は、戦国秦で施行されている。戦国楚では、これとは反対に、郡県制と封君が並立する体制である。残りの三晉は、県レベルの都市が発達しているという指摘から、秦に近い体制かもしれない。しかし燕や斉は、明確な郡県制は不明であり、あるいは斉国は楚国に近い封君をふくむ体制かもしれない。また趙国は、三晉の一部であると同時に、燕や斉と同じような行動をおこしている。これは蘇秦列伝でみたように、燕王の使者が斉王の外交官となり、趙を盟主として合従することは、この地域の関係が深いことを示唆している。また戦国四君に代表されるように、諸国の封君の活動は、秦とは異なる地域性を反映しているかもしれない。漢代初期には、斉と楚は同じように王国として重視され、斉の田氏や、楚の昭氏、屈氏、景氏、懐氏を関中に移住させており、斉と楚はよく似た社会構造をもつ可能性がある。

2戦国社会と秦帝国の構造

秦の統一と地方社会について、もう一つ問題となるのは、戦後の歴史学で注目された新県との関係である。[42]木村正雄氏は、古代国家の成立過程において水利灌漑による生産基盤を強調した。すなわち春秋末から戦国時代にかけて鉄器の普及と大規模な治水・水利事業の展開により、低湿地に第二次農地を拡大して、領域国家の基礎が成立したという。そして君主の専制的支配は、治水・水利機構の支配を通じてその農民を掌握したもので、ここに新県を中核とした「斉民制」を想定している。これと関連して西嶋定生氏は、木村氏の説をうけて、戦国期以降にみられる「軍功爵・民爵」に注目し、徙民賜爵（移民して民爵を賜うこと）をともなって新設される県は、伝統的秩序から切断された郡県制による県と考えた。その初県の構造は、城邑の内部に計画的な里をもち、個別化された移住者が居住したとする。しかしこの想定は、いくつかの方面から実情にあわないことが指摘できる。

まず秦漢帝国の成立期では、国家的な治水・水利機構は存在していない。大規模な土木事業は、郡県制の機構による労働力や、軍隊による兵卒の徴発によって施工されている。[43]また里耶古城と里耶秦簡の報告によれば、城郭（二三五×一五〇メートル）の内部は、官府などの施設であり、城内に里の区画と一般民の居住区は見られない。一般民の居住区は、県レベルの範囲をもつ領域に分布するとおもわれ、城外には墓葬区がある。また漢代初期の張家山漢簡『二年律令』「秩律」にみえる県は、秦代の本拠地である西方地域（ほぼ始皇帝の即位以前の領域）に、漢王朝の郡県制とした県の分布を反映している。これらは、ほとんどが旧県であり、新しく開拓した県ではない。[44]したがって秦漢帝国が成立するときには、旧来の氏族的な秩序を破壊して、新県に移住させる形態は、きわめて少ないことが明らかである。その基礎となる戦国時代からいえば、戦国秦では、一部の旧勢力をのぞいて、占領した地域の住民をそのまま秦の郡県制に組み込んだと推測される。ここに秦とは異なる体制と習俗をもつ地域社会が、秦の郡県制に組み込まれるモデルを示している[45]。

こうした戦国時代の地方社会では、増淵龍夫氏のように、任侠的な習俗による人的結合を重視する説がある[46]。その典型的な例は、秦末に沛県で蜂起した劉邦（沛公、漢の高祖）の集団である。また守屋美都雄氏は、沛公の集団が主客結合の性質をもち、それを軍事集団にしたものとして、そのほかに地縁的な里の父老に注目している[47]。また家族や宗族の結合も想定される。しかしこの説も、里耶秦簡をふまえて検討してみると、違った側面がみえてくる[48]。

里耶秦簡と『漢書』百官公卿表によれば、県には長官として令（一万戸以上）か長（一万戸以下）と、副官の丞が派遣されている。また軍事と労役にかかわる県尉が置かれている。これが長吏である。しかし県の官府には、このほか守丞や、文書を担当する令史、獄史、徒隷を司る司空、穀物を担当する倉主がおり、財物を担当する少内がある。これらの官吏は、地方出身者の可能性がある。

『史記』では、各地で蜂起するとき、県令、丞、尉のような長吏を殺して立ち上がったと記している[49]。沛県では、陳渉たちが「張楚」と号し、他の郡県でも長吏を殺して呼応しようとするのを聞いて、県令が掾主吏の蕭何と曹参に相談している。しかし蕭何たちは、県令が秦吏であることから、かつて亭長であった劉邦を立てることを提言した。その結果、蕭何と曹参、劉邦たちは、沛県の城内にいた父老と子弟に、帛書の書信で投降を呼びかけ、かれらは沛令を殺して城門を開いて劉邦を沛公とした。このとき主体となった蕭何は、里耶秦簡でみたように、県の実務と文書行政を担当している官吏に当たる。そして漢王朝で功績を受けるとき、蕭何は宗族の数十人で従ったと記している。このほか沛公の集団には、卒史であった沛人の周昌と従兄の周苛や、獄吏の任敖、厩司御の夏侯嬰などがいる。したがって沛県の官府では、中央から派遣された長吏のほかに、沛県の出身者を主吏や獄掾、獄吏、厩司御、亭長などに任用しており、それが一つの地方官吏の社会を構成している。これは旧来の社会層を排除して、新しく人びとを移住させた形態ではない。反対に、県の官府に旧来の社会層を組み込んでいる。また叛乱の基盤となったのは、劉邦からみれば人的な結合としても、沛県社会の全体からみれば、それは地方官府の官吏を中心として、父老・子弟をふくむ勢力である。そして蜂起した勢力は二、三千人という記述を目安とすれば、当初は劉邦と人的結合をもつ人びとがいたとしても、すでに任侠的な秩序で構成できる範囲を大きく越えている。また里の父老は、そのなかで協力しているが、叛乱集団を指導する人びとではない。したがって劉邦たちの基盤は、基本的に沛県の官吏を主体とする県レベルの地縁集団であることがわかる。

このように秦帝国が占領した東方地域は、新しく開拓した県に住民を移住させたものではなく、旧来の在地の人びとを秦の郡県制に組み込む体制であったことになる。沛県の官府にみえる構成と、叛乱集団との関係をみれば、それが県レベルの在地社会を基礎とすることは明らかである。このような状況は、項梁・項羽の叛乱の過程にもみえている。また『史記』張耳列伝には、秦の長吏が横暴で、他の郡県でも長吏を殺して蜂起したという記述があり、各地の同じような状況を示している。(50) そのとき沛県の集団は、秦の郡県制から離れたために、秦の文書伝達ルートを利用することができない。そこで沛公たちは、項梁たちと一緒に楚懐王を擁立して、楚の体制のもとで行動している。この楚国では、楚の官制と暦、爵制を継承しており、軍事編成や文書伝達システムなどを達成していたと推測される。こうした古代社会の構造は、さらに『史記』秦漢史料の分析によって明らかになるであろう。

以上のような戦国史の検討を通じて、司馬遷が『史記』を著述する手順と、取材と歴史叙述の意義は、つぎのように要約することができる。(51)

（一）まず素材となる資料を収集する。それは漢代に伝えられた王朝の図書を基本としている。ただしその書籍は、前漢末に定本となる前の異本である。利用した系統は、太常に関係する儀礼、太史令などの天文・暦、紀年資料、系譜と、博士の書物が多い。反対に、丞相・御史大夫や廷尉、大司農の文書・記録などの利用は少ない。そのほか一部に漢代の伝承があり、これは聞き書きにあたるものである。

（二）つぎに収集した素材を取捨選択して編集する。それは一定の基準を設けて資料を選んでおり、紀年資料や系譜は比較的に信頼できる。ただし選択した資料には、すでに史実として疑わしい伝説をふくんでいる。これらの素材の考証をもとに、各篇ごとに素材を接続して編集する。このとき司馬遷は、先行資料をそのまま利用しても、それを取捨選択して編集することは、独自の著述と意識している。また旅行による見聞や体験は、歴史地理や交通ルート、人物評価などに生かされており、これはフィールド調査と同じ効果を果たしている。

（三）最後に《太史公書》として、本紀、十表、八書、世家、列伝の部門に分け、伝説の帝王から同時代の武帝期までの歴史叙述とする。その特徴は、通史と紀伝体であり、また当時の世界史でもある。各篇の編集では、独自の歴史観によって王朝や国の興亡と、グループや個人の伝記を叙述する。父と司馬遷の観点では、明主・賢君・忠臣・死義の士、功臣・世家・賢大夫の顕彰や、王朝の天命の移動、国の興亡に関する君主の徳・不徳、個人の盛衰の原理などを明らかにしようとしている。これを「行事（事績）」で描こうとしている。

このように『史記』戦国史料の作成は、創作よりも編集の部分が多く、今日の歴史研究と似た方法をとっている。また太史令であった司馬遷は、古代紀年と年代学に注意しており、諸資料を編年する点は歴史書としての要素を備えている。しかし司馬遷『史記』の優れた点は、史実の考証よりも、人物評価をふくめた歴史叙述にある。たとえば歴史学では、（一）資料の収集、（二）資料の分析は同じであるが、それを考証して研究論文としている。ところが司馬遷は、この歴史研究の部分をはぶいて、古代国家と人物を歴史叙述として描いている。したがって歴史学からみれば、その史実にいくつかの問題があるとしても、司馬遷の目標は、必ずしも事実を収録するのではなく、虚実をふくめて歴史と人物を評価しようとする視点が強く表れている。だから今日でも、『史記』の描写に文学と思想の価値を見いだし、歴史の教訓や、人生の処世訓を得ようとする読者がいる。この意味で、『史記』には歴史学としての欠点と限界はみられるが、司馬遷の著述意図を理解して、歴史を再構成することは大切な課題であろう。

おわりに

中国古代史の基本史料である『史記』は、これまで文献を中心に考察されてきた。しかし出土資料が増加すると、『史記』の成立についても新しい資料学を進めることができる。本書では、『史記』秦本紀や戦国世家につづく戦国列伝について、当時の文字資料や情報が組み込まれる過程と、その史実との関係を考察してきた。それは『史記』を文献テキストとして認め、出土資料とあわせた歴史研究を進めるのではなく、司馬遷が竹簡や木簡、帛書の素材を編集した原形として、『史記』の成立と構造を理解することである。これは『老子』のテキストを戦国楚簡や馬王堆帛書の出土によって再検討し、『孫子』を銀雀山竹簡と比較する研究と共通している。こうして作成された『史記』が、のちに紙に書写され、版本となったテキストが今日に伝えられている。このような『史記』史料の研究は、司馬遷の歴史叙述を理解し、中国古代史を再構成する一助になると考えている。その要点は、つぎの通りである。

一、これまで『史記』の素材については、文献との比較や、『史記』の内部に求める方法がみられるが、それだけでは不十分である。『史記』の取材と編集は、中国出土資料との比較によって、秦漢時代の情報のなかで総合的に位置づけできるようになった。拙著『史記戦国史料の研究』は、出土資料と秦本紀、戦国世家の構成を比較して、その基本的な手法を提示した。その要点は、『史記』の本文には創作した部分がきわめて少なく、先行する諸資料（秦紀年と趙紀年、系譜、戦国故事、説話など）を多く利用し、興亡の原理を明らかにする独自の観点から編集する手法であるとみなした。司馬遷の説明によれば、その主な素材は漢王朝にある文書や書籍であり、その一部は古墓の書籍と共通するものがある。

二、『史記』戦国列伝では、その素材と編集のパターンをいくつかに分類することができる。

（1）春秋時代から戦国早期にかけて活躍した諸子の伝記は、年代が不明であり、また漢代に近い素材を多く利用したと推測されることから、実際の活動から時間が経過している。したがって司馬遷の人物評価を知ることはできるが、史実としては、なお伝来の書物や出土資料から再検討する必要がある。

（2）これに対して、司馬遷が「秦記」を利用したと述べている秦国の人物は、おおむね年代が明らかである。その典型となる穰侯列伝では、「系譜、秦紀年＋記事資料」を組み合わせたパターンとなっており、秦国の人物は、その割合の差はあるが、ほぼ同じ形式である。ここでは秦紀年を基礎として、その信頼性は記事資料の性格と、編集ミスがあるかどうかがポイントとなる。それは戦国後期に近いほど秦紀年が多く、信頼性が高くなる傾向にある。

（3）秦以外の諸国では、趙世家の後半に趙紀年が利用されている。そして趙紀年の一部は、六国年表や戦国世家、戦国列伝に転記されている場合がある。ただし戦国中期に活躍した蘇秦の場合は、ほとんど紀年資料がなく、年代に乱れがある。そこで馬王堆帛書『戦国縦横家書』によって、活動の情勢を復元すると、張儀よりも後に活躍したことがわかる。張儀は秦国に入ったため、その伝記は、秦国の人物と同じように基準にすることができる。

（4）戦国四君の列伝は、基本的に「紀年資料＋記事資料」という編集パターンで構成されている。しかし春申君列伝では秦紀年が基準になるのに対して、他の封君の列伝は、記事資料を多く利用するという違いがある。

したがって『史記』戦国列伝の編集は、1紀年資料がなく、ほぼ記事資料だけで構成する列伝と、2「紀年資料＋記事資料」を組み合わせたパターンに分けることができる。他の列伝は、この比率が多いか少ないかの違いがある。戦国列伝の全体では、秦国とその周辺に紀年資料が多く、史実に近いことがわかる。しかし秦国に遠く、紀年資料が少ない国の人物については、年代の混乱や、記事資料（戦国故事、説話）の信頼性が問題となる。

三、このほか『史記』には物語的な記述が多く、司馬遷は二十歳のときから旅行しているため、各地の資料や語り物を利用したという説明が、従来まで根強く残っている。また語り物を重視するという背景には、司馬遷が『史記』を著述した当時に、書写された資料が少ないという理解もみられた。そこで拙著『司馬遷の旅』（二〇〇三年）で要約したように、その全旅行ルートを追体験して『史記』の素材との関係を探ってみると、司馬遷の見聞は、各篇の本文ではなく、最後の「太史公曰く」というコメントの部分に記されている。しかも『史記』戦国史料の情報は、単独の説話と各国の戦国故事をのぞいて、秦の本拠地（漢の京師）と、趙、魏などの西方周辺に集中するのに対して、司馬遷が旅行したはずの四川省や長江流域の南方と、山東省、遼東など東方地域の情報がきわめて少ない。ここには『史記』の取材と旅行先の情報との差異が明らかにみてとれる。また孟嘗君の都城である薛国故城や、魏の大梁（開封市）、戦国楚の都城であった寿春の考古調査からも、『史記』列伝の社会が理解できる。

四、司馬遷が著述をする背景では、すでに戦国時代から竹簡の典籍が現れており、秦代には里耶秦簡のように、地方官府でも文字資料によって詳細な文書と実務の処理を行っていた。したがって司馬遷の時代には、かれ自身が述べているように書写された文書と書籍が多く、それを編集する時代に入っていたのである。『史記』が文学性を帯びているのは、①に銀雀山竹簡『孫子』のエピソードをそのまま孫子列伝に引用しているように、利用した説話そのものに物語性がみられるケースと、②司馬遷が興亡の原理や、その滅亡、失脚の原因を説明しようとする編集方針などに起因するとおもわれる。

五、『史記』列伝の編集にくわえて、戦国楚簡や里耶秦簡の発見では、さらに全体的な取材の様子が明らかになる。それは里耶秦簡のような地方官府の行政資料は、『史記』の素材（タネ本）となる資料とは系統が違うということである。これは地方官府の資料だけではなく、中央の行政文書や裁判の資料も同じである。したがって司馬遷は、行政と司法系統の資料をほとんど利用しておらず、あらためて漢王朝の儀礼を担当する太常に集約される書籍を主要な素材としたことが確認できる。また里耶秦簡では、文書などを保存し廃棄するなかで、公的な資料の写しを取ることがあり、それが古墓の資料にみえている。それらの資料は、ある人物にとって随行品の一部になることが想定される。古墓にみえた睡虎地秦簡『編年記』や帛書『戦国縦横家書』のような書籍と、『史記』の素材が共通していた理由の一つは、こうした情報伝達によって広く説明できるようになる。

六、『史記』によれば、戦国から秦代にかけて秦国の情報がもっとも多い。そして戦国七国のなかで秦帝国が天下を統一し、秦の制度を漢王朝が継承したために、主要なストーリーは、秦漢帝国の成立を中心として描かれている。しかし近年の出土資料と考古文物によれば、秦帝国と滅ぼされた六国をふくむ地域史がみえてくる。たとえば秦帝国では、里耶秦簡にみられるように厳格な郡県制と文書システムが成立していた。とすれば、地方行政機構と文書行政の形成は、戦国時代に始まっていたことになる。これを示すのは、秦国の青川県木牘や睡虎地秦簡であり、戦国魏では睡虎地秦簡「為吏之道」に記された魏律がある。他の諸国では、君主の直轄統治と封君の統治とが並存している姿がうかんでくる。もちろん秦にも封君はいるが、『史記』にみえる戦国封君の列伝は、その諸国の情勢を示唆している。戦国楚では、包山楚簡の文書簡に郡県制のような体制と封君の並存がみえている。同じ時期の鄂君啓節でも、封君に対して免税の特権を与えている。その転換期となるのは、戦国中期に各国が王号を称したことである。これは周王室に封ぜられた諸侯国が、独立した国家機構や文書システムを整備したあとに実現できることであろう。その体制は、各国が都城を遷都したときに、すでに始まっている可能性がある。また各国の戦争と外交では、合従連衡にみえる情報伝達をうながしている。そして各国は、戦国中期より以降に郡県制の展開と、王族の封邑を拡大する二重体制を進行させながら、領土国家を形成している。本書では、このような『史記』の叙述と歴史研究をふまえて、戦国史の再構成を試みている。

『史記』には、このほかにも春秋戦国、秦代の列伝がある。これらの列伝の構成は、巻末の「『史記』列伝の素材」で、その素材と編集の傾向を一覧している。ここには程度の差はあるが、1記事資料だけで構成され、事績を顕彰する列伝と、2「紀年資料＋記事資料」で構成される編集パターンがある。また論賛では、人物を論評するものや、とくに運命を強調する篇がある。このように『史記』の叙述は、素材と編集を分析することによって、司馬遷の歴史観を知ることに結びついている。その結論は、『史記』は父と司馬遷の創作（フィクション）ではなく、基本的に先行資料や伝聞を編集した著述（ノンフィクション）ということである。ただし『史記』の叙述には、すでに史実として疑わしい素材が入っており、また司馬遷の人物評価と歴史観によって、素材の取捨選択と編集をおこなっている。この意味で『史記』は、文書や記録を編纂した歴史書とは少し性格が違っており、まさに歴史と人物の虚実を位置づけた《太史公書》という思想書の方がふさわしいようにおもう。

こうして『史記』の構成をみると、司馬遷の編集プロセスがよくわかる。それは、①素材となる資料を収集し、②それを取捨選択して編集したあと、③独自の歴史観によって『史記』の各篇を叙述する過程である。しかし今日の歴史学からみれば、いくつかの問題がある。それは、①収集した素材は、漢代の書籍を中心として、そのほかに文書・記録、伝承を利用しているが、すでに史実として疑わしい内容をふくんでいる。②取捨選択と編集には、一定の基準をもうけているが、必ずしも事実を収録するのではなく、歴史と人物を評価しようとする視点が強く表れている。したがって、③『史記』の歴史叙述は、素材の制約と司馬遷のフィルターがあることに注意しなくてはならない。これを『史記』では「行事」で描こうとしている。その先に司馬遷のメッセージを読むとすれば、国家の場合は、先祖の功徳をうやまい、君主は臣下の直諫を聞いて、讒言を退けることになる。個人の場合は、徳を積んで、その行いを正すことである。しかしそれでも、天道に従ってうまくゆくとは限らない。

以上のような『史記』史料の研究には、三つの段階がある。その一は、中国古代の文献と出土資料（簡牘、帛書）に関連する資料を探り、素材別に『史記』の編集を考察することである。これは、いわば『史記』の種本にあたる資料との比較であり、『史記戦国史料の研究』（一九九七年）の方法である。その二は、司馬遷が利用した系統だけではなく、広く漢代の文字資料（文書、書籍、記録など）のあり方を理解し、そのなかで相対的に『史記』の素材と編集を位置づけることである。それは『中国古代国家と社会システム――長江流域出土資料の研究』（二〇〇九年）のように、簡牘の機能と情報伝達の考察が基礎となっている。これらは文献と出土資料による方法であるが、ここでは司馬遷が竹簡や木簡、帛書の素材を編集した原形として、『史記』の成立と構造を明らかにしようとしている。その三は、考古遺跡とフィールド調査による情報を取り入れ、『史記』の叙述と史実を考えることである。これは拙稿「司馬遷の取材と旅行」（二〇〇〇年）や、『司馬遷の旅』（二〇〇三年）で試みた方法である。本書は、このような三つの段階をへて、あらためて『史記』戦国列伝の編集と史実を考察したものである。

今後は、『史記』戦国史料の分析をふまえて、さらに秦漢史料の研究を進めたいと希望している。そして司馬遷が素材を取捨選択して歴史を叙述したように、文献と出土資料、フィールド調査によって、中国古代史と人物像を叙述することも大切な課題となろう。

注

（1）楊寛『戦国史』（初版一九五五年、第二版一九八〇年、増訂本、上海人民出版社、一九九八年）では、戦国史料の問題を述べたあと、農業・手工業、社会経済制度の発展、諸国の変法と政治制度、戦国七国の形勢から秦の統一までを叙述し、諸子百家などの思想や、科学技術、文化の方面にふれている。

（2）拙著『史記戦国史料の研究』（東京大学出版会、一九九七年）、同『《史記》戦国史料研究』（曹峰、廣瀬薫雄訳、上海古籍出版社、二〇〇八年）、同『中国古代国家と郡県社会』終章、一「戦国・秦代の郡県と封邑」（汲古書院、二〇〇五年）など。

（3）拙著『中国古代国家と社会システム――長江流域出土資料の研究』（汲古書院、二〇〇九年）序章「中国出土資料と古代社会」、第一章「中国古代の秦と巴蜀、楚」、第三章「戦国秦の南郡統治と地方社会」、終章では、司馬遷が利用しなかった系統の資料によって、秦漢帝国の成立を考察している。

（4）楊寛『戦国史』緒論（増訂本）一〇～四一頁。また同『戦国史料編年輯証』（上海人民出版社、二〇〇一年）がある。

（5）楊寛『戦国史』第五章「戦国前期各諸侯国的変法改革」、拙稿「西門豹の水利事業――『史記』滑稽列伝の後世補記について」（『中国水利史研究』一九、一九八九年）、濱川栄『中国古代の社会と黄河』第二部第一章「漳水渠の建造者をめぐる二説について」（早稲田大学出版部、二〇〇九年）など。

（6）岡崎文夫『支那史概説上』（弘文堂書房、一九三五年）では、秦の天下統一の前に、趙武霊王を重視している。

（7）戦国紀年の特徴は、拙著『史記戦国史料の研究』第一編第三章「『史記』戦国紀年の再検討」、終章「史料学よりみた戦国七国の地域的特色」や、佐藤武敏監修、工藤元男・早苗良雄・藤田勝久訳注『馬王堆帛書戦国縦横家書』戦国略年表（朋友書店、一九九三年）で説明している。また平勢隆郎編著『新編史記東周年表――中国古代紀年の研究序章』（東京大学出版会、一九九五年）は、独自の修正を試みている。

（8）拙著『史記戦国史料の研究』の「『史記』戦国紀年の再検討」、第二編第二章「『史記』趙世家の史料的考察」。里耶秦簡は、湖南省文物考古研究所等「湖南龍山里耶戦国――秦代古城一号井発掘簡報」（『文物』二〇〇三年一期）、李学勤「初読里耶秦簡」（『文物』二〇〇三年一期）、湖南省文物考古研究所『里耶発掘報告』（岳麓書社、二〇〇七年）、里耶秦簡講読会「里耶秦

簡訳註」（『中国出土資料研究』八、二〇〇四年）、馬怡「里耶秦簡選校」（『中国社会科学院歴史研究所学刊』第四集、商務印書館、二〇〇七年）に考察があり、張培瑜・張春龍「秦代暦法和顓頊暦」（『里耶発掘報告』）は暦法を復元している。

（9）拙著『史記戦国史料の研究』第一編第四章「『史記』戦国系譜と『世本』」。

（10）拙著『史記戦国史料の研究』第二編「戦国七国の史料学的研究」の諸篇。

（11）近藤光男『戦国策上』解説（全釈漢文大系、集英社、一九七五年）、拙著『史記戦国史料の研究』第一編第六章「『戦国策』の性格に関する一試論」。『戦国策』の原本は、宋代に古本・高誘注本ともに一部が散佚したといわれ、今日に伝えられている『戦国策』は、北宋の曾鞏が三三巻本に復元したものをもとに再編集した鮑彪本と姚宏本の伝本である。

（12）湖南省博物館・中国科学院考古研究所「長沙馬王堆二・三号漢墓発掘簡報」（『文物』一九七四年七期）、湖南省博物館・湖南省文物考古研究所編『長沙馬王堆二・三号漢墓』第二章「三号漢墓」（文物出版社、二〇〇四年）、拙著『史記戦国史料の研究』第一編第五章「馬王堆帛書『戦国縦横家書』の構成と性格」。

（13）『説苑』は、儒家の「劉向所序六十七篇」に入るとみなされ、『戦国策』『新序』とともに劉向の編集によるものである。しかし韓自強『阜陽漢簡《周易》研究』（上海古籍出版社、二〇〇四年）によれば、阜陽双古堆一号漢墓の木牘に『新序』『説苑』と同じ題目がある。これは福田哲之「阜陽漢墓出土木牘章題考」（『中国研究集刊』総三七号、二〇〇五年）に考察がある。また出土史料には、一部に『新序』『説苑』と同じ内容の故事をふくんでいる。これは帛書『戦国縦横家書』と『戦国策』のように、司馬遷より以前の時代に先秦の説話があり、それを劉向が収録したことを示している。したがって『新序』『説苑』の一部は、司馬遷が利用することが可能である。

（14）『史記』列伝では、春秋時代の伍子胥列伝に紀年が多く例外である。出土資料と思想史に関しては、浅野裕一・湯浅邦弘編『諸子百家〈再発見〉』（岩波書店、二〇〇四年）、朱淵清著、高木智見訳『中国出土文献の世界』（創文社、二〇〇六年）、廣瀬薫雄「荊州地区出土戦国楚簡」（『木簡研究』二七、二〇〇五年）などがある。

（15）諸説については、本書の第三章「『史記』蘇秦・張儀列伝と史実」で紹介している。

（16）拙稿「戦国・秦代の都市水利」（『中国水利史研究』二〇、一九九〇年）。ただし魏は、『竹書紀年』によれば恵王六年（前三六五）あるいは九年（前三六二）ころに遷都しており、これは『史記』で秦の圧迫によるという評価とは異なっている。

(17) 鄂君啓節の諸説と内容は、拙著『中国古代国家と郡県社会』第一編第四章「戦国楚の領域形成と交通路」で論じている。

(18) 拙著『史記戦国史料の研究』第二編第五章「『史記』楚世家の史料的考察」、拙稿前掲「戦国楚の領域形成と交通路」。

(19) 拙著『中国古代国家と郡県社会』第一編第二章「戦国秦の領域形成と交通路」。

(20) 司馬遷の一般書には、岡崎文夫『司馬遷』（一九四七年、研文社、二〇〇六年）、バートン・ワトソン著、今鷹真訳『司馬遷』（筑摩書房、一九六五年）、大島利一『司馬遷と「史記」の成立』（清水書院、一九七二年）、シャヴァンヌ著、岩村忍訳『司馬遷と史記』（新潮社、一九七四年）、伊藤徳男『「史記」と司馬遷』（山川出版社、一九九六年）などがあり、発憤著書の説は、武田泰淳『司馬遷――史記の世界』（一九四三年、のち講談社、一九九七年など）でよく知られている。また宮崎市定「身振りと文学――史記成立の一試論」「『史記』を語る」（以上、『宮崎市定全集五』史記、岩波書店、一九九一年）は、とくに語り物の利用を強調しており、稲葉一郎『中国史学史の研究』第二部第二章「『史記』の成立」（京都大学学術出版会、二〇〇六年）も、司馬遷の旅行を歴史に関する記録・資料の収集とみなしている。『史記』の研究史は、池田英雄『史記学五〇年――日・中「史記」研究の動向』（明徳出版社、一九九五年）がある。

(21) 李長之『司馬遷之人格与風格』（生活・読書・新知三聯書店、一九四八年、上海開明書店、一九八四年、台湾里仁書局、一九九七年）、李長之著・和田武司訳『司馬遷』（徳間書店、一九八八年）、顧頡剛「司馬談作史」（一九五一年、『史林雑識初編』中華書局、一九六三年）、澤谷昭次「『史記の作者たち』について」（一九七九年、『中国史書論攷』汲古書院、一九九八年）、佐藤武敏『司馬遷の研究』第二章「司馬談と歴史」（汲古書院、一九九七年）、李開元「論『史記』叙事中的口述伝承」（『周秦漢唐文化研究』第四輯、三秦出版社、二〇〇六年）など。宮崎前掲「身振りと文学」は、荊軻と鴻門の会の記述などを、市で語られた物語としていた。しかしこの両者は、医者の夏無且と交際のあった人物や、樊他広から聞いた漢代の伝承といわれている。これは人びとの伝聞とすれば、その文章に口語がみられる特徴と一致する。

(22) 佐藤前掲「司馬談と歴史」では、具体的な篇名として、張儀列伝、魯仲連鄒陽列伝、刺客列伝、李斯列伝、樊酈滕灌列伝、酈生陸賈列伝、張釈之馮唐列伝、滑稽列伝の八篇と、晋世家、衛康叔世家の二篇をあげている。

(23) 王国維「太史公行年考」(一九一七年、『観堂集林』巻一一、一九二九年)、佐藤武敏「司馬遷の旅行」(一九七七年、『司馬遷の研究』)、拙稿「司馬遷の旅行と取材」(『愛媛大学法文学部論集』人文学科編八、二〇〇〇年)。

(24) 拙著『司馬遷とその時代』(東京大学出版会、二〇〇一年)。

(25) 拙稿前掲「司馬遷の旅行と取材」、拙著『司馬遷の旅』(中央公論新社、二〇〇三年)。

(26) 王国維「太史公行年考」。その要点は、佐藤前掲「司馬遷の旅行」、拙稿前掲「司馬遷の旅行と取材」で紹介している。

(27) 取材の一端は、拙稿「『史記』河渠書と『漢書』溝洫志――司馬遷の旅行によせて」(『中国水利史研究』三〇、二〇〇二年)、同「『司馬遷とその時代』取材ノート」(『UP』三一巻二号、二〇〇二年)、同「『史記』と秦漢社会史の調査研究」(山陽放送学術文化財団『リポート』五二、二〇〇八年)などに述べている。

(28) 『項羽と劉邦の時代』(講談社、二〇〇六年)。その後、二〇〇六年の「『史記』と楚漢戦争学術シンポジウム」(河南省滎陽)の際には、李開元氏と漢覇二王城、滎陽故城と製鉄遺跡、開封、新鄭を訪れ、二〇〇九年の中国秦漢史研究会(河南省永城市)では芒碭山の劉邦、陳渉ゆかりの史跡と、陳城、陽城(河南省商水)を調査した。二〇一〇年には、《史記》研究会「項羽文化シンポジウム」(江蘇省宿遷)に出席して周辺を観察した。

(29) 中国古代文明と『史記』の関係では、資料を利用した範囲の殷墟や秦始皇帝陵では、その正しさが証明されたといわれる。しかし反対に、四川省で発見された三星堆遺跡・金沙遺跡などは、司馬遷が旅行していながら、資料が少ない地域にあたっている。今日では『史記』の取材範囲をこえて、遺跡と出土文物がふえている。

(30) 『漢書』司馬遷伝では、宣帝のときに司馬遷の外孫が祖述して広まったというが、その後は諸侯王にも《太史公書》の写本が許されない時代である。したがって前漢末までの出土資料に、『史記』のテキストが書写されている可能性は低い。これに関連して、敦煌漢簡の『史記』残簡の問題がある。オーレル・スタインが第二次中央アジア探検で発見した簡牘にTⅥbi三〇一の編号をもつ木簡があり、羅振玉・王国維編『流沙墜簡』(一九一四年、中華書局、一九九三年)は、これを「簡牘遺文」に分類している。その内容は『史記』滑稽列伝の淳于髡の話と似ており、「史記残簡」とみなされている。林梅村・李均明編『疏勒河流域出土漢簡』(文物出版社、一九八四年)によれば、この烽隧は辺郡の候官の塞とよく似た構造をもっており、宣帝期の資料が多い。大庭脩『大英図書館蔵敦煌漢簡』（同朋舎出版、一九九〇年）七六〜七七頁では、この釈文を『史記』滑稽列伝と比較している。

久不相見卒然相黨以驩道故以請語當此之時臣竊樂之飲至四五斗若耐男　（敦煌漢簡二五〇）

若朋友交遊、久不相見、卒然相覩、歡然道故、私情相語、飲可五六斗徑醉矣。若乃州閭之會、男女雜座、……　（『史記』滑稽列伝）

大庭氏は、両者に文字の違いが相当にあり、「司馬遷も参照したもっと古い物語の写本と考える方が穏当であろう」と推測し、『流沙墜簡』の再版では滑稽列伝に類文があると注記することを指摘する。『史記』滑稽列伝の淳于髡の条は、つぎのような構成をもっている。

淳于髡者、齊之贅壻也。……〔威王に対する説話〕……威王八年、楚大發兵加齊。〔①威王との対話：於是……。楚聞之、夜引兵而去。〕〔②威王との対話：威王大説、置酒後宮、召髡賜之酒。問曰……。対曰……。威王曰……。髡曰……（敦煌漢簡と類似の部分）……。以諷諫焉。齊王曰善。乃罷長夜之飲、以髡爲諸侯主客。宗室置酒。髡嘗在側。〕

ここでは「威王八年」という紀年を記し、そのあとに①淳于髡の機転による救援の説話と、②斉王を諫める説話で構成している。最初の説話は、索隠引く『春秋後語』に別の用字を記すことから、戦国故事の一部とみなされる。そして後文に、漢簡の残簡にみえる説話を記しているが、これは同じように先行する故事を利用した可能性がある。この場合は、《太史公書》が成立したあとの時代にも、司馬遷が使った素材と類似の資料を書写した例であり、「史記残簡」とみなすことはできない。出土書籍の事情は、拙稿「『史記』の日本伝来と受容」（『愛媛大学法文学部論集』人文学科編九、二〇〇〇年）、同「簡牘・帛書の発見と『史記』研究」（『愛媛大学法文学部論集』人文学科編一二、二〇〇二年）、同「『史記』の素材と出土資料」（『愛媛大学法文学部論集』人文学科編二〇、二〇〇六年）で述べている。

（31）拙著『中国古代国家と社会システム』序章「中国出土資料と古代社会」。

（32）劉向の書録は、『管子』のほかに『晏子』『孫卿書（荀子）』などがあり、『晏子』書録にも太史の書がある。

（33）たとえば内藤湖南『支那史学史』（一九四九、『内藤湖南全集』第一一巻、筑摩書房、一九六九年。復刊、平凡社東洋文庫、

一九九二年）、岡崎文夫「支那史学思想の発達」（『東洋思潮』東洋思想の諸問題、岩波書店、一九三四年）、佐藤武敏『司馬遷の研究』附篇第一章「『史記』の体裁上の特色」、拙稿「『史記』の成立と史学」（『愛媛大学法文学部論集』人文学科編三〇、二〇一一年）などで説明している。

（34）大庭脩『漢簡研究』第三篇第三章「冥土への旅券」（同朋舎出版、一九九二年）。告地策は拙著『中国古代国家と社会システム』第十章「張家山漢簡『津関令』と漢墓簡牘」で整理している。

（35）拙著『中国古代国家と社会システム』終章「中国古代の社会と情報伝達」。

（36）薛国故城は、山東省済寧市文物管理局「薛国故城勘査和墓葬発掘報告」（『考古学報』一九九一年四期）、山東省文物考古研究所「薛故城勘探試掘獲重大成果」（『中国文物報』一九九四年六月二六日）がある。魏の大梁は、劉春迎『北宋東京城研究』第一章「緒論」（科学出版社、二〇〇四年）に紹介がある。寿春故城の復元は、曲英傑「楚都寿春郢城復元研究」（『江漢考古』一九九三年三期）、劉和恵『楚文化的東漸』（湖北教育出版社、一九九五年）、村松弘一「中国古代淮南の都市と環境――寿春と芍陂」（『中国水利史研究』二九、二〇〇一年）などがある。蘇州、無錫の故城は、張敏「闔廬城遺址的考古調査及其保護設想」（『江漢考古』二〇〇八年四期）、江村知朗「呉国歴史地理研究序説――遷都問題に関する研究史的考察」（『歴史』一一二輯、二〇〇九年）、「蘇州発現超大型城址・古城考古取得階段性成果」（『中国文物報』二〇一〇年六月二五日）などがある。

（37）たとえば増淵龍夫「戦国官僚制の一性格――郎官と舎人」（一九五五年、『新版・中国古代の社会と国家』岩波書店、一九九六年）、同「中国古代国家の構造――郡県制と官僚制の社会的基盤の考察を中心として」（『古代史講座』4、学生社、一九六二年）のほか、多くの研究がある。

（38）たとえば樗里子甘茂列伝では、四川省の青川県木牘に、武王二年に甘茂に命じて作成した田律がある。拙稿前掲「中国古代の秦と巴蜀、楚」。また『史記』と史実の関係は、拙稿「『史記』秦漢史像の復元――陳渉、劉邦、項羽のエピソード」（『日本秦漢史学会会報』五、二〇〇四年）で論じている。

（39）秦漢帝国の成立に関する研究は、拙著『中国古代国家と郡県社会』序章で紹介している。

（40）李学勤『東周文明与秦代文明』（一九八四年、増訂本、一九九一年）、李学勤著・五井直弘訳『春秋戦国時代の歴史と文物』

研文出版、一九九一年）、江村治樹『春秋戦国秦漢時代出土文字資料の研究』第二部、第一章「戦国時代出土文字資料の国別特質」、終章「戦国時代の都市と秦漢帝国」（汲古書院、二〇〇〇年）、同『戦国秦漢時代の都市と国家』（白帝社、二〇〇五年）など。また宮本一夫「七国武器考」（『古史春秋』二、一九八五年）、宮本一夫『中国古代北境史の考古学的研究』第七章「戦国燕とその拡大」、第八章「田斉の政体」（中国書店、二〇〇〇年）、下田誠『中国古代国家の形成と青銅兵器』（汲古書院、二〇〇八年）など。

（41）陳偉『包山楚簡初探』（武漢大学出版社、一九九六年）、拙稿「包山楚簡よりみた戦国楚の県と封邑」（一九九九年、『中国古代国家と郡県社会』）、拙著『中国古代国家と社会システム』第二章「包山楚簡と楚国の情報伝達」。

（42）木村正雄『中国古代帝国の形成――特にその成立の基礎条件』（不昧堂書店、一九六五年、新訂版、比較文化研究所、二〇〇三年）、西嶋定生『中国古代帝国の形成と構造――二十等爵制の研究』第五章「郡県制の形成と二十等爵制」（東京大学出版会、一九六一年）では、爵制の秩序による個別人身支配を提唱し、新県徙民が典型的な形態としている。

（43）拙著『中国古代国家と郡県社会』第二編第一章「漢王朝と水利事業の展開」。

（44）張家山二四七号漢墓竹簡整理小組『張家山漢墓竹簡〔二四七号墓〕』（文物出版社、二〇〇一年）、同整理小組『張家山漢墓竹簡〔二四七号墓〕』釈文修訂本（文物出版社、二〇〇六年）、彭浩・陳偉・工藤元男主編『二年律令與奏讞書』（上海古籍出版社、二〇〇七年）、拙稿「張家山漢簡『秩律』と漢王朝の領域」（『愛媛大学法文学部論集』人文学科編二八、二〇一〇年）。

（45）『史記』秦始皇本紀の二十六年条には、天下を統一したあと、郡県か封建にするかという議論がある。そのとき「燕、斉、荊の地」が遠いために王を置くことを進言したが、李斯の議論によって天下を三十六郡に分けている。

（46）漢高祖の集団については、西嶋定生「中国古代帝国成立の一考察」（一九四九年、『中国古代国家と東アジア世界』東京大学出版会、一九八三年）や、増淵龍夫「漢代における民間秩序の構造と任侠的習俗」「戦国秦漢時代における集団の『約』について」（以上、『新版・中国古代の社会と国家』）、李開元『漢帝国の成立と劉邦集団』（汲古書院、二〇〇〇年）などの考察がある。

（47）守屋美都雄「漢の高祖集団の性格について」「父老」（以上、『中国古代の家族と国家』東洋史研究会、一九六八年）。

（48）拙著『中国古代国家と社会システム』第四章「里耶秦簡と秦代郡県の社会」～第七章「里耶秦簡の記録と実務資料」。

（49）『史記』巻八高祖本紀に「秦二世元年秋、陳勝等起蘄、至陳而王、號爲張楚。諸郡縣皆多殺其長吏以應陳渉」とある。この情勢は、拙稿「項羽的情報伝達与戦略――秦帝国与楚漢戦争」（江蘇省項羽文化研究会成立大会暨中国・宿遷二〇一〇項羽文化国際研討会、二〇一〇年提出論文）で述べている。

（50）『史記』張耳列伝に、つぎのようにみえる。

　武臣等從白馬渡河、至諸縣、說其豪桀曰、……陳王奮臂爲天下倡始、王楚之地、方二千里、莫不響應、家自爲怒、人自爲鬭、各報其怨而攻其讎、縣殺其令丞、郡殺其守尉。

（51）ここでは『史記』の素材と編集の手順を整理したものである。佐藤武敏『司馬遷の研究』第七章「『史記』の編纂過程」では、司馬遷の編纂期間を、太史令であった第一期の太初元年（前一〇四）～天漢三年（前九八）と、中書令の第二期の太始二年（前九五）～征和二年（前九一）とし、各編の順序について、李陵の禍より以前と以後に分けて考証している。そこでは李陵の禍より以前に、列伝一八篇、本紀六篇、世家二一篇、書五篇を作成し、以後に、列伝四四篇、本紀六篇、世家六篇、書三篇、十表を作成したと推測する。列伝の篇名は、つぎの通りである。

　淮陰侯列伝、張丞相列伝、傅靳蒯成列伝、黥布列伝、田儋列伝、劉敬叔孫通列伝、袁盎鼂錯列伝、呉王濞列伝、仲尼弟子列伝、蘇秦列伝、樗里子甘茂列伝、穰侯列伝、白起王翦列伝、孟嘗君列伝、魏公子列伝、春申君列伝、呂不韋列伝、蒙恬列伝　　　　　　　　　　　　　　　　　　　　　　　　　　（李陵の禍以前、一八篇）

　老子韓非列伝、孫子呉起列伝、伍子胥列伝、平原君虞卿列伝、范雎蔡沢列伝、廉頗藺相如列伝、魏豹彭越列伝、季布欒布列伝、伯夷列伝、管晏列伝、司馬穰苴列伝、商君列伝、孟子荀卿列伝、楽毅列伝、伝単列伝、屈原賈生列伝、張耳陳余列伝、韓信盧綰列伝、万石張叔列伝、田叔列伝、扁鵲倉公列伝、魏其武安侯列伝、韓長孺列伝、李将軍列伝、匈奴列伝、衛将軍驃騎列伝、平津侯主父列伝、司馬相如列伝、淮南衡山列伝、汲鄭列伝、南越列伝、東越列伝、朝鮮列伝、西南夷列伝、大宛列伝、循吏列伝、儒林列伝、酷吏列伝、游侠列伝、佞幸列伝、日者列伝、亀策列伝、貨殖列伝、太史公自序　　　　　　　　　　　　　　　　　　　　　　　　　　（李陵の禍以後、四四篇）

あとがき

司馬遷にとって著述とは何か、歴史とは何か。これを知るためには、『史記』の成立過程を明らかにする必要がある。本書は、拙著『史記戦国史料の研究』（東京大学出版会、一九九七年）につづく『史記』研究の二冊目である。前著では、『史記』が創作（フィクション）か史実（ノンフィクション）かということを考え、伝来の文献や出土資料と比較して、その素材と編集を明らかにしようとした。それは『史記』を歴史研究に使うとき、史実との関係が重要だからである。しかし文献を中心とする研究には制約があり、これを大きく前進させたのが出土資料（簡牘、帛書）である。したがって前著は、いわば父と司馬遷が採用した種本を探ることによって、『史記』戦国史料の特徴を考察したものである。本書もこの方法を継承しているが、さらに二つの点で研究を進めている。一つは、その後に出土資料が増えているため、司馬遷が利用しなかった系統の文書や記録をふくめて、漢代の資料全体のなかで『史記』の編集を位置づけている。そして司馬遷が竹簡や帛書の素材を編集した原形として、『史記』の構造を理解しようとした。これは『老子』や『孫子』のテキストを、出土資料によって再検討する方法と共通している。もう一つは、考古遺跡とフィールド調査による情報を取り入れて、『史記』の歴史叙述の意義を考えている。この二つの視点によって、『史記』の誤りを修正するだけではなく、司馬遷の歴史観を考え、戦国史を再構成する手がかりが得られると思っている。初出論文と改稿、増補の関係は、つぎのようになる。改稿と増補した論文では、説明を補足しているが、基本的な考えは修正していない。

序　章　「戦国、秦代出土史料与《史記》」（中国社会科学院歴史研究所・日本東方学会・大東文化大学編『第一届中日学者中国古代史論壇文集』中国社会科学出版社、二〇一〇年）

第一章　（書き下ろし）

第二章　「『史記』穰侯列伝の一考察——馬王堆帛書『戦国縦横家書』を手がかりとして」（『東方学』七一輯、一九八六年）を改稿

第三章　「『史記』蘇秦・張儀列伝の史料的性格——戦国中期の合縦と連横」（『愛媛大学教養部紀要』二五、一九九二年）を増補

第四章　「『史記』春申君列伝の編集過程」（『東方学』七七輯、一九八九年）、「『史記』戦国四君列伝の史料的性格」（『古代文化』四三—一、一九九一年）を改稿

終　章　（書き下ろし）

このように『史記』の原形を理解する方法は、出土資料の形態によってもイメージすることができる。たとえば竹簡（一尺＝約二三センチ）に約三〇字を書いたとすれば、『史記』全篇の五二万六五〇〇字は、約一万七五五〇枚となる。短い列伝であれば、数十枚で一篇となる。だから簡牘に書写された『史記』は、壁面一つの書棚に収納できる分量となる。また『戦国縦横家書』（約一万一〇〇〇余字）と同じ帛書に書写すれば、『史記』の全篇は、縦三〇センチ、横一五センチ、厚さ二〇センチ以内の箱の中に収納できる。

こうした『史記』戦国史料の研究では、文献と出土資料を比較してみると、少なくとも九割以上が先行する文字資料を素材としたことがわかる。これに漢代の人びとによる伝承がある。したがって残りの部分からみて、司馬遷の創作や、旅行による取材は、それほど多くないと推測している。ただし大切なことは、『史記』は先行資料を収録する

だけではなく、司馬遷が独自の歴史観から素材を取捨選択して、歴史を叙述していることである。これは『史記』の成立とその性格を示している。この『史記』研究について、これまでの経過を簡単に述べておきたい。

第一に、『史記』を使った歴史研究から一歩進めて、『史記』史料の研究を始めたのは、恩師の佐藤武敏先生のもとで、工藤元男、早苗良雄氏らと共に馬王堆帛書『戦国縦横家書』の訳注作業をしたことによる。本書に収録した「『史記』穰侯列伝に関する一考察」（一九八六年）は、その時の成果であり、『史記』戦国史料の分析に取り組むきっかけとなった。また前著『史記戦国史料の研究』は、西嶋定生先生に一書にまとめるように助言をいただき、戦国七国の骨格として刊行したものである。また大学院生のとき、関西大学で大庭脩先生に漢簡研究の手ほどきを受け、『史記』がフィクションかノンフィクションかは大切だと教えていただいたことも、出土資料を利用する研究の基礎になったと感じている。二〇〇八年には、東京大学出版会のご理解と、曹峰・廣瀬薫雄両氏の翻訳によって、《史記》戦国史料研究』が上海古籍出版社から刊行された。その中文版序言では、前著の刊行から十年に近い年月が経過しているため、その後の成果を簡単に要約し、参考文献も追加して最新版にリメイクしている。このような中文訳によって、海外の研究者に日本の『史記』研究を広く知っていただければと希望している。

第二に、一九九一年に北京師範大学で中国史記研究会に出席して以降、その後も海外の国際学会などを通じて『史記』や出土資料の研究者と交流し、多くの啓発と教示を受けている。主なものでは、陝西省司馬遷研究会、秦始皇兵馬俑博物館の秦俑学術会議、中国秦漢史研究会、中国社会科学院の国際学術論壇、日本東方学会・中国社会科学院の中日学者中国古代史論壇、武漢大学簡帛研究中心の中国簡帛学国際論壇、ウィスコンシン大学の『史記』訳註ワークショップ、台湾仏光大学の世界漢学中的《史記》学国際学術研討会などがある。このほかに『史記』の舞台となった考古遺跡や史跡のフィールド調査では、多くの現地の方々にお世話になった。これらの取材は、拙著『司馬遷とその時代』（東京大学出版会、二〇〇一年）、『司馬遷の旅』（中公新書、二〇〇三年）、『項羽と劉邦の時代』（講談社、二〇〇六年）に取り入れている。二〇〇六年には安徽師範大学を訪問して、袁伝璋先生と一緒に江蘇省淮安、徐州、沛県、宿州、垓下古戦場、寿県、烏江などを参観し、二〇〇七年には山陽放送学術文化財団の助成をえて、李開元氏と一緒に江蘇省、安徽省の『史記』史跡を調査した。このような現地の取材は、『史記』の記述を考えるうえでとても参考になった。お名前は省略させていただくが、あらためて各地の先生方に感謝したい。

第三に、本書は愛媛大学研究開発支援経費・特別推進研究の一部であり、このプロジェクトに参加された中国や台湾、韓国、日本の研究者から資料学研究の方法を学んでいる。二〇〇五～二〇〇七年度は「古代東アジアの出土資料と情報伝達」、二〇〇八～二〇一〇年度は「東アジアの出土資料と情報伝達の研究」（代表：藤田勝久）の助成をうけた。その成果の一部は、拙著『中国古代国家と社会システム――長江流域出土資料の研究』（汲古書院、二〇〇九年）として刊行したが、このような資料学の視点は『史記』の考察にも応用している。書籍の成立と普及は、大きくみればメッセージを伝える情報技術の一つであり、今後とも『史記』秦漢史料の研究を続けたいと思っている。

出版にあたっては、学術書の刊行が困難な時期に、平成二二年度の愛媛大学法文学部人文系担当学部長裁量経費・出版助成をいただくことになった。出版に際しては、汲古書院の石坂叡志、三井久人、小林詔子氏のお世話によって刊行できた。ここに記して、関係の方々に感謝の意を表したいとおもう。

二〇一〇年一二月

藤田勝久

『史記』篇目

〔本紀〕

1五帝本紀第一
黄帝、顓頊、嚳、堯、舜
2夏本紀第二：禹
3殷本紀第三
4周本紀第四：西周、東周
5秦本紀第五：春秋、戦国
6秦始皇本紀第六
始皇帝、二世皇帝
7項羽本紀第七
8高祖本紀第八
9呂后（呂太后）本紀第九
恵帝
10孝文本紀第十
11孝景本紀第十一〔失〕
12孝武（今上）本紀第十二
〔失〕

〔表〕

13三代世表第一
14十二諸侯年表第二
共和元年～周敬王四十三年
15六国年表第三
周元王元年～秦二世三年
16秦楚之際月表第四
17漢興以来諸侯王年表第五
18高祖功臣侯者年表第六
19恵景間侯者年表第七
20建元以来侯者年表第八
21建元已来王子侯者年表第九
22漢興以来将相名臣年表第十
〔失〕

〔書〕

23礼書第一〔失〕
24楽書第二〔失〕
25律書第三〔失〕
26暦書第四
27天官書第五
28封禅書第六
29河渠書第七
30平準書第八

〔世家〕

31呉太伯世家第一
32斉太公世家第二
33魯周公世家第三
34燕召公世家第四
35管・蔡世家第五
36陳・杞世家第六
37衛康叔世家第七
38宋微子世家第八
39晋世家第九
40楚世家第十
41越王句践世家第十一
42鄭世家第十二
43趙世家第十三
44魏世家第十四
45韓世家第十五
46田敬仲完世家第十六
47孔子世家第十七
48陳渉世家第十八
49外戚世家第十九
50楚元王世家第二十
51荊・燕世家第二十一
52斉悼恵王世家第二十二
53蕭相国世家第二十三
54曹相国世家第二十四
55留侯世家第二十五
56陳丞相世家第二十六
57絳侯周勃世家第二十七
58梁孝王世家第二十八
59五宗世家第二十九
60三王世家第三十〔失〕

〔列伝〕

61伯夷列伝第一

（春秋時代6篇）

62管・晏列伝第二
63老子・韓非列伝第三
64司馬穰苴列伝第四
65孫子・呉起列伝第五
66伍子胥列伝第六
67仲尼弟子列伝第七

（戦国時代17篇）

68商君列伝第八
69蘇秦列伝第九
70張儀列伝第十
71樗里子・甘茂列伝第十一
72穰侯列伝第十二
73白起・王翦列伝第十三
74孟子・荀卿列伝第十四
75孟嘗君列伝第十五
76平原君・虞卿列伝第十六
77魏公子列伝第十七
78春申君列伝第十八
79范雎・蔡沢列伝第十九
80楽毅列伝第二十
81廉頗・藺相如列伝第二十一
82田単列伝第二十二
83魯仲連・鄒陽列伝第二十三
84屈原・賈生列伝第二十四

（秦代4篇）

85呂不韋列伝第二十五
86刺客列伝第二十六
87李斯列伝第二十七
88蒙恬列伝第二十八

（漢代30篇）

89張耳・陳余列伝第二十九
90魏豹・彭越列伝第三十
91黥布列伝第三十一
92淮陰侯列伝第三十二
93韓信・盧綰列伝第三十三
94田儋列伝第三十四
95樊・酈・滕・灌列伝第三十五
96張丞相列伝第三十六
97酈生・陸賈列伝第三十七
98傅・靳・蒯成列伝第三十八
99劉敬・叔孫通列伝第三十九
100季布・欒布列伝第四十
101袁盎・鼂錯列伝第四十一
102張釈之・馮唐列伝第四十二
103万石・張叔列伝第四十三
104田叔列伝第四十四
105扁鵲・倉公列伝第四十五
106呉王濞列伝第四十六
107魏其・武安侯列伝第四十七
108韓長孺列伝第四十八
109李将軍列伝第四十九
110匈奴列伝第五十
111衛将軍・驃騎列伝第五十一
112平津侯・主父列伝第五十二
113南越列伝第五十三
114東越列伝第五十四
115朝鮮列伝第五十五
116西南夷列伝第五十六
117司馬相如列伝第五十七
118淮南・衡山列伝第五十八

（雑伝など12篇）

119循吏列伝第五十九
120汲・鄭列伝第六十
121儒林列伝第六十一
122酷吏列伝第六十二
123大宛列伝第六十三
124游侠列伝第六十四
125佞幸列伝第六十五
126滑稽列伝第六十六
127日者列伝第六十七
128亀策列伝第六十八
129貨殖列伝第六十九
130太史公自序第七十

数字は、全篇の通巻数を示す
〔失〕は後世に失われたという
十篇

『史記』列伝の素材（先秦）

列伝の人物	紀年	系譜	故事	説話	著述	見聞	不徳	功績	運命
1 伯夷・叔斉	－	－	－	○	－	○	－	○	◎
2 管子〔著〕	－	△	－	○	×	－	－	○	－
晏子〔著〕	－	△	－	○	×	－	－	○	－
3 老子〔著〕	－	○	－	○	×	－	－	○	－
荘子〔著〕	－	△	－	○	×	－	－	○	－
申不害〔著〕	－	△	－	－	×	－	－	○	－
韓非〔著〕	－	△	－	○	○	－	少恩	○	○
4 司馬穣苴〔著〕	－	△	－	○	×	－	－	○	－
5 孫武〔著〕	－	－	－	○	×	－	－	○	－
孫臏〔著〕	△	△	－	○	×	－	－	○	△
呉起〔著〕	－	－	○	○	×	－	少恩	○	○
6 伍子胥〔著〕	○	△	－	○	×	－	－	○	◎
7 仲尼弟子〔著〕	－	○	－	○	×	－	－	○	－
8 商君〔著〕	○	○	○	○	×	－	少恩	△	○
9 蘇秦〔著〕	－	△	○	○	進言	－	△	○	△
10張儀〔著〕	○	－	○	○	進言	－	○	△	－
陳軫、犀首	－	△	○	○	－	－	－	○	－
11樗里子	○	○	○	－	－	伝聞	－	○	－
甘茂、甘羅	○	△	○	－	－	－	－	○	－
12穣侯	○	○	○	－	－	－	－	○	○
13白起	○	△	○	－	－	伝聞	△	○	○
王翦	○	△	○	－	－	－	△	○	○
14孟子〔著〕	－	△	－	－	△	－	－	○	－
荀卿〔著〕	－	－	－	○	×	－	－	○	－
15孟嘗君	△	△	○	○	－	○	△	○	－
16平原君	△	△	○	○	－	－	△	○	－
虞卿〔著〕	－	－	○	－	×	－	－	○	○
17魏公子〔著〕	△	○	○	○	×	○	－	○	△
18春申君	○	○	○	○	上書	○	○	○	◎
19范雎	○	－	○	○	－	－	－	○	△
蔡沢	△	－	○	○	－	－	－	○	△
20楽毅	△	○	○	○	書信	－	－	○	△
21廉頗、藺相如	○	－	○	○	－	－	－	○	－
趙奢、李牧	○	△	○	○	－	伝聞	－	△	－
22田単	－	△	－	○	－	－	－	○	－
23魯仲連	△	－	○	○	書信	－	－	○	－
鄒陽	－	－	－	－	上書	－	－	○	－
24屈原〔著〕	○	△	－	○	○	○	－	○	◎
賈誼〔著〕	○	○	－	－	○	○	－	○	○

『史記』列伝の素材（秦代）

列伝の人物	紀年	系譜	故事	説話	著述	見聞	不徳	功績	運命
25呂不韋〔著〕	○	△	−	○	×	伝聞	△	○	△
26刺客、曹沫	−	−	−	○	−	−	−	○	−
専諸	△	△	−	○	−	−	−	○	−
豫讓	−	−	−	○	−	−	−	○	−
聶政	−	△	−	○	−	−	−	○	−
荊軻、高漸離	△	△	−	○	−	伝聞	−	○	−
27李斯	○	△	○	○	上書	−	○	◎	○
28蒙恬	○	△	−	○	−	○	○	○	○
趙高	○	○	−	○	−	−	−	−	−

《列伝の素材》：○利用、△簡略、−無し

＊〔著〕：著述を残した人物

1紀年：紀年資料＝紀年（暦）＋記事の年代記。

『春秋』『竹書紀年』の形式。睡虎地秦簡『編年記』も関連する。

2系譜：先祖の系譜、経歴。「某（国）人也」を除く出身県など。

系譜や経歴には、戦国故事の中にふくむ記載がある。これも系譜に入れておく。

3故事：記事資料のうち戦国故事。馬王堆帛書『戦国縦横家書』『戦国策』と関連する歴史的な背景をもつ故事。

『戦国策』は、前漢末の編纂であるが、一部は『戦国縦横家書』と共通しており、『史記』に先行することが証明できる。

戦国故事には、書信や進言を原形とする形式がある。この形式は、諸資料の書写がほぼ同じ構文で変化が少ない。これに対して対話の形式、歴史背景や複数の場所、人名を付加した故事がある。これらは諸資料に異聞が多く、説話に近い性質がある。

4説話：記事資料のうち説話。物語の形式。複数の場所や人物をふくむ。

『国語』『呂氏春秋』『韓非子』『淮南子』『説苑』『新序』『韓詩外伝』『越絶書』『孔子家語』『列女伝』などと関連する。

『説苑』『新序』は、前漢末の編纂であるが、一部は出土資料と共通しており、『史記』に先行することが証明できる。ただし『説苑』正諫篇の伍子胥説話は、司馬遷の説明と編年を示す語句をふくんでおり、説話の性質と先後には注意が必要である。

5著述：その人物の著述を引用する場合。×著述がありながら引用しないもの。

上書、進言、書信は、原形となる文章がある場合を示す。

6見聞：司馬遷の旅行による見聞、漢代の人々による伝聞。

《論賛の評価》：◎強調、○一般、△簡略、他篇、−無し

不徳：その人物の不徳を示す表現がある場合。

功績：その人物の功績、顕彰を示す表現がある場合。

運命：その人物の運命を位置づけている表現。

戦国略年表

この年表は、『史記』六国年表の君主在位を基本としている。魏と田斉は、楊寛『戦国史』の修正を補足した。「諸国の関連記事」では、（　）に諸子の記事、あるいは戦国故事や説話からの転記とおもわれる部分を示し、〔　〕に別の資料を付記した。

前	周	秦	魏	韓	趙	楚	燕	斉・田斉	諸国の関連記事
403	威烈王	簡公	文侯　文侯	景侯	烈侯	声王	湣公	康公　和子	魏と韓・趙が諸侯となる。
	23	12	22 （43）	6	6	5	31	2 （2）	
402	24	13	23 （44）	7	7	6	釐公1	3 （3）	盗が楚の声王を殺す。
401	安王1	14	24 （45）	8	8	悼王1	2	4 （4）	秦が魏を伐ち、陽狐に至る。
400	2	15	25 （46）	9	9	2	3	5 （5）	三晋が楚を伐つ。鄭が韓の陽翟を囲む。
399	3	恵公1	26 （47）	烈侯1	武公1	3	4	6 （6）	周の王子定が晋に奔る。楚が鄭に楡関を帰す。
398	4	2	27 （48）	2	2	4	5	7 （7）	楚が鄭を囲む。鄭がその相を殺す。
397	5	3	28 （49）	3	3	5	6	8 （8）	盗が韓相の侠累を殺す。
396	6	4	29 （50）	4	4	6	7	9 （9）	鄭相の徒が、繻公を殺す。
395	7	5	30 武公（1）	5	5	7	8	10 （10）	秦が緜諸を伐つ。
394	8	6	31 （2）	6	6	8	9	11 （11）	斉が魯を伐つ。韓が魯を救う。
393	9	7	32 （3）	7	7	9	10	12 （12）	魏が鄭を伐ち、酸棗に城を築く。楚が韓を伐つ。
392	10	8	33 （4）	8	8	10	11	13 （13）	
391	11	9	34 （5）	9	9	11	12	14 （14）	秦が韓の宜陽を伐ち、六邑を取る。
390	12	10	35 （6）	10	10	12	13	15 （15）	秦が晋と武城で戦う。斉が魏の襄陵を取る。
389	13	11	36 （7）	11	11	13	14	16 （16）	秦が魏の陰晋を侵す。斉が晋・衛と濁沢で会盟。
388	14	12	37 （8）	12	12	14	15	17 （17）	
387	15	13	38 （9）	13	13	15	16	18 （18）	蜀が秦の南鄭を取る。
386	16	出公1	武侯1 （10）	文侯1	敬侯1	16	17	19 田和1	趙武公の子が反乱して魏に奔る。魏が邯鄲を襲う。
385	17	2	2 （11）	2	2	17	18	20 2	魏が安邑・王垣に築く。韓が鄭・宋を伐つ。

前	周	秦	魏	韓	趙	楚	燕	斉・田斉	諸国の関連記事
384	安王18	献公1	武侯3（12）	文侯3	敬侯3	悼王18	釐公19	康公21 侯剡1	田和の子、桓公午が立つ。
383	19	2	4（13）	4	4	19	20	22 2	秦が櫟陽に築く。魏が趙の兎台を破る。
382	20	3	5（14）	5	5	20	21	23 3	
381	21	4	6（15）	6	6	21	22	24 4	秦の孝公が生まれる。
380	22	5	7（16）	7	7	粛王1	23	25 5	斉が燕の桑丘を取る。魏と韓・趙が斉を伐つ。
379	23	6	8（17）	8	8	2	24	26 6	秦が蒲・藍田などを県とする。趙が衛を襲う。
378	24	7	9（18）	9	9	3	25	威王1 7	魏と韓・趙が斉を伐ち、霊丘に至る。
377	25	8	10（19）	10	10	4	26	2 8	蜀が楚の茲方を伐つ。
376	26	9	11（20）	哀侯1	11	5	27	3 9	魏と韓・趙が、晉を滅ぼす。
375	烈王1	10	12（21）	2	12	6	28	4 10	韓が、鄭を滅ぼす。
374	2	11	13（22）	3	成侯1	7	29	5 桓公（1）	秦が櫟陽を県とする。
373	3	12	14（23）	4	2	8	30	6（2）	燕が斉を林孤で破る。
372	4	13	15（24）	5	3	9	桓公1	7（3）	魏が趙の藺を破る。
371	5	14	16（25）	6	4	10	2	8（4）	魏が楚の魯陽を取る。韓厳が韓の君を殺す。
370	6	15	恵王1（26）	荘侯1	5	11	3	9（5）	趙が斉の甄を伐つ。魏が趙の懐を破る。
369	7	16	2 恵王（1）	2	6	宣王1	4	10（6）	魏が韓を馬陵で破る。趙が魏を涿沢に破る。
368	顕王1	17	3（2）	3	7	2	5	11（7）	斉が魏の観を伐つ。趙が斉の長城に至る。
367	2	18	4（3）	4	8	3	6	12（8）	
366	3	19	5（4）	5	9	4	7	13（9）	秦が韓・魏を洛陰で破る。魏が韓と宅陽で会盟。
365	4	20	6（5）	6	10	5	8	14（10）	魏が宋を伐ち、儀台を取る。
364	5	21	7（6）	7	11	6	9	15（11）	秦が晉（魏）と石門で戦う。天子が秦を賀す。
363	6	22	8（7）	8	12	7	10	16（12）	
362	7	23	9（8）	9	13	8	11	17（13）	秦が魏と少梁で戦う。魏が韓・趙を澮で破る。

前	周	秦	魏	韓	趙	楚	燕	斉・田斉	諸国の関連記事
361	顕王8	孝公1	恵王10 恵王	荘侯10	成侯14	宣王9	文公1	威王18 桓公	魏が趙の皮牢を取る。
			(9)					(14)	魏が安邑から大梁に遷都〔竹書紀年〕。
360	9	2	11 (10)	11	15	10	2	19 (15)	天子が秦に胙を致す。
359	10	3	12 (11)	12	16	11	3	20 (16)	
358	11	4	13 (12)	昭侯1	17	12	4	21 (17)	秦が韓の西山を破る。（鄒忌が斉威王に見える）
357	12	5	14 (13)	2	18	13	5	22 (18)	魏が趙と鄗で会盟。魏が韓の朱を取る。
									趙孟が斉に行く。（斉、鄒忌を成侯とする）
356	13	6	15 (14)	3	19	14	6	23 威王（1）	趙が燕と阿で会盟。趙が斉・宋と平陸で会盟。
355	14	7	16 (15)	4	20	15	7	24 (2)	秦が魏王と杜平で会盟。斉が魏と会盟。
354	15	8	17 (16)	5	21	16	8	25 (3)	秦が魏の少梁を取る。魏が趙の邯鄲を囲む。
353	16	9	18 (17)	6	22	17	9	26 (4)	魏が趙の邯鄲を抜く。斉が魏を桂陵に破る。
352	17	10	19 (18)	7	23	18	10	27 (5)	公孫鞅が大良造となる。諸侯が魏の襄陽を包囲。
351	18	11	20 (19)	8	24	19	11	28 (6)	魏が邯鄲を返還。趙と魏が漳水のほとりで会盟。
									（韓、申不害が相となる）
350	19	12	21 (20)	9	25	20	12	29 (7)	秦が咸陽に遷都。秦が県制を施行し、阡陌を開く。
349	20	13	22 (21)	10	粛侯1	21	13	30 (8)	秦が初めて県に秩史を置く。
348	21	14	23 (22)	11	2	22	14	31 (9)	秦が初めて賦をつくる。韓の昭侯が秦に行く。
347	22	15	24 (23)	12	3	23	15	32 (10)	趙の公子范が邯鄲で反乱し、鎮圧される。
346	23	16	25 (24)	13	4	24	16	33 (11)	斉が大夫の牟辛を殺す。
345	24	17	26 (25)	14	5	25	17	34 (12)	
344	25	18	27 (26)	15	6	26	18	35 (13)	諸侯が周に会同する。斉で田忌の乱を鎮圧する。
343	26	19	28 (27)	16	7	27	19	36 (14)	周が秦に伯を致す。秦が武城に築く。

前	周	秦	魏	韓	趙	楚	燕	斉・田斉	諸国の関連記事
342	顕王27	孝公20	恵王29 恵王(28)	昭侯17	粛侯8	宣王28	文公20	宣王1 威王(15)	諸侯が秦を賀す。秦が諸侯と会盟し、周に朝す。 中山君が魏相となる。
341	28	21	30 (29)	18	9	29	21	2 (16)	斉の田忌・田嬰らが、魏軍を馬陵に破る。
340	29	22	31 (30)	19	10	30	22	3 (17)	商鞅が魏公子卬を虜にする。商鞅が封君となる。 魏が安邑から大梁に遷都。斉と趙が魏を伐つ。
339	30	23	32 (31)	20	11	威王1	23	4 (18)	秦が魏と岸門で戦う。 魏が大梁の北に大溝を開く〔竹書紀年〕。
338	31	24	33 (32)	21	12	2	24	5 (19)	秦孝公の死後、商鞅が反して殺される。
337	32	恵文君 1	34 (33)	22	13	3	25	6 (20)	秦に楚、韓、趙、蜀が来る。 (申不害が亡くなる)
336	33	2	35 (34)	23	14	4	26	7 (21)	周が秦を賀す。斉と魏が平阿で会盟。 (孟子が、魏王に対面する)
335	34	3	36 (35)	24	15	5	27	8 (22)	秦が韓の宜陽を抜く。斉と魏が甄で会盟。
334	35	4	襄王1 後元(1)	25	16	6	28	9 (23)	魏恵王が改元〔竹書紀年〕。(蘇秦が燕王に説く) 魏と斉が徐州で会盟し、王号を称す。 周が秦に文武の胙を致す。(韓、高門の予言)
333	36	5	2 (2)	26	17	7	29	10 (24)	趙が漳水の北に長城を築く。楚が斉の徐州を囲む。
332	37	6	3 (3)	宣恵王 1	18	8	易王1	11 (25)	魏が秦に陰晋を与えて講和する。 斉・魏が趙を攻め、趙が河水を決す。
331	38	7	4 (4)	2	19	9	2	12 (26)	義渠が内乱し、秦が軍を派遣して平定する。
330	39	8	5 (5)	3	20	10	3	13 (27)	魏が秦に河西の地を献ずる。
329	40	9	6 (6)	4	21	11	4	14 (28)	秦が魏の汾陰・皮氏を取る。秦が魏と応で会盟。 魏が楚の陘山を破る。

前	周	秦	魏	韓	趙	楚	燕	斉・田斉	諸国の関連記事
328	顕王41	恵文君10	襄王7 後元(7)	宣恵王5	粛侯22	懐王1	易王5	宣王15 威王(29)	張儀が秦相となる。魏が秦に上郡を献ずる。
327	42	11	8 (8)	6	23	2	6	16 (30)	義渠君が秦の臣となる。秦が魏に焦・曲沃を返還。
326	43	12	9 (9)	7	24	3	7	17 (31)	趙粛侯の葬儀に秦・楚・燕・斉・魏軍が参加する。
325	44	13	10 (10)	8	武霊王1	4	8	18 (32)	秦の恵文君が王を称す。魏が韓・趙の軍を破る。
324	45	恵文王 更元1	11 (11)	9	2	5	9	19 (33)	張儀が兵を率いて、陝を取る。
323	46	2	12 (12)	10	3	6	10	湣王1 (34)	楚が魏の襄陵を破る。張儀が斉・楚と齧桑で会盟。 韓、燕、中山が王を称す〔中山策〕。
322	47	3	13 (13)	11	4	7	11	2 (35)	張儀が魏相となる。趙が韓と区鼠で会盟。
321	48	4	14 (14)	12	5	8	12	3 (36)	斉、田嬰を薛に封ずる。
320	慎靚王1	5	15 (15)	13	6	9	燕王噲1	4 (37)	秦王が戎の地に行く。斉が秦から婦人を迎える。
319	2	6	16 (16)	14	7	10	2	5 宣王(1)	秦が韓の鄢を取る。
318	3	7	哀王1 襄王(1)	15	8	11	3	6 (2)	宋、自立して王となる。 魏・韓・趙・楚・燕の五国が秦を攻め、退却する。
317	4	8	2 (2)	16	9	12	4	7 (3)	秦が韓・趙と戦う。張儀が、また秦相となる。 斉が魏・趙を観沢で破る。
316	5	9	3 (3)	17	10	13	5	8 (4)	秦が趙の中都などを取る。燕君が位を子之に譲る。
315	6	10	4 (4)	18	11	14	6	9 (5)	秦が趙将の軍を破る。
314	赧王1	11	5 (5)	19	12	15	7	10 (6)	秦が魏を岸門に破る。燕君噲、太子、子之が死ぬ。
313	2	12	6 (6)	20	13	16	8	11 (7)	秦が趙の藺を抜く。秦が魏と臨晋で会盟。 張儀が楚相となる。

前	周	秦	魏	韓	趙	楚	燕	田斉	諸国の関連記事
312	赧王3	更元13	哀王（襄王）	宣恵王	武霊王	懐王17	燕王噲	湣王（宣王）	秦が楚の軍を破る。魏が斉を攻める。
			7（7）	21	14		9	12（8）	魏と秦が、燕を伐つ。
311	4	14	8（8）	襄王1	15	18	昭王1	13（9）	蜀相が蜀侯を殺す。魏が衛を囲む。
310	5	武王1	9（9）	2	16	19	2	14（10）	秦が蜀相を殺す。張儀が、魏に行く。
309	6	2	10（10）	3	17	20	3	15（11）	秦が、初めて左右丞相を置く〔青川木牘〕。
									張儀が、魏で亡くなる。
308	7	3	11（11）	4	18	21	4	16（12）	秦と魏が応で会盟。秦と韓が臨晉で会盟。
307	8	4	12（12）	5	19	22	5	17（13）	秦が韓の宜陽を破る。趙が初めて胡服を採用する。
306	9	昭王1	13（13）	6	20	23	6	18（14）	秦が魏を伐つ。趙が中山を攻め、胡地を攻める。
305	10	2	14（14）	7	21	24	7	19（15）	秦の武王后を魏に帰す。趙が中山を攻める。
304	11	3	15（15）	8	22	25	8	20（16）	秦と楚が黄棘で会盟。秦が楚に上庸を返す。
303	12	4	16（16）	9	23	26	9	21（17）	秦が魏の蒲坂などを取る。秦が韓の武遂を取る。
302	13	5	17（17）	10	24	27	10	22（18）	秦が魏と会盟。秦が魏に蒲坂を帰す〔編年記〕。
301	14	6	18（18）	11	25	28	11	23（19）	秦・韓・魏・斉が楚を破る。趙が中山を攻める。
300	15	7	19（19）	12	26	29	12	24 湣王	魏冄が秦相となる。秦の涇陽君が斉に人質となる。
								（1）	秦が楚の襄城を取る。
299	16	8	20（20）	13	27	30	13	25（2）	楚懐王が秦に留められる。斉王と魏王が韓で会す。
									涇陽君が秦に帰る。薛公が秦相となる。
298	17	9	21（21）	14	恵文王	頃襄王	14	26（3）	魏と韓・斉が秦を攻める。秦が楚の十六城を取る。
					1	1			薛公が秦から斉に帰国し、斉相となる。
297	18	10	22（22）	15	2	2	15	27（4）	楚懐王が趙に行くが入れない。
296	19	11	23（23）	16	3	3	16	28（5）	楚懐王が秦で客死し、楚に帰り葬儀する。
									秦が魏に封陵を帰す。秦が韓に武遂を帰す。

前	周	秦	魏	韓	趙	楚	燕	田斉	諸国の関連記事
295	赧王20	昭王12	昭王1	釐王1	恵文王	頃襄王	昭王17	湣王 湣王	李兌、公子成が主父を囲み餓死させる。
					4	4		29 (6)	趙が斉・燕と共に中山を滅ぼす。秦が魏を伐つ。
294	21	13	2	2	5	5	18	30 (7)	（薛公が斉を出奔して、魏に行く）
293	22	14	3	3	6	6	19	31 (8)	秦の白起が、韓・魏を伊闕に破る〔編年記〕。
									（このころ蘇秦が斉に行き、外交を始める）〔帛書4章〕。
292	23	15	4	4	7	7	20	32 (9)	魏冄が秦相を免ぜられる。
291	24	16	5	5	8	8	21	33 (10)	魏冄が穰侯となる。秦が韓の宛城を抜く。
290	25	17	6	6	9	9	22	34 (11)	魏が秦に河東の地を与える。
289	26	18	7	7	10	10	23	35 (12)	秦が魏を攻め、六十一城を取る。
									（このころ薛公が斉を出奔して、魏に行く）〔帛書8章〕。
288	27	19	8	8	11	11	24	36 (13)	十月、秦と斉が帝号を称し、十二月に取り止める。
287	28	20	9	9	12	12	25	37 (14)	五国が秦を攻め、成皋に退却。斉が宋を攻める〔帛書〕。
286	29	21	10	10	13	13	26	38 (15)	魏が秦に安邑・河内を与える。斉が宋を滅ぼす。
285	30	22	11	11	14	14	27	39 (16)	秦の蒙武が斉を攻め、九城を取る。
									秦が楚と宛で会盟。秦が趙と中陽で会盟する。
284	31	23	12	12	15	15	28	40 (17)	秦と三晋・燕が、斉を攻める。楚が斉の淮北を取る。
									斉湣王が臨淄から出奔して、莒に走る。
283	32	24	13	13	16	16	29	襄王1	秦が楚と穰で会盟。秦軍が魏を攻め、大梁に至る。
282	33	25	14	14	17	17	30	2	秦と韓が会盟する。秦が趙の二城を抜く。
281	34	26	15	15	18	18	31	3	魏冄が秦相となる。秦が趙の離石を抜く〔編年記〕。
280	35	27	16	16	19	19	32	4	秦が趙を攻める。秦が楚を攻め、上庸を取る。
279	36	28	17	17	20	20	33	5	斉将・田単が燕軍を破り、斉の故地を回復する。
									白起が楚を攻め、鄢・鄧を取る。秦と趙が会盟する。

前	周	秦	魏	韓	趙	楚	燕	田斉	諸国の関連記事
278	赧王37	昭王29	昭王18	釐王18	恵文王21	頃襄王21	恵王1	襄王6	白起が楚都の郢を取り、南郡とする。楚が都を陳に徙す。
277	38	30	19	19	22	22	2	7	秦が楚を攻め、巫郡・黔中郡を取る。白起が武安君となる。
276	39	31	安釐王1	20	23	23	3	8	秦の白起が魏を攻め、二城を取る。秦が占領した長江の傍らで、楚人が反乱する。
275	40	32	2	21	24	24	4	9	秦が魏を攻め、救援した韓の暴鳶を破る。
274	41	33	3	22	25	25	5	10	秦が魏を攻め、長社など四城を取る。
273	42	34	4	23	26	26	6	11	秦が魏の華陽を攻め芒卯を破る。魏が秦に南陽を与えて講和。
272	43	35	5	桓恵王1	27	27	7	12	秦が南陽郡を置く。秦と韓・魏・楚が、燕を攻撃する。
271	44	36	6	2	28	28	武成王1	13	趙の藺相如が斉を攻め、平邑に至る。
270	45	37	7	3	29	29	2	14	秦が斉の剛・寿を取る〔編年記〕。
269	46	38	8	4	30	30	3	15	秦が趙の閼与を攻め、趙奢に大敗する〔編年記、帛書16章〕。
268	47	39	9	5	31	31	4	16	秦が魏の懐城を抜く〔編年記〕。
267	48	40	10	6	32	32	5	17	秦の悼太子が魏で亡くなり、秦で葬られる。
266	49	41	11	7	33	33	6	18	秦が魏の邢丘を抜く〔編年記〕。
265	50	42	12	8	孝成王1	34	7	19	秦の宣太后が薨ず。穰侯が失脚して陶に赴く。秦が趙の三城を取る〔帛書18章〕。斉の田単が中陽を取る。
264	51	43	13	9	2	35	8	斉王建1	秦が、韓の陘などを取る。
263	52	44	14	10	3	36	9	2	白起が韓の太行を攻め、南陽を取る〔編年記〕。
262	53	45	15	11	4	考烈王1	10	3	秦が韓を攻め、十城を取る。黄歇が楚相となる。
261	54	46	16	12	5	2	11	4	秦王が南鄭に行く。趙の廉頗が、秦と長平で戦う。

前	周	秦	魏	韓	趙	楚	燕	田斉	諸国の関連記事
260	赧王55	昭王47	安釐王	桓恵王	孝成王	考烈王	武成王	斉王建	韓の上党が趙に降る。白起が趙軍を長平に破る。
			17	13	6	3	12	5	
259	56	48	18	14	7	4	13	6	秦が趙の武安を攻める〔編年記〕。
258	57	49	19	15	8	5	14	7	秦軍が趙の邯鄲を攻め、王齕が代わって将軍となる。
257	58	50	20	16	9	6	孝王	8	秦の王齕・鄭安平が邯鄲を包囲する〔編年記〕。
							1		魏・楚が援軍を派遣して、邯鄲を救う。白起が亡くなる。
256	59	51	21	17	10	7	2	9	韓と魏・楚が援軍を派遣して、趙の新中を救う。
									秦が韓を攻め、陽城・負黍を取る〔編年記〕。
255		52	22	18	11	8	3	10	秦が西周を取る。王稽が棄市される。楚が魯を取る。
254		53	23	19	12	9	燕王喜	11	魏が衛国を滅ぼす〔呂氏春秋〕。
							1		
253		54	24	20	13	10	2	12	楚が都を鉅陽に徙す。
252		55	25	21	14	11	3	13	
251		56	26	22	15	12	4	14	燕の栗服が趙を攻め、敗北する。平原君が亡くなる。
250		孝文王	27	23	16	13	5	15	趙の廉頗が燕を攻め、燕の都を囲む。
		1							
249		荘襄王	28	24	17	14	6	16	秦が韓の滎陽・成皋を取り、三川郡を設置。
		1							秦が東周を取る。楚が魯を滅ぼす。
248		2	29	25	18	15	7	17	秦の蒙驁が、趙の三十七城を取る。春申君の封地を呉に移す。
247		3	30	26	19	16	8	18	王齕が韓の上党を攻め、太原郡を置く。
246		始皇1	31	27	20	17	9	19	秦が趙の晋陽を取る。秦が鄭国渠の工事を始める。
245		2	32	28	21	18	10	20	趙将の廉頗が、魏の繁陽を取る。
									秦の麃公が、魏の巻を攻める。

前	周	秦	魏	韓	趙	楚	燕	田斉	諸国の関連記事
244		始皇帝 3	安釐王 33	桓恵王 29	悼襄王 1	考烈王 19	燕王喜 11	斉王建 21	秦の蒙驁が、韓の十三城を取る。王齮が亡くなる。
243		4	34	30	2	20	12	22	趙が燕の武遂・方城を取る。趙の太子が秦の人質から帰る。
242		5	景湣王 1	31	3	21	13	23	秦が魏の酸棗二十城を取り、東郡を置く。 趙が燕将の劇辛を破る。趙相と魏相が柯で会盟。
241		6	2	32	4	22	14	24	趙と楚・魏・燕・韓の五国が秦を攻める。楚が寿春に遷都。
240		7	3	33	5	23	15	25	秦が魏の汲を抜く。蒙驁が亡くなる。
239		8	4	34	6	24	16	26	嫪毐が長信侯となる。魏が趙に鄴の地を与える。
238		9	5	韓王安 1	7	25	17	27	秦で嫪毒の乱が起こる。 楚の李園が春申君を殺す。
237		10	6	2	8	幽王 1	18	28	呂不韋が秦相を免ぜられる。斉と趙が秦に来朝し置酒する。
236		11	7	3	9	2	19	29	呂不韋が河南に赴く。秦が趙の閼与・鄴など九城を取る。
235		12	8	4	趙王遷 1	3	20	30	秦と魏が、楚を撃つ。呂不韋が亡くなる。
234		13	9	5	2	4	21	31	秦が趙の平陽を取る。
233		14	10	6	3	5	22	32	韓非が秦で亡くなる。秦が趙の宜安を抜く。
232		15	11	7	4	6	23	33	秦軍が鄴・太原に至り、趙の狼孟を取る。燕太子丹が帰る。
231		16	12	8	5	7	24	34	韓が秦に南陽の地を与える。
230		17	13	9	6	8	25	35	秦が韓王を虜にし、韓を滅ぼす。潁川郡を置く。
229		18	14		7	9	26	36	秦が趙を攻め、邯鄲を囲む。
228		19	15		8	10	27	37	王翦が趙王を虜にする。趙公子嘉が立って代王となる。
227		20	魏王假 1		代王嘉 1	王負芻 1	28	38	荊軻が秦王を暗殺しようとする。秦将の王翦が燕を撃つ。

前	周	秦	魏	韓	趙	楚	燕	田斉	諸国の関連記事
226		始皇帝 21	魏王假 2		代王嘉 2	王負芻 2	燕王喜 29	斉王建 39	秦の王賁が楚を撃つ。韓王が亡くなる〔編年記〕。燕王が遼東に徙る。
225		22	3		3	3	30	40	秦の王賁が魏を撃ち、魏王を虜にする。
224		23			4	4	31	41	秦の王翦・蒙武が楚軍を破り、項燕を殺す。楚の昌文君が亡くなる〔編年記〕。
223		24			5	5	32	42	王翦・蒙武が楚を破り、楚王を虜にする。
222		25			6		33	43	秦の王賁が燕を撃ち、燕王を虜にする。秦が代王嘉を撃つ。
221		26						44	秦の王賁が斉王を虜にする。天下を統一して皇帝となる。

〔付記〕

この略年表は、『史記』六国年表を基本としている。それは本書の目的が、司馬遷の編集と史実との関係を探ることにあり、そのため司馬遷がどのように各国君主の在位を設定したかを知る必要による。しかし『史記』の戦国紀年には、秦本紀と六国年表、戦国世家と列伝の間で矛盾があり、また誤りをふくむことが指摘されている。これは『竹書紀年』などの記載によって『史記』六国年表の修正が試みられている。そこで略年表では、六国年表と大きく異なる魏と田斉の君主について、楊寛『戦国史』の修正を補足した。このように魏の文侯、武侯、恵王、恵王の後元、襄王の在位と、田斉の和子、田和、侯剡、桓公、威王、宣王、湣王の在位を修正することは、他の研究でもほぼ同じである。ただし他国の修正は、年表に入れていない。これによって『史記』戦国紀年とその修正の概略がわかり、個別の考証は本書の各章で説明している。

「諸国の関連記事」は、六国年表にみえる事件を記して、一部に秦本紀や戦国世家の記事を追加している。ここでは国内の記事より、各国の外交や戦争の記事を中心として、大きな流れがわかるようにした。（　）の部分は、諸子に関する記事や、戦国故事や説話からの転記とおもわれる内容を示している。これは紀年資料とは性格が異なる可能性がある。また年代が問題となる記事も、（　）としている。『史記』とは別に、関連する記事がある場合には、〔　〕で出典を付記した。これまで戦国紀年の考証には、以下のような研究がある。

1王国維「古本竹書紀年輯校」（『王国維遺書』一二、上海古籍書店、一九八三年）
2武内義雄『諸子概説』六国年表訂誤（弘文堂書房、一九三五年）
3銭穆『先秦諸子繫年』通表（商務印書館、一九三五年初版、香港大学出版社、増訂本、一九五六年、台湾三民書局、一九八一年）
4陳夢家『六国紀年』（学習生活出版社、一九五五年）、陳夢家『西周年代考・六国紀年』陳夢家著作集（中華書局、二〇〇五年）
5楊寛『戦国史』戦国大事年表、戦国大事年表中有関年代的考訂（一九五五年初版、第二版一九八〇年、増訂本、上海人民出版社、一九九八年）
6范祥雍編『古本竹書紀年輯校訂補』（新知識出版社、一九五六年）
7方詩銘・王修齢撰『古本竹書紀年輯證』（一九八一年、修訂本、上海古籍出版社、二〇〇五年）
8斉藤国治・小沢賢二『中国古代の天文記録の検証』第Ⅲ章「『史記』（戦国時代）の中の天文記録」（雄山閣、一九九二年）
9平勢隆郎編著『新編史記東周年表――中国古代紀年の研究序章』（東京大学出版会、一九九五年）
10寺門日出男『史記三上（十表一）』新釈漢文大系（明治書院、二〇〇五年）
11藤田勝久『史記戦国史料の研究』第一編第三章「『史記』戦国紀年の再検討」、第四章「『史記』戦国系譜と『世本』」（東京大学出版会、一九九七年）、同「『史記』戦国紀年一覧表」（『中国史研究』九、一九八八年）、同「戦国略年表」（佐藤武敏監修『馬王堆帛書・戦国縦横家書』朋友書店、一九九三年）

著者紹介
藤田勝久（ふじた　かつひさ）

1950年　山口県に生まれる
1985年　大阪市立大学大学院文学研究科後期博士課程単位取得退学
現　在　愛媛大学法文学部教授

著　書　『史記戦国史料の研究』（東京大学出版会、1997年）
『《史記》戦国史料研究』（中文訳、上海古籍出版社、2008年）
『中国古代国家と郡県社会』（汲古書院、2005年）
『中国古代国家と社会システム――長江流域出土資料の研究』（汲古書院、2009年）
『古代東アジアの情報伝達』（共編著、汲古書院、2008年）ほか

史記戦国列伝の研究

平成二十三年三月十四日　発行

著　者　藤　田　勝　久
発行者　石　坂　叡　志
整版印刷　富士リプロ㈱

発行所　汲　古　書　院
〒102-0072 東京都千代田区飯田橋二-五-四
電　話　〇三（三二六五）九七六四
ＦＡＸ　〇三（三二二二）一八四五

ISBN978 - 4 - 7629 - 2888 - 8　C3022

索　引

一、文献と出土資料

た行

は行

ま行

ら行

二、事項（人名・地名をふくむ）

さ行

た行

な行

は行